Kursbuch Geschichte

Ergänzungsband
Nordrhein-Westfalen
Zentralabitur

Cornelsen

Kursbuch Geschichte
Ergänzungsband Nordrhein-Westfalen Zentralabitur

Das Lehrwerk wurde erarbeitet von
Dr. Wolfgang Jäger, Berlin
unter Mitarbeit der Verlagsredaktion.

Redaktion: Dr. Wolfgang Jäger, Dr. Christine Keitz
Karten: Dr. Volkhard Binder, Berlin; Carlos Borell, Berlin
Technische Umsetzung: Reinhild Hafner

Cornelsen online http://www.cornelsen.de

1. Auflage, 1. Druck 2005

Alle Drucke dieser Auflage sind inhaltlich unverändert
und können im Unterricht nebeneinander verwendet werden.

Druck: Offizin Andersen Nexö Leipzig

ISBN 3-06-064253-2

Bestellnummer 642532

Gedruckt auf säurefreiem Papier,
umweltschonend hergestellt aus chlorfrei gebleichten Faserstoffen.

Inhaltsverzeichnis

Der *Ergänzungsband* – ein Leitfaden zum Zentralabitur Geschichte in NRW

Der *Ergänzungsband Nordrhein-Westfalen Zentralabitur* kann zum *Kursbuch Geschichte* (Best. 643034) oder zum *Geschichtsbuch Oberstufe* (Best. 643018, 643026) eingesetzt werden. Er bietet

- **Ergänzungsmaterial** zu den Schwerpunktthemen (S. 10–53, 65–91)
- **Zeittafeln und Begriffe** zu den Schwerpunktthemen (S. 54–63, 92–101)
- **Wiederholungsaufgaben** zu den Schwerpunktthemen (S. 64, 102)
- **Klausurentraining** zu den Schwerpunktthemen (S. 103–110)
- Methodische Hilfen zur **Abiturvorbereitung** (S. 5–9)

Die Schwerpunktthemen des Zentralabiturs Nordrhein-Westfalen

Das „lange" 19. Jahrhundert

- Nationalstaatsgedanke und Nationalismus in Europa (West- und Mitteleuropa)
- Reichsgründung „von oben":
  Deutschland 1870/71
- Parlamentarismus und Wahlrechtsfrage in Deutschland im Vergleich zu Frankreich und Großbritannien (nur LK)
- Technischer Fortschritt, sozioökonomische Veränderungen und imperialistische Expansion (Deutschland, Großbritannien, USA)
- Der Erste Weltkrieg:
  - Kriegsausbuch
  - der Erste Weltkrieg als „moderner" Krieg
  - Epochenjahr 1917
  - Friedensvertäge

Das „kurze" 20. Jahrhundert

- Die nationalsozialistische Diktatur:
  - Politische und ideologische Voraussetzungen des Nationalsozialismus
  - Ende des Rechts- und Verfassungsstaates in Deutschland 1933/34
  - NS-Außenpolitik bis 1939 (nur LK)
  - Zweiter Weltkrieg und Völkermord an den europäischen Juden
- Deutschland und Europa nach dem Zweiten Weltkrieg:
  - Teilung Europas und Deutschlands nach 1945
  - Das Grundgesetz und die Gründung der Bundesrepublik Deutschland
  - Gesellschaftliche Entwicklung in der DDR: Mauerbau 1961
  - Neue Ostpolitik im Rahmen der internationalen Entspannungspolitik (nur LK)
- Epochenjahr 1989:
  - Der Untergang der Sowjetunion und die Revolutionen in Osteuropa
  - Die Vereinigung der beiden deutschen Staaten 1989/90
  - Menschenrechte in historischer Perspektive:
    Revolutionen 1989 – UNO-Menschenrechtsdeklaration 1948 – Menschenrechtserklärungen des 18. Jahrhunderts (nur LK)

Die Abiturklausur

Checkliste zur Abfassung der Abiturklausur

1. Klausuraufgabe auswählen

Lesen Sie zunächst alle Klausuraufgaben. Machen Sie sich klar, was eine Aufgabenstellung jeweils von Ihnen verlangt. Sie sollten weniger nach spontanen Interessen oder Neugier entscheiden, sondern die Aufgabe wählen, bei der Sie sich *fachlich* am sichersten fühlen.

2. Aufgabenstellung verstehen

Achten Sie auf den genauen Wortlaut der Aufgabenstellung bzw. der einzelnen Arbeitsaufträge in einer mehrgliedrigen Aufgabenstellung (z. B. „Benennen Sie …“, „ordnen Sie ein …“, „beurteilen Sie …“; Erläuterungen zu den Arbeitsaufträgen siehe S. 6 f.).

3. Materiallektüre und Randnotizen

Lesen Sie das vorgelegte Material (Sekundärtext, Quelle). Unterstreichen Sie dabei wichtige Inhalte, zentrale Begriffe usw. Notieren Sie Stichpunkte am Rand (siehe das Beispiel auf S. 88 f.).

4. Gliederung

Entwerfen Sie eine Gliederung.
Ordnen Sie die Stichpunkte, die Sie bei der Lektüre notiert haben, Ihren Gliederungspunkten zu.
Vervollständigen Sie Ihre Gliederung (historische Hintergrundinformationen, Beurteilungen, Beispiele für/gegen eine These usw.).

5. Zeitplan

Schreiben Sie in Ihre Gliederung, wie viel Zeit Sie für einen Arbeitsauftrag benötigen.
Planen Sie etwas Zeit für eine Schlusskorrektur ein.

6. Niederschrift

Schreiben Sie zunächst eine Einleitung. Belegen Sie Aussagen mit Zitaten aus der Quelle (An- und Abführungszeichen nicht vergessen; siehe die Beispiele auf S. 91 f.). Veranschaulichen Sie Ihre Thesen durch Beispiele. Schreiben Sie sachlich. Beachten Sie Ihren Zeitplan.

7. Schlusskorrektur

Lesen Sie zweimal Korrektur: Achten Sie im ersten Durchgang auf sachliche Richtigkeit und Ausdrucksweise. Korrigieren Sie beim zweiten Mal Rechtschreibung und Zeichensetzung.

■■■ Erläuterungen zu den Arbeitsaufträgen in der Abiturklausur

■ Anforderungsbereich I

Der Anforderungsbereich I umfasst das Wiedergeben von Sachverhalten aus einem abgegrenzten Gebiet und im gelernten Zusammenhang unter rein reproduktivem Benutzen geübter Arbeitstechniken. Das bedeutet, erstens, eine formale Analyse des Materials (Wer? Was? Wann? Wie? Warum?): Wer ist der Autor bzw. die Autorin? Um welches Thema geht es? Wann und wo wurde der Text erstellt? Um welche Textart handelt es sich? Wer ist der Adressat? (Vgl. Grafik S. 9.) Zweitens ist eine inhaltliche Analyse durchzuführen, d. h., Kernaussagen oder Hauptanliegen sind zu bestimmen. Dies soll mit eigenen Worten geschehen. Es kann auch angemerkt werden, dass ein Autor z. B. einen Sachverhalt einseitig darstellt oder bestimmte Fakten übergeht. Es ist auf entscheidende Textpassagen zu verweisen; zu zentralen Begriffen und Aussagen sind Zitatbelege aus dem Material anzuführen. – Beispiele für Arbeitsaufträge:

Nennen, aufzählen: *zielgerichtet Informationen zusammentragen, ohne sie zu kommentieren.*
Bezeichnen, schildern, skizzieren: *historische Sachverhalte, Probleme oder Aussagen erkennen und zutreffend formulieren.*
Aufzeigen, beschreiben, zusammenfassen, wiedergeben: *historische Sachverhalte unter Beibehaltung des Sinnes auf Wesentliches reduzieren.*

■ Anforderungsbereich II

Der Anforderungsbereich II umfasst das selbstständige Erklären, Bearbeiten und Ordnen bekannter Inhalte und das angemessene Anwenden gelernter Inhalte und Methoden auf andere Sachverhalte. Ein Sachverhalt, der z.B. in einem Material dargelegt ist, ist durch zusätzliche historische Informationen (Ereignisse, Personen, Prozesse, zentrale Begriffe) verständlich zu machen und sinnvoll zu Verläufen und Strukturen zu verknüpfen; gegebenenfalls sind Ursachen und Wirkungen zu erläutern oder Vergleiche auszuführen. Es können auch inhaltliche Zusammenhänge dargelegt werden, die über den zu betrachtenden Zeitraum hinausweisen. – Beispiele für Arbeitsaufträge:

Analysieren, untersuchen: *Materialien oder historische Sachverhalte kriterienorientiert bzw. aspektgeleitet erschließen.*
Begründen, nachweisen: *Aussagen (z. B. Urteil, These, Wertung) durch Argumente stützen, die auf historischen Beispielen und anderen Belegen gründen.*
Charakterisieren: *historische Sachverhalte in ihren Eigenarten beschreiben und diese dann unter einem bestimmten Gesichtspunkt zusammenfassen.*
Einordnen: *historische Sachverhalte in einen historischen Zusammenhang stellen.*
Erklären: *historische Sachverhalte duch Wissen und Einsichten in einen Zusammenhang (Theorie, Modell, Regel, Gesetz, Funktionszusammenhang) einordnen und begründen.*
Erläutern: *wie „erklären", aber durch zusätzliche Informationen und Beispiele verdeutlichen.*
Herausarbeiten: *aus Materialien bestimmte historische Sachverhalte herausfinden, die nicht explizit genannt werden, und Zusammenhänge zwischen ihnen herstellen.*
Gegenüberstellen: *wie „skizzieren", aber zusätzlich argumentierend gewichten.*
Widerlegen: *Argumente dafür anführen, dass eine Behauptung zu Unrecht aufgestellt wird.*

Anforderungsbereich III

Der Anforderungsbereich III umfasst den prüfenden Umgang mit neuen Problemstellungen, den eingesetzten Methoden und gewonnenen Erkenntnissen, um zu Begründungen, Folgerungen, Deutungen und Wertungen zu gelangen. Es soll eine strukturierte, multiperspektivische (verschiedene Standpunkte berücksichtigende) historische Argumentation vorgebracht werden. Thesen können bestätigt, verworfen oder eine differenzierte Position bezogen werden. Die eigenen Wertmaßstäbe sind offen zu legen. Nach einem Vergleich sind eigene Schlüsse zu ziehen. Vorhergehende oder zurückliegende Epochen können in die Betrachtung einbezogen werden. – Beispiele für Arbeitsaufträge:

Beurteilen: *den Stellenwert historischer Sachverhalte in einem Zusammenhang bestimmen, um ohne persönlichen Wertebezug zu einem begründeten Sachurteil zu gelangen.*
Bewerten, Stellung nehmen: *wie „beurteilen", aber zusätzlich mit Offenlegen und Begründen eigener Wertmaßstäbe, die Pluralität einschließen und zu einem Werturteil führen, das auf den Wertvorstellungen des Grundgesetzes basiert.*
Entwickeln: *Analyseergebnisse synthetisieren, um zu einer eigenen Deutung zu gelangen.*
Sich auseinander setzen, diskutieren: zu einer historischen Problemstellung oder These eine Argumentation entwickeln, die zu einer begründeten Bewertung führt.
Prüfen, überprüfen: *Aussagen (Hypothesen, Behauptungen, Urteile) an historischen Sachverhalten auf ihre Angemessenheit hin untersuchen.*
Vergleichen: *auf der Grundlage von Kriterien historische Sachverhalte problembezogen gegenüberstellen, um Gemeinsamkeiten, Unterschiede, Teilidentitäten, Ähnlichkeiten, Abweichungen oder Gegensätze zu beurteilen.*

Arbeitsaufträge, die Leistungen aus Anforderungsbereich I, II und III erfordern

Interpretieren: *Sinnzusammenhänge aus Quellen erschließen und eine begründete Stellungnahme abgeben, die auf einer Analyse, Erläuterung und Bewertung beruht.*
Erörtern: *Argumente auf ihren Wert und ihre Stichhaltigkeit hin abwägend prüfen und auf dieser Grundlage eine eigene Stellungnahme entwickeln; die Erörterung setzt eine Analyse voraus.*
Darstellen: *historische Entwicklungszusammenhänge und Zustände mithilfe von Quellenkenntnissen und Deutungen beschreiben, erklären und beurteilen.*

Abiturvorbereitung

Teil 1: Die Inhalte der Schwerpunktthemen wiederholen

Auf den **„gelben Seiten“** des Ergänzungsbandes stehen Wiederholungsaufgaben. Mit ihrer Hilfe kann man ein Schwerpunktthema unter verschiedenen Fragen mehrmals durcharbeiten:

1 *Bearbeiten Sie die Aufgaben einzeln.*
2 *Suchen Sie in Ihrem Schülerbuch („Kursbuch Geschichte“ bzw. „Geschichtsbuch Oberstufe“ und„ Ergänzungsband“) die Seiten zum Thema der Aufgabe (Inhaltsverzeichnisse, Register).*
3 *Wenn Sie Ihre Seiten gefunden haben, arbeiten Sie zunächst die Darstellungstexte durch. Zwischenüberschriften führen Sie zu den wichtigen Abschnitten. (Diese Arbeitstechnik nennt man „Querlesen“.)*
4 *Arbeiten Sie anschließend die Materialien (schriftliche Quellen, Karikaturen, Sekundärtexte usw.) durch.*
5 *Halten Sie die Ergebnisse zu den Arbeitsfragen auf Karteikarten fest (siehe rechte Seite oben).*

Wiederholungsaufgaben

1 *Beschreiben Sie die Konzepte der Alliierten des Zweiten Weltkriegs für eine Nachkri*
2 *Zeigen Sie, inwieweit die Teilung Deutschlands durch die ideologische und machtp*
nach dem Zweiten Weltkrieg sowie durch die Weichenstellungen der Besatzungsmächt
3 *Diskutieren Sie die These: „Das Ende des Zweiten Weltkriegs war für Deutschland e*
4 *Erläutern Sie, wie sich in den „langen 50er-Jahren“ in Deutschland zwei unterschie*

Teil 2: Wichtige Daten merken und anwenden

Im *Ergänzungsband* finden Sie auf den **„gelben Seiten“** zu jedem Schwerpunktthema eine Zeittafel. Auf drei Arten können Sie damit für das Abitur üben:

Übung 1:
Lesen Sie die Zeittafel aufmerksam durch und geben Sie die Erläuterungen zu jedem Datum mit eigenen Worten wieder.
Übung 2:
Schreiben Sie auf die Vorderseite einer Karteikarte ein Ereignis, auf die Rückseite das Datum (siehe rechte Seite oben).
Übung 3:
Vertiefen Sie ihre Kenntnisse über zentrale Daten, indem Sie sich die zugehörigen Darstellungen und Quellen aus Ihrem Schülerbuch („Kursbuch Geschichte“ bzw. „Geschichtsbuch Oberstufe“ und „Ergänzungsband“) durcharbeiten. Schreiben Sie auf Ihre Karteikarten:
a) welche Ursachen zu einem Ereignis führten, b) wie es abgelaufen ist, c) welche Folgen es gehabt hat (z. B.: Machtantritt Wilhelms II. 1888, Wende zur imperialistischen Außenpolitik).

Zeittafel

1943–1945	**Allierte Kriegskonferenzen:** Absprachen der Anti-Hitler-Koalition übe Vorgehen gegen Deutschland und dessen Behandlung nach dem Krieg 1943), Teheran (Nov. 1943), Jalta (Febr. 1945), Potsdam (Juli 1945).
1945	Bedingungslose Kapitulation der deutschen Wehrmacht (7./8./9. Mai). A lands in vier Besatzungszonen (sowj., franz., brit., amerik.). Die vier M

Teil 3: Zentrale Begriffe verstehen und erklären

Die zentralen Begriffe eines Schwerpunktthemas finden Sie ebenfalls auf den **„gelben Seiten“** dieses Ergänzungsbandes:

1 *Lesen Sie die Erläuterung zu jedem Begriff.*
2 *Unterstreichen Sie alle wichtigen Einzelbegriffe; klären Sie Fremdwörter, die Sie nicht verstehen.*
3 *Erläutern Sie den Inhalt jedes Begriffs anhand von historischen Beispielen. Halten Sie Ihre Ergebnisse auf Karteikarten fest (siehe rechte Seite oben).*

Zentrale Begriffe

Anti-Hitler-Koalition: Bündnis gegen Hitler-Deutschland: Großbritannien, USA, UdSSR. Es entstand nach dem Überfall Deutschlands auf die UdSSR (Juni 1941) und zerbrach am Kriegsende.

Kalter Krieg: Systemkonflikt z munistischen Modell der Volksdemokratie und der li parlamentarischen Demokrati ter Führung der USA und der U

■■■ Abschlusstraining: Ergebnisse sichern mit der Arbeitskartei

Halten Sie die Ergebnisse der Übungen (siehe linke Seite) auf Karteikarten fest:

1 *Notieren Sie auf der Vorderseite eine Frage, einen Begriff oder ein Datum, schreiben Sie auf die Rückseite Ihre Erläuterungen.*
2 *Wiederholen Sie mithilfe Ihrer Arbeitskartei die Inhalte, Daten und Begriffe der Schwerpunktthemen – alleine, in Partnerarbeit oder kleinen Gruppen.*

■■■ Checkliste zur Bearbeitung von Sekundärtexten

1. Thema:
Mit welchem Thema bzw. welcher Frage beschäftigt sich der Autor? Was will er erklären?
2. Aussagen:
Welche zentralen Aussagen werden von dem Autor/der Autorin getroffen bzw. welche Thesen werden aufgestellt?
3. Argumente:
Mit welchen Argumenten belegt der Autor/die Autorin seine/ihre Aussagen und Thesen?
4. Abgrenzung:
Will sich der Autor/die Autorin gegen eine andere Position absetzen? Wenn ja, gegen welche und aus welchem Grund?
5. Interessen:
Von welchen (Wert-)Maßstäben aus werden Ereignisse, Entwicklungen und das Handeln von Personen beurteilt (= erkenntnisleitende Interessen)?

■■■ Übersicht zum Umgang mit schriftlichen Quellen

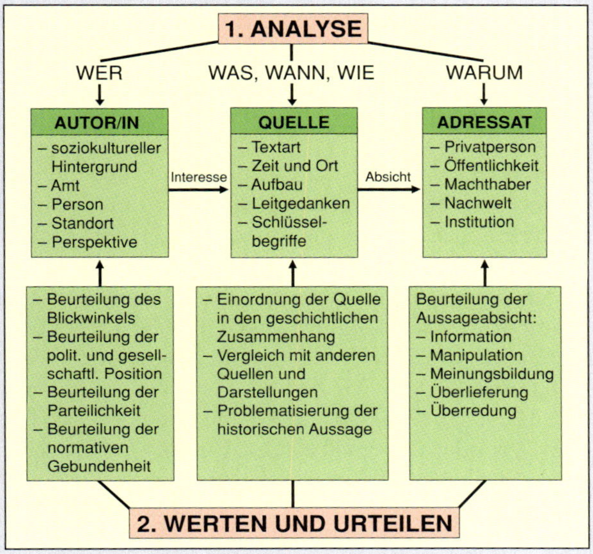

Ergänzungsmaterial zum Schwerpunkt 1: Das „lange" 19. Jahrhundert

1 Nationalismus und Nationalstaaten in West- und Mitteleuropa

Merkmale des „langen" 19. Jahrhunderts

In der Geschichtswissenschaft besteht Übereinstimmung darüber, dass die zentralen Wandlungen des 19. Jahrhunderts bereits im ausgehenden 18. Jahrhundert einsetzten und mit dem Ersten Weltkrieg (1914–1918) endeten.
Der Beginn dieses „langen" 19. Jahrhunderts lag in der **„Doppelrevolution"** Ende des 18. Jahrhunderts. Dazu zählt – erstens – die seit den 1770er-Jahren von England ausgehende Industrielle Revolution und – zweitens – auf der politischen Seite die Französische Revolution 1789. Beide waren mit Verheißungen von einer besseren und harmonischeren Welt verbunden. Die Anhänger der Französischen Revolution versprachen sich vom Durchbruch der bürgerlichen Gesellschaft zweierlei: politische Freiheiten und die Befreiung des Menschen von sozialen und wirtschaftlichen Zwängen. Jeder Mensch, unabhängig von seiner gesellschaftlichen Herkunft, sollte die politischen Geschicke seines Landes mitbestimmen können, sollte Land erwerben oder das Land verlassen können, wann immer er es wollte bzw. die finanziellen Mittel dazu besaß; und er sollte dort wohnen dürfen, wo es ihm gefiel. Auch die Befürworter der Industriellen Revolution begrüßten dies und hofften auf eine Vermehrung des Wohlstands aller.
Im 19. Jahrhundert verdichteten sich durch die „Doppelrevolution" eingeleitete Entwicklungen im **Prozess der Modernisierung.** Charakteristisch hierfür sind:
1. die Entstehung der industriekapitalistischen Wirtschaft und der bürgerlichen Klassengesellschaft (lohnabhängige Arbeiter – Kapital einsetzende Unternehmer),
2. die Bürokratisierung und Demokratisierung politischer Herrschaft (Parlamente, Wahlrecht),
3. die Beschleunigung des wissenschaftlich-technischen Fortschritts (Eisenbahnen, Elektrik, Auto, Chemie, Medizin usw.),
4. der Trend zur rationalisierten, disziplinierten Arbeit und Lebensführung (Fabrikarbeit, Fließbandarbeit, Arbeitszeiten, Freizeiten usw.),
5. die Herausbildung der modernen Massengesellschaft (Parteien, Verbände, Massenmedien).

Der Erste Weltkrieg beendete das „lange" 19. Jahrhundert, weil erst nach dieser Zeit neue historische Prozesse einsetzten, die sich vom vorhergehenden Jahrhundert unterschieden (siehe S. 44).
Das „lange" 19. Jahrhundert kann auch als **Jahrhundert des Nationalismus** bezeichnet werden, da es die Menschen nachhaltig durch die Ideen der Nation und des Nationalstaats geprägt hat.

Was ist „Nationalismus"?

Nationalismus ist ein Begriff, der eine politische Ideologie bezeichnet. Der moderne Nationalismus entstand in Europa um 1800 mit der Französischen Revolution (1789), der nur wenige Jahre zuvor die Amerikanische Revolution (1775 bis 1783) vorausgegangen war. Beide Ereignisse erschütterten die Grundlagen der feudalständischen Privilegienordnung und verhalfen der bürgerlichen Gesellschaft zum Durchbruch. Grundlage der bürgerlichen Gesellschaft war und ist die Überzeugung, dass der Wille der souveränen Nation, die sich aus freien und gleichen Bürgern zusammensetzen sollte, das Schicksal des Gemeinwesens zu bestimmen habe (M 1). Damit wandelten sich die Bindungen der Menschen: Der Einzelne sollte nicht länger Untertan sein, fest gebunden an einen Stand (Adel, Klerus, Bauer) oder eine Konfession (Katholik, Protestant), sondern Mitglied einer nationalen Lebensgemeinschaft. Allerdings konnte Nationalität unterschiedlich bestimmt werden, sei es durch die Gleichheit der **Sprache** oder der **Kultur,** sei es durch die **Abstammung** oder eine gemeinsame **Geschichte.**

Der moderne Nationalismus vermittelte ein Stück Lebenssinn in einer Zeit tief greifenden Wandels. Er öffnete Perspektiven für Gegenwart und Zukunft und konnte dadurch die Bevölkerungen mobilisieren. Er war in der Lage, Integration und Solidarität in der Gesellschaft zu stärken, indem er eine neue Form der Zusammengehörigkeit propagierte.
Die Hochschätzung des Nationalen barg in sich aber auch den Keim der Übersteigerung, und zwar immer dann, wenn gesagt wurde, die Nation oder der Nationalstaat besäßen Vorrang vor allen anderen Normen und Werten. Das verschaffte der Nation religiöse Weihen, obwohl die Nationalbewegungen weltliche Ziele verfolgten. Der übersteigerte Nationalismus konnte im Innern in ein rauschhaftes Gemeinschafts- und Solidaritätserlebnis münden und die Selbstbehauptung der Nation von Opfern bis hin zum Tod abhängig machen. Er erzeugte gelegentlich nach außen ein nationales Sendungsbewusstsein, das in Aggression und Krieg umschlug. Diese aggressiven Formen des Nationalismus bildeten sich Ende des 19. Jahrhunderts heraus: in Deutschland der **„Reichsnationalismus“**, in Frankreich der **„integrale Nationalismus“.**
Der moderne Nationalismus lässt sich zusammenfassend durch drei Merkmale definieren:
1. Er erklärt die Nation zum entscheidenden gesellschaftlichen Wert kollektiver Identität.
2. Er strebt die Selbstbestimmung der Nation im Nationalstaat an.
3. Er legitimiert seine besondere Wertschätzung der Nation säkular, d. h. weltlich. Religiöse Begründungen spielen in den meisten Ländern nur eine untergeordnete Rolle.

Staatsnation und Kulturnation

„Man wird [...] die Nationen einteilen können in Kulturnationen und Staatsnationen, in solche, die vorzugsweise auf einem irgendwelchen gemeinsam erlebten Kulturbesitz beruhen, und solche, die vorzugsweise auf der vereinigenden Kraft einer gemeinsamen politischen Geschichte und Verfassung beruhen.“ Diese Unterscheidung zwischen Kultur- und Staatsnation von 1908 geht auf den Historiker Friedrich Meinecke (1862–1954) zurück. Dabei hat es sich eingebürgert, Frankreich als Musterbeispiel für eine **„Staatsnation“** anzuführen und Deutschland als klassisches Beispiel einer **„Kulturnation“.**

Staatsnation: Das Beispiel Frankreich

In Europa war die Französische Revolution die Geburtsstunde des Nationalismus. Hier entstand die demokratische Idee von der selbst bestimmten, d. h. **souveränen Nation** (M 1). Unter Führung des aufstrebenden Bürgertums beanspruchte das französische Volk die Kontrolle über die Macht im Staate, die bisher von einem absolutistischen König und einem privilegierten Adel ausgeübt wurde. Das Volk erklärte sich zur Nation, d. h. zu einer politischen und sozialen Gemeinschaft rechtsgleicher Staatsbürger (Staatsnation), die durch ihre Vertretungsorgane (Parlamente) die Zukunft des Landes mitgestalteten.
In den Kriegen, die das Land seit der Revolutionszeit und später unter Napoleon bis 1814 in Europa führte, verband sich der Nationalgedanke mit einem Überlegenheitsgefühl und einem Sendungsbewusstsein (M 3 a). Die Truppen der *„Grande Nation“* zogen in den Kampf, um die Ideale der Revolution „Freiheit, Gleichheit, Brüderlichkeit“ zu verbreiten und um die Völker vom Tyrannenjoch absolutistischer Könige zu befreien. Eine spätere Losung des deutschen Dichters Georg Büchner (1813–1837) lautete dementsprechend: „Friede den Hütten! Krieg den Palästen!“

Kulturnation: Das Beispiel Deutschland

Auch in den Staaten, Fürstentümern, Reichsstädten, kleinen und kleinsten Herrschaften, die im **Heiligen Römischen Reich Deutscher Nation** verbunden waren, entstand Ende des 18. Jahrhunderts das Bewusstsein von einer nationalen Zusammengehörigkeit. Wenn das so genannte **Bildungsbürgertum** dieser Länder von Nation sprach, dachte es an eine Kulturnation, die in gemeinsamer Geschichte und Sprache wurzelte (M 2 a). Die Sprache repräsentiere, argumentierte 1784 der Theologe und Philosoph

Johann Gottfried Herder (1744–1803), „alle Eigenheiten der Völker in ihrem praktischen Verstande, in ihren Fantasien, Sitten und Lebensweisen". Auch forme sie dieses Volk immer wieder aufs neue: „Wer in derselben Sprache erzogen ward, wer sein Herz in sie schütten, seine Seele in ihr ausdrücken lernte, der gehört zum Volk dieser Sprache." Um die Existenz und die Einheit der deutschen Nation in der sprachlichen Überlieferung aufzeigen zu können, veröffentlichte Herder **Volkslieder.** In der gleichen Absicht sammelten die Gebrüder Grimm **Volksmärchen.**
Um 1800 strahlte die Französische Revolution auch auf Deutschland aus und bewirkte eine allmähliche Umwandlung des kulturellen in einen **politischen Nationalismus.** Er sah sein Ziel zunächst noch nicht vorrangig in der Schaffung eines einheitlichen Nationalstaats (das Heilige Römische Reich hatte sich 1806 infolge der napoleonischen Expansion in Europa aufgelöst). Vielmehr forderte er eine grundlegende politische Reform der Einzelstaaten des **Deutschen Bundes,** der 1815 auf dem Wiener Kongress gegründet worden war. Die Herrschaft der Monarchen sollte eingeschränkt, die politischen und sozialen Privilegien des Adels beschnitten und die Nation, also die Gemeinschaft der rechtlich gleichgestellten Staatsbürger, an den politischen Entscheidungen beteiligt werden. **Verfassungen** sollten diese Ziele verbindlich festschreiben.
In den **Befreiungskriegen** 1813/14, die Preußen und andere deutsche Staaten gegen die napoleonische Herrschaft führten, hatten allerdings die meist jungen Patrioten bereits eine einheitliche Staatsnation nach französischem und englischem Vorbild gefordert. Der Wunsch nach nationaler Einheit verband sich mit der Sehnsucht nach nationaler Größe. Deutschland sollte wieder ein Machtfaktor in der europäischen Politik werden. Obwohl in der **Franzosenfeindlichkeit** der Befreiungskriege eine Tendenz zur Verabsolutierung der eigenen Nation angelegt war, behielt der deutsche Nationalismus bis zur Reichsgründung 1871 im Wesentlichen seine freiheitliche Tendenz. Diese drückte sich in der Formel **„Einheit und Freiheit"** aus (M 2 b).
Politische Forderungen nach Mitbestimmung und Freiheit waren in der **Revolution 1848/49** eng verknüpft mit dem Verlangen nach nationaler Einheit. Zwar scheiterte die deutsche Nationalbewegung 1848/49 bei dem Versuch, einen Nationalstaat zu gründen und diesen zugleich auf eine demokratisch-parlamentarische Grundlage zu stellen. Die Revolution offenbarte jedoch, dass sich dieses Bestreben nicht mehr unterdrücken ließ.

„Reichsnationalismus" und „integraler Nationalismus"

Mit der Gründung des Deutschen Reiches 1870/71 schien die deutsche Nationalbewegung am Ziel ihrer Wünsche angelangt. Zur Enttäuschung der Liberalen war dieser Nationalstaat, der 1871 bis 1890 von Reichskanzler Otto von Bismarck geprägt wurde, allerdings keine demokratisch-parlamentarische Ordnung, sondern ein autoritärer Obrigkeits- und Machtstaat **(Einheit *ohne* Freiheit).** Mit der Reichsgründung begann daher auch ein grundlegender Wandel der deutschen Nationalidee. Sie wurde jetzt von konservativen, adelig-großbürgerlichen Führungsschichten des Reiches bestimmt und in eine politische Ideologie umgewandelt, die demokratiefeindlich war. Dieser **Reichsnationalismus** identifizierte die Nation mit der bestehenden autoritären Gesellschaftsordnung. Der Einzelne hatte der Macht und der Autorität des Reiches zuzustimmen und sich unterzuordnen.
Unter **Wilhelm II.** (1890–1918) radikalisierte sich dieser neue Nationalismus. Er verband sich mit **Rassismus** und **Antisemitismus** und wendete sich nach außen. Der Ruf nach nationaler Größe und Überlegenheit äußerte sich konkret in dem Verlangen nach deutschen Kolonien.
In Frankreich gab es in der zweiten Hälfte des 19. Jahrhunderts ebenfalls einen aggressiven Nationalismus. Einige Historikerinnen und Historiker bezeichnen diese Form nationalen Denkens und Handelns als **integralen Nationalismus.** Der Begriff wurde von dem französischen Schriftsteller **Charles Maurras** (1868–1952) geprägt. „Du bist nichts, dein Volk ist alles" – mit dieser Parole könnte man die zentrale Forderung des integralen Nationalismus charakterisieren,

der auch vor Gewalt gegenüber anders Denkenden nicht zurückschreckte. Diese Form des Nationalismus entstand in Frankreich nach der Niederlage gegen Deutschland im Krieg 1870/71 und dem Wechsel von der Monarchie zur (dritten) Republik. Viele konservativ-monarchistisch eingestellte Franzosen verziehen den republikanischen Politikern nicht, dass sie eine Revanche gegen die deutschen Sieger zurückstellen wollten (M 3 b). In der 1882 gegründeten, 1889 verbotenen ***Ligue des patriotes*** und der 1898 ins Leben gerufenen ***Ligue de la patrie française*** organisierten sich die rechts stehenden Nationalisten, darunter viele Persönlichkeiten der intellektuellen Elite.
Anders als in Deutschland wurde der integrale Nationalismus in Frankreich aber nie vorherrschende Ideologie. Der demokratiscche, auf den Traditionen von 1789 beruhende Nationalismus behielt die größere Anziehungskraft.

Nationalbewegungen in Europa: Polen

Bis heute hat sich der Nationalismus als wirkungsmächtige Ideologie behaupten können. Der Rückblick auf die Entstehungsgeschichte nationaler Bewegungen ist vor diesem Hintergrund in zweierlei Hinsicht von Interesse: Er kann einseitigen Werturteilen über das Nationale entgegenwirken und er kann den Blick für die Vielfalt, die Widersprüche und die Gefahren des Nationalismus schärfen. Der Wille zur Nation und zur Nationalstaatsgründung entstand im Europa des 19. Jahrhunderts aus ganz unterschiedlichen politischen Verhältnissen heraus. Der Freiheitskampf der Polen ist ein eindrucksvolles Beispiel für die Existenz eines starken nationalen Zusammengehörigkeitsgefühls in einem Volk, das lange Zeit nicht in einem eigenen Staat zusammenlebte.
Nachdem Österreich, Preußen und Russland Polen 1772, 1793 und 1795 unter sich aufgeteilt hatten, gab es keinen selbstständigen polnischen Staat mehr. Auf dem Wiener Kongress 1814/15 wurde zwar ein kleines Herzogtum Warschau als Königreich Polen gegründet und durch eine Personalunion an Russland gebunden („Kongress-Polen“). Aber weder mit den **Teilungen** noch mit **„Kongress-Polen“** wollten sich die Polen abfinden.
Die französische Julirevolution 1830 gab der Nationalbewegung neuen Auftrieb: Um Polen zu befreien, griffen im November 1830 Offiziere und Intellektuelle zu den Waffen. Sie erreichten den Abzug der russischen Truppen und erklärten das Ende der Herrschaft der Zarenfamilie Romanov in Polen. Russland eroberte jedoch 1831 Warschau zurück und gliederte Polen ins Zarenreich ein. Alle weiteren **Aufstände** – auch in den polnischen Gebieten, die unter preußischer und österreichischer Herrschaft standen – wurden blutig niedergeschlagen, so in Galizien 1846, in Posen 1848 und der Januaraufstand 1863. Doch das polnische Nationalbewusstsein blieb lebendig. Dabei spielte die **katholische Kirche** eine zentrale Rolle, weil sie den Zusammenhalt aufrechterhielt. Auch Teile des höheren und des niederen Adels, die Intelligenz und die mit der Industrialisierung erstarkenden sozialistischen Parteien kämpften weiter. Einige hingen allerdings der **„jagiellonischen Idee“** an: Demnach sollte der polnische Staat von 1772 wiederhergestellt werden, d. h. unter Einschluss der nicht-polnischsprachigen Territorien Litauen, Weißrussland und Ukraine. Ein **unabhängiger Staat Polen** entstand erst nach dem Ersten Weltkrieg mithilfe der westlichen Siegermächte **(1919/20)**. Die Grenzziehungen führten von Anfang an zu Nationalitätenproblemen.

Nationalbewegungen in Europa: Irland

Im irischen Nationalismus verbanden sich konfessionelle und soziale Forderungen miteinander. Seit 1801 war Irland in einer Union mit dem anglikanischen (protestantischen) Großbritannien verbunden. Das **„Vereinigte Köngreich Großbritannien und Irland“** verweigerte aber den Katholiken Irlands die volle Gleichberechtigung. Während die irischen Protestanten die Union befürworteten, kämpften die Katholiken

für die Befreiung von britischer Herrschaft. Irisch, katholisch, nationalistisch wurden Synonyme. Der konfessionell-nationale Konflikt wurde in der zweiten Hälfte des 19. Jahrhunderts durch soziale Gegensätze verschärft: Der überwiegende Teil des irischen Bodens gehörte englischen oder protestantischen irischen Großgrundbesitzern, während die Masse der katholischen Bauern als Pächter arbeitete und arm war. Diese Pächter bildeten die Basis für die nationalrevolutionären Vereinigungen, die auf dem Höhepunkt einer großen Agrarkrise um 1880 entstanden. Sie kämpften gegen die Großgrundbesitzer und für die Unabhängigkeit von Großbritannien und die ***Home Rule*** (= Selbstregierung). Nach langen und schweren Konflikten (Gründung der Sinn-Fein-Bewegung 1905) führte der Government of Ireland Act zur Gründung des **Freistaates Irland (1921/22).**
Volle Souveränität erlangte Irland allerdings erst 1937. Auch blieb das überwiegend protestantische Nordirland (Ulstergebiet) bei Großbritannien. Seit den 1960er-Jahren hat die illegale nordirische ***Irish Republican Army (IRA)*** versucht, mit Gewalt die Wiedervereinigung zu erzwingen. Bis heute ist der Nordirlandkonflikt nicht ganz gelöst.

Nationalstaatsgründungen in Europa: Belgien

Der belgische Nationalstaat entstand 1830 durch seine Abspaltung von den Niederlanden. Das auf dem Wiener Kongress 1814/15 gegründete niederländische Königreich war durch den konfessionellen Gegensatz zwischen dem katholischen Süden und dem kalvinistischen Norden belastet. Die niederländische Verfassung und auch die konkrete Regierungspolitik bevorzugten den agrarischen Norden, der für einen Freihandel eintrat, während der industrielle Süden Schutzzölle verlangte.
Die französische Julirevolution 1830 löste in Brüssel einen Aufstand aus, der von französischen Freiwilligen unterstützt wurde. Die Aufständischen siegten im Süden des Landes. Eine provisorische Regierung erklärte Ende **1830 die Unabhängigkeit Belgiens.** Da Russland und Preußen einzugreifen drohten, um die Revolution zu bekämpfen, vermittelte England auf einerKonferenz in London und erreichte, dass die Großmächte die belgische Unabhängigkeit anerkannten.
Belgien gab sich 1831 eine liberale **Verfassung,** die zum Vorbild für viele konstitutionelle Bewegungen in Europa wurde. Sie enthielt Grundrechte, Gesetzesinitiative des Parlaments, Richterunabhängigkeit, Freiheit der Kirche und des Unterrichts und ein Zensuswahlrecht. Im belgischen Nationalstaat gab es allerdings zwei Sprachgruppen: die **Flamen** und die französisch sprechenden **Wallonen.** Gleich nach der Staatsgründung bildete sich die flämische Bewegung, die gegen eine Dominanz der französischen Sprache und Kultur kämpfte. Bis heute hat aber der belgische Staat die Bedürfnisse und Konflikte beider Gruppen friedlich regeln bzw. beilegen können.

Nationalstaatsgründungen in Europa: Italien

Die Einigung des zersplitterten Italiens 1859–1870 zu einem Nationalstaat (Karte 1) war das Ergebnis eines langwierigen Prozesses. Vorangetrieben wurde er durch Kriege, Reformen „von oben“, aber auch demokratische und revolutionäre Volksbewegungen.
Auf dem Wiener Kongress 1814/15 sorgten die Großmächte dafür, dass die italienische Halbinsel politisch und territorial zerstückelt blieb. Die Vorherrschaft sicherte sich Österreich. Seine Machtposition wurde jedoch durch Aufstände 1820/21 und durch national-liberale Bewegungen in den europäischen Revolutionsjahren 1830 und 1848/49 erschüttert. Zu den bekanntesten Freiheitskämpfern dieser Zeit gehörte der Genuese **Giuseppe Mazzini** (1805–1872), der 1832 die radikale nationale Volksbewegung **„Das Junge Italien“** ins Leben rief, um Italien in einer freien, liberalen Republik zu vereinigen (M 4 a). Bestimmende Kraft der italienischen Nationalbewegung war die wirtschaftliche Führungsschicht des **Nordens.** Der zurückgebliebene **Süden** und die Unterschichten wurden vom liberalen Nationalismus des Bürgertums kaum ergriffen.

Aus dem Scheitern der Revolution 1848/49 zog der liberale Politiker Graf **Camillo Cavour** (1810–1861), Ministerpräsident von Sardinien-Piemont, Konsequenzen: Italien, so seine Auffassung, könne angesichts der Vorherrschaft Österreichs nur mithilfe ausländischer Mächte geeinigt werden. Cavour vertrat eine schmale Schicht von Adeligen und Bürgerlichen, die sich in der Società Nazionale organisiert hatte und die einen liberalen Verfassungsstaat anstrebte.
Um das Wohlwollen der Westmächte zu gewinnen, stellte **Sardinien-Piemont** England und Frankreich im Krimkrieg (1854–1856) gegen Russland Soldaten zur Verfügung, obwohl Piemont gar nichts mit dem Krieg zu tun hatte. 1858 traf Cavour eine geheime Verabredung mit Kaiser Napoleon III. (M 4 b): Frankreich sicherte Piemont die Unterstützung gegen Österreich zu, wenn dafür das französischsprachige Savoyen und Nizza an Frankreich abgetreten würden. Im sardinisch-piemontesischen „Nationalkrieg" gegen Österreich seit Frühjahr 1859 konnten die italienischen Truppen mit französischer Hilfe Siege erringen. Doch im Juli schloss Frankreich überraschend mit Österreich Frieden, ohne die Kriegsziele erreicht zu haben.
Vorangetrieben wurde der italienische Einigungsprozess nun maßgeblich durch nationalrevolutionäre Aufstandsbewegungen in Mittel- und Süditalien. Zu ihrem führenden Kopf stieg der populäre Freischarenführer **Giuseppe Garibaldi** (1807–1882) auf. In einem kurzen Volkskrieg befreite er mit Freiwilligen Sizilien. Als sich Garibaldi zur Eroberung des Kirchenstaates anschickte, rückten Streitkräfte Piemonts im Kirchenstaat und in Neapel ein, während die Stadt Rom unter französischem Schutz blieb. Volksentscheide erbrachten eine Mehrheit für den Anschluss Neapel-Siziliens und des Kirchenstaates an Sardinien-Piemont. 1861 vereinigten sich der Norden und der Süden zum **Königreich Italien** unter **Viktor Emanuel II.** von Piemont-Sardinien. Aber noch fehlten Venetien und der Kirchenstaat. Sie wurden erst 1866 und 1870 eingegliedert.
Die nationale Einigung Italiens kam zustande, weil sich die adeligen und bürgerlichen Oberschichten miteinander verbündet hatten. Der Preis für dieses politische Bündnis war hoch: Die adeligen Großgrundbesitzer ließen sich ihre Zustimmung zur Nationalstaatsgründung mit der Garantie der alten Wirtschafts- und Sozialverfassung bezahlen. Hier liegt ein Grund dafür, dass Italien um 1900 im Vergleich zu anderen Staaten Westeuropas wirtschaftlich rückständig war.

Karte 1 Die Einigung Italiens 1859–1870

1 *Erläutern Sie mithilfe der Karte 1 und der Darstellung S. 14 f. die wichtigsten Schritte zur Einigung Italiens.*

M1 Die Französische Revolution und der moderne Nationalismus

Der französische Revolutionär und Politiker Abbé Sieyès über den „Dritten Stand" (1789)

Was ist eine Nation? Eine Gesellschaft, welche unter einem gemeinschaftlichen Gesetz lebt und durch ein und dieselbe gesetzgebende Versammlung vertreten wird. Ist es nicht eine Tatsache, dass der Adelsstand Vorrechte und Privilegien genießt, welche er seine Rechte zu nennen sich erdreistet und welche von den Rechten des großen Ganzen der Bürger abgesondert sind? Er tritt dadurch aus der gemeinsamen Ordnung und dem gemeinschaftlichen Gesetz heraus. Also schon seine bürgerlichen Rechte machen aus ihm ein eigenes Volk in der Nation. [...]

Was seine politischen Rechte betrifft, so übt er auch sie besonders aus. Er hat eigene Stellvertreter, welche keineswegs die Vollmacht des Volkes haben. Seine Abgeordneten halten ihre Sitzungen gesondert ab. [...]

Der Dritte Stand umfasst alles, was zur Nation gehört. Und alles, was nicht der Dritte Stand ist, kann sich nicht als ein Bestandteil der Nation betrachten. Was ist der Dritte Stand? Alles [...]

Allein, man sage uns einmal, von welchen Standpunkten und Interessen her man der Nation hätte eine Verfassung geben können. Die Nation existiert vor allem anderen; sie ist der Ursprung von allem. Ihr Wille ist immer legal; sie ist das Gesetz selbst.

(Abbé Sieyès, Was ist eine Nation? [1789], in: Peter Alter [Hg.], Nationalismus, Piper, München 1994, S. 37)

1 *Erläutern Sie den Begriff „Dritter Stand" nach Sieyès (M 1)*

2 *Erklären Sie am Beispiel von Sieyès die Idee der „Staatsnation" (M 1; siehe auch Darstellung, S. 11).*

3 *Skizzieren Sie mithilfe eines historischen Atlasses die geopolitische Situation Mittel- und Westeuropas unter der Herrschaft Napoleons Anfang des 19. Jh.*

M2 Nationalismus in Deutschland

a) Der Historiker Eugen Lemberg über den Begriff der „Nation" bei dem deutschen Dichter Johann Gottfried Herder (1967)

In der Volksdichtung etwa erkennt er die Denkweise, das Gefühlsleben, die soziale Ordnung, Charakter und Lebensprinzip jedes Volkes [...].

Hier zeigt sich ein von jenem westeuropäischen sehr verschiedener Zugang zur Demokratie: aus unpolitischen, den Zufälligkeiten von Machtverhältnissen und Herrschaftsgrenzen nicht unterworfenen Gegebenheiten wird hier eine Autonomie ethnischer Gruppen begründet. [...]

Das revolutionäre Prinzip des romantischen Weltbildes, dem diese Geburt der neuen Nationen zu verdanken ist, war eben der eine Grundgedanke, den Herder hier ausgesprochen [...] hat, dass nämlich [...] Sprache, Dichtung, Musik, Recht, Philosophie, Politik, Wirtschaft, Religion usw., Äußerungen eines Volkes seien und damit Ausstrahlungen eines Lebensprinzips, das man wie immer nennen mochte, Volksseele oder Volksgeist oder einfach Volk.

So hatte das Volk den Charakter eines Individuums, einer Persönlichkeit erhalten. [...] Überall dort, wo nicht einfach ein fertiger Staat mit Nationalbewusstsein zu erfüllen war, sondern neue und anders abgegrenzte Gesellschaften darangingen, sich als Nationen zu konstituieren und die überlieferten Staaten und Staatensysteme nach ihrem Bilde umzugestalten, sehen wir diesen Gedanken auftreten.

(Eugen Lemberg, Nationalismus I: Psychologie und Geschichte, Rowohlt, Reinbek 1967, S. 171 ff.)

1 *Charakterisieren Sie anhand von M 2 a und Darstellungstext, S. 12, den Begriff „Nation" bei Herder.*

2 *Grenzen Sie Herders Verständnis von einer Nation zu dem von Sieyès ab. Berücksichtigen Sie auch die historischen Kontexte (M 1, M 2 a).*

b) Der deutsche Schriftsteller Willibald Alexis (1798–1871) schrieb in seinen Lebenserinnerungen über das Jahr 1815

Dass es für Deutschland nicht mehr um die geträumte Freiheit und nationale Einheit sich stritt, hatten die Verhandlungen des Wiener Kongresses verraten. Nur nicht uns sechzehn- und siebzehnjährigen Jünglingen. Wir träumten noch, wir waren noch berauscht; noch fühlte man nichts von Nachwehen. Die begeisterten Reden unserer Lehrer, die Nachklänge der Fichte-, Schleiermacher-, Arndtschen wissenschaftlichen Kriegsberedsamkeit, von allen Kathedern hallend, Körners und Schenkendorfs Lieder, die Erzählungen der älteren Jünglinge, die 1813 und 1814 mit geblutet und mit gesiegt, alles das erhielt den Rausch lebendig. [...] Die Ideen des Turnertums waren mächtig, auch außerhalb der Hasenheide. Der Plumpsack, der dort jedem, welcher durch ein Fremdwort die deutsche Sprache entweihte, drei Streiche versetzte, ging auch moralisch in der jungen Gesellschaft um. Jahns Deutschtümlichkeit war uns kein Phantom, sondern eine Wahrheit, und wir hofften noch zuversichtlich auf die Realisierung unserer Ideen von einem deutschen Volkstume, wenn wir auch über das Wie weder mit anderen noch mit uns im Reinen waren.

Dennoch war auch schon da in die preußische Jugend ein Missklang gedrungen. Ganz war es uns nicht entgangen, dass die Diplomatie der Nationalbegeisterung ein Schnippchen geschlagen hatte und dass andere das ernten wollten, was das Volk durch Opfer und Tapferkeit errungen hatte. Aber wir bewegten uns noch in einem engen Formelkreise. Die gespenstischen Wörter: Aristokratie, Bürokratie und Hierarchie, die uns seitdem schreckten, lagen damals außerhalb desselben, und das Wort Tyrannei, das gründlich gehassteste, kannten wir zwar, aber wir waren viel zu loyal, um es auf andere anzuwenden als auf den Franzosenkaiser Napoleon. Unsere natürliche Freiheitsliebe war mit dem Franzosenhass identifiziert. In den Intrigen, die auf dem Wiener Kongress spielten, sahen wir nichts als eine Rückkehr zu der alten französischen Diplomatie, der wir nicht sowohl ihre Tendenzen als ihre unvolkstümlichen Formen vorwarfen. Mit höchster Entrüstung betrachteten wir Deutsche es namentlich, dass so viel deutsches Blut auf deutscher Erde geflossen war, und doch wurde der Friede in französischer Sprache geschlossen. So viele der wunderbarsten Begriffe von Volkstum hatten wir uns eingepfropft – zu denen aber Fürsten, Könige und womöglich auch ein Kaiser gehörten, und doch verhandelte und handelte man nicht aus einem Volksrat heraus oder offen königlich für das Volk, sondern aus den Kabinetten zu den Kabinetten, heimlich, schriftlich und in französischer Sprache!

(Zit. nach: Willibald Alexis, Eine Jugend in Preußen. Erinnerungen, hg. von Carsten Wurm, Rütten & Loening, Berlin 1991, S. 64 f.)

1 *Fassen Sie die Eindrücke von Alexis an die deutsche Nationalstaatsbewegung zusammen (M 2 b).*

2 *Ordnen Sie Quelle M 2 b historisch ein.*

3 *Charakterisieren Sie von M 2 b ausgehend die Entwicklung des deutschen Nationalstaats und des deutschen Nationalismus bis zum Ersten Weltkrieg.*

B 1 ***Marche des Marseillais,* Text und Musik von Claude Joseph Rouget de Lisle (1760–1836), Abbildung aus einem Buch von 1792.**

Das Lied entstand im April 1792, nachdem das revolutionäre Frankreich Preußen und Österreich den Krieg erklärt hatte. Populär wurde es durch die Soldaten eines Bataillons aus Marseille, die das Lied Ende 1792 als Kampflied sangen. 1795 wurde es Nationalhymne. 1804 bis 1830 war die Hymne verboten. Seit 1879 ist die „Marseillaise" Nationalhymne der Französischen Republik. Übersetzung der ersten Strophe:

Voran fürs Vaterland, ihr Brüder!
Der Tag des Ruhms kam nun herbei!
Ihr blut'ges Banner hebt schon wieder
Vor uns empor die Tyrannei.
Hört ihr, wie die Soldatenhorden
Da draußen in den Feldern schrein?
Sie dringen bis in unsre Reihn,
Uns Weib und Kind zu ermorden!
(Refrain:)
Auf, Brüder, reiht euch ein! Die Waffen in die Hand!
Marschiert! Mit Schurkenblut getränkt sei unser Land!

Originaltext und Erläuterungen zu weiteren nationalen Symbolen Frankreichs: www.elysee.fr

M3 Nationalismus in Frankreich

a) Guillaume Guizot (1787–1874), französischer Historiker und Außenminister (1829)

Man soll niemandem schmeicheln, auch nicht dem eigenen Land; dennoch glaube ich, dass man ohne Schmeichelei sagen kann, dass Frankreich der Mittelpunkt, der Herd der europäischen Zivilisation ist. Es wäre übertrieben zu behaupten, dass es immer, in jeder Hinsicht an der Spitze der Nationen marschiert sei. Es ist in den Künsten in verschiedenen Epochen von Italien übertroffen worden; im Hinblick auf die politischen Einrichtungen von Großbritannien. Vieleicht würde man unter anderen Gesichtspunkten in bestimmten Augenblicken andere europäische Länder finden, die ihm überlegen waren. Aber es ist unmöglich zu verkennen, dass Frankreich jedes Mal, wenn es sich auf der Bahn der Zivilisation überholt sah, eine neue Kraft gewann, aufbrach und sich bald wieder auf dem Niveau der anderen oder ihnen voraus wiederfand. Das ist das besondere Schicksal Frankreichs gewesen, aber nicht nur das: Auch die Ideen und Einrichtungen der Zivilisation, die, wenn ich so sagen darf, ihren Ursprung in anderen Ländern hatten, mussten, wenn sie sich ausbreiten und fruchtbar und allgemein werden und zum allgemeinen Nutzen der europäischen Zivilisation wirken wollten, in Frankreich eine neue Zubereitung erfahren. [...] Es gibt fast keine große Idee, kein großes Prinzip der Zivilisation, das, um sich überall zu verbreiten, nicht zuerst durch Frankreich hindurchgehen musste. Das beruht darauf, dass es in dem französischen Genius etwas Verbindendes, Sympathie Erweckendes gibt, etwas, das sich mit mehr Leichtigkeit und Kraft mitteilt als der Genius aller anderen Völker; unserer Sprache, unsere Geistesrichtung, unsere Sitten, unsere Gedanken sind populärer, stellen sich den Massen klarer dar, dringen leichter ein. Mit einem Wort, die Klarheit, die Verbindlichkeit, die Sympathie sind der besondere Charakter Frankreichs und seiner Zvilisation, und diese Eigenschaften befähigen es in besonderer Weise, an der Spitze der europäischen Zivilisation zu marschieren. [...]

Die erste Tatsache, die man unter dem Wort Zivilisation zu verstehen hat, ist die Tatsache des Fortschritts, der Entwicklung. Man denkt sogleich an ein Volk, das marschiert, nicht um den Ort, sondern um den Zustand zu wechseln, an ein Volk, dessen Beschaffenheit sich entfaltet und verbessert. [...]

Uns ist viel gegeben worden und es wird viel von uns gefordert werden. Wir werden unserer Nachwelt strenge Rechenschaft über unsere Führung geben. Öffentlichkeit oder Regierung, alle unterliegen heute der Diskussion, der Prüfung, der Verantwortung. Halten wir uns fest und treu an die Prinzipien unserer Zivilisation; Gerechtigkeit, Legalität, Öffentlichkeit, Freiheit.

(Zit. nach: Hagen Schulze/Ina Ulrike Paul [Hg.], Europäische Geschichte, bsv, München 1994, S. 1147 f. Übers. Hannah Vogt)

1 *Erläutern Sie, was nach Guizot die Besonderheit der französischen „Zivilisation" ausmacht (M 3 a).*

2 *Charakterisieren Sie den Sprachstil Guizots.*

3 *Erläutern Sie, worauf Guizot mit der Bemerkung anspielte, es gäbe „kein großes Prinzip der Zivilisation, das, um sich überall zu verbreiten, nicht zuerst durch Frankreich hindurchgehen musste"? (Z. 26 ff.)*

b) Der französische Publizist Charles Maurras über den Nationalismus (1900)

Der Nationalismus reagiert auf den Egoismus der alten republikanischen Partei, zu gleicher Zeit reagiert er auf die Gleichgültigkeit ebendieser Partei gegenüber den großen nationalen Interessen. Ein Nationalist, der seine Rolle kennt, akzeptiert als methodische Regel, dass ein guter Bürger seine Gefühle, seine Interessen und sein Lehrgebäude dem Wohl des Vaterlandes unterordnet. Er weiß, dass das Vaterland letztlich die Bedingung für sein und seiner Mitbürger Wohlergehen ist. Jeder persönliche Vorteil, der durch einen Verlust für das Vaterland erkauft wird, erscheint ihm ein betrügerischer und falscher Vorteil. Und jedes politische Problem, das nicht unter Berufung auf die allgemeinen Interessen des Vaterlandes gelöst wird, erscheint ihm als unvollständig gelöstes Problem. Der Nationalismus beruht demnach auf verschiedenen Fragen, die für ihn auf einen Nenner gebracht werden, auf nichts anderes als das Interesse der Nation. [...]

Der französische Nationalismus zielt darauf ab, unter uns eine gleiche Göttin Frankreich aufzurichten. [...]

Im Wesentlichen stimmt der Royalismus mit verschiedenen Forderungen des Nationalismus überein: Er ist selbst der integrale Nationalismus. Ich möchte deshalb den Royalisten in Abwandlung eines Wortes des gnädigen Herrn, des Herzogs von Orléans, sagen, dass man all das, was man im nationalen Geist tut, auch im Geist des Königtums tut. Die Royalisten haben von da an sich nur mit dem Erfolg des Nationalismus zu beschäftigen. Sie haben dazu die Verpflichtung. Als ob der Feind an der Grenze stünde, so müssen sie die Verteidiger der Nation unterstützen. Ihrem König zu dienen bedeutete ehemals, sich dem Vaterlande nützlich zu machen; heute haben sich die Begriffe umgekehrt: Sich dem Vaterland nützlich machen heißt eigentlich, der Sache des Königs zu dienen.

(Zit. nach: Peter Alter [Hg.], Nationalismus, Piper, München 1994, S. 247 f.)

1 *Charakterisieren Sie anhand von M 3 b Aufgaben und Funktionen des Nationalismus bei Maurras.*

2 *Quellenvergleich – arbeitsteilige Gruppenarbeit:*
Gruppe A: Vergleichen Sie das Nationenverständnis bei Guizot (M 3 a) und Maurras (M 3 b).
Gruppe B: Vergleichen Sie das Nationenverständnis bei Sieyès (M 1), Herder (M 2 a), Maurras (M 3 b).
Präsentieren Sie Ihre Ergebnisse im Kurs.

M4 Nationalstaatsbewegung in Italien

a) Aus dem Programm „Das Junge Italien" des Italieners Giuseppe Mazzini (1831)

§ 1 Das Junge Italien ist die Verbrüderung derjenigen Italiener, welche an ein Gesetz des Fortschritts und der Pflicht glauben und die Überzeugung haben, dass Italien berufen sei, eine Nation zu sein. [...] Sie weihen, vereinigt in einer Verbindung, Gedanken und Tat der großen Absicht, Italien als eine Nation von freien und gleichen Bürgern, als ein einiges, unabhängiges und souveränes Volk wiederherzustellen. [...]

§ 3 Das Junge Italien ist republikanisch und für die Einheit. Republikanisch – weil alle Männer einer Nation nach dem Gesetze Gottes und der Menschheit berufen sind, gleich und verbrüdert zu sein. Republikanisch – weil Italien keine Elemente für die Monarchie hat: keine ehrwürdige und mächtige Aristokratie, die sich zwischen den Thron und die Nation stellen könnte, keine Dynastie italienischer Fürsten, die durch langjährigen Ruhm wichtige, der Entwicklung der Nation geleistete Dienste der Liebe und Zuneigung aller Staaten, aus denen Italien besteht, sich erworben hätte. [...]

§ 4 Die Mittel, die die Verbindung anzuwenden beabsichtigt, um ihren Zweck zu erreichen, sind Erziehung und Aufstand. [...]. Wo der Aufstand beginnt, wird er die italienische Fahne, italienischen Zweck und italienische Sprache haben. [...]

§ 6 Die Farben des Jungen Italien sind weiß, rot und grün. Die Fahne des Jungen Italien trägt auf diesen Farben auf einer Seite als Inschrift die Worte: Freiheit, Gleichheit, Menschheit, auf der andern: Einigkeit, Unabhängigkeit.

(Zit. nach: Gottfried Guggenbühl [Hg.], Quellen zur Geschichte der Neuesten Zeit, 4. Aufl., Schulthess, Zürich 1966, S. 107 f.)

b) Aus einem Brief Camillo Cavours an König Viktor Emanuel von Savoyen vom 24. Juli 1858 über eine Unterredung mit Napoleon III.

Der Kaiser fragte mich, nachdem ich zu ihm vorgelassen worden war, nach dem Grund meiner Reise. Er sagte dann, dass er entschlossen sei, Sardinien mit allen seinen Kräften in einem Krieg gegen Österreich zu unterstützen, vorausgesetzt, dass dieser Krieg aus einem nicht-revolutionären Grunde geführt würde, der sich diplomatisch und vor allem vor der öffentlichen Meinung in Frankreich und Europa rechtfertigen ließe. [...]

Der Kaiser kam mir zu Hilfe, und wir machten uns gemeinsam daran, alle italienischen Staaten durchzugehen, um diesen so schwer zu findenden Kriegsgrund zu suchen. Nach erfolgloser Reise durch die ganze Halbinsel kamen wir fast unerwartet in Massa und Carrara an, und dort entdeckten wir, was wir so eifrig suchten. [...] Wir kamen überein, dass ein Gesuch der Bevölkerung an Eure Majestät provoziert werden sollte, um Ihren Schutz zu erbitten und sogar die Annexion dieser Herzogtümer durch Sardinien zu verlangen. [...] Wir gingen dann zu der großen Frage über: Welches sollte das Kriegsziel sein? Der Kaiser gab ohne Weiteres zu, dass es notwendig sei, die Österreicher aus Italien hinauszuwerfen und ihnen kein Körnchen Land jenseits der Alpen und des Isonzo zu überlassen. Aber wie sollte Italien dann organisiert werden? [...] Die Poebene, die Romagna und die Legationen[1] des Kirchenstaats würden das Königreich Oberitalien bilden, über die das Haus Savoyen herrschen würde. Rom und das umliegende Gebiet würde man dem Papst belassen. Der Rest des Kirchenstaats würde mit der Toskana das Königreich Mittelitalien bilden. Die Grenzen des Königreichs Neapel würden keine Veränderungen erfahren. Diese vier italienischen Staaten würden nach dem Beispiel des Deutschen Bundes einen Staatenbund bilden, dessen Vorsitz dem Papst gegeben würde, um ihn über den Verlust des größten Teils seiner Staaten hinwegzutrösten. [...] Nachdem das künftige Schicksal Italiens festgelegt war, fragte mich der Kaiser, was Frankreich bekommen würde und ob Eure Majestät Savoyen und die Grafschaft Nizza abtreten würden. Ich antwortete, Eure Majestät würden Verständnis haben, dass gemäß dem Nationalitätenprinzip Savoyen mit Frankreich vereint werden müsste und dass er infolgedessen bereit sei, dies Opfer zu erbringen, obwohl es ihn große Überwindung kosten würde, auf ein Land zu verzichten, das die Wiege seiner Familie gewesen sei.

(Zit. nach: Beatrix Mesmer [Bearb.], Napoleon III. und die italienische Einigung, Lang, Bern 1969, S. 9–12. Übers. Christine Keitz)

1 Verwaltungseinheiten im Kirchenstaat, die Kardinälen unterstanden.

1 *Erläutern Sie Ziele und Mittel Mazzinis (M 4 a).*

2 *Charakterisieren Sie das Vorgehen Cavours bei der Einigung Italiens (M 4 b). Gehen Sie darauf ein, wie der Krieg vorbereitet und gerechtfertigt wurde.*

3 *Untersuchen Sie, inwieweit es Gemeinsamkeiten zwischen der Einigung Italiens 1859–1870 (M 4 a, b) und der Einigung des Deutschen Reiches gab (s. Schülerbuch „Kursbuch Geschichte" oder „Geschichtsbuch Oberstufe"). Erörtern Sie auch, welche Rolle auswärtige Mächte und Kriege gespielt haben.*

2 Parlamentarismus und Wahlrechtsfrage in Deutschland, Frankreich und Großbritannien

Demokratie, Parlament und Wahlrecht

„Eine große demokratische Revolution ist bei uns im Gange; alle nehmen sie wahr, aber nicht alle beurteilen sie auf die gleiche Weise. Die einen betrachten sie als etwas Neues, Zufälliges und hoffen, sie noch aufhalten zu können; andere halten sie dagegen für unwiderstehlich, weil sie ihnen als die stetigste, die älteste und die anhaltendste Entwicklung erscheint, die in der Geschichte bekannt ist." Diese Sätze schrieb der französische Adelige Alexis de Tocqueville in seinem berühmten, 1835/40 erschienenen Werk „Über die Demokratie in Amerika". Unter dem Eindruck der Amerikanischen und der Französischen Revolution gelangte er zu der Überzeugung, dass das Prinzip der Volkssouveränität, das der modernen Demokratie zugrunde liegt, das zentrale Bewegungsprinzip des 19. Jahrhunderts sei, dem allein die Zukunft gehöre.

Tatsächlich waren die politischen Auseinandersetzungen des 19. Jahrhunderts maßgeblich durch den Gegensatz zwischen **Monarchie** (griech. *monos* = allein, einzeln; *archein* = der Erste sein, herrschen) und **Demokratie** (griech. *demos* = das Volk; *kratein* = herrschen) geprägt. Konkret lautete die Frage, wer die **Souveränität,** d. h. die staatlichen Hoheitsrechte, ausüben sollte: ein König oder das Volk?

Auf der einen Seite standen diejenigen, die die politischen Mitbestimmungsrechte der Staatsbürger ausweiten wollten. Sie traten für die **Parlamentarisierung** des politischen Systems ein. Regierungschef und Minister sollten nicht länger dem Monarchen, sondern dem Parlament verantwortlich sein, das so die Politik aktiv mitgestalten wollte. Parlamente als Vertretungsorgane gab es schon länger. Aber jetzt sollten sie gestaltende Kompetenzen erhalten (Gesetze initiieren, Gesetze erlassen, Haushaltsrecht usw.). Wer sollte die Parlamente wählen und wer durfte sich wählen lassen? Die Anhänger der modernen Demokratie forderten das aktive und passive Wahlrecht nicht nur für den Adel und die wohlhabenden Bürger, sondern für alle **volljährigen Staatsbürger,** und das **Frauenwahlrecht.** Im Gegensatz zu älteren Formen (z. B. Reichstage, Landtage) sollte das moderne Parlament das Volk repräsentieren.

Auf der Gegenseite standen die Vertreter der alten monarchischen Ordnung, die die Herrschaft allein den Fürsten und ihren Beamten reservieren wollten. Die Kämpfe zwischen diesen Gruppierungen unterschieden sich von Land zu Land.

Großbritannien I: Grundlagen der Parlamentarisierung

Die Glorreiche Revolution von 1688/89 legte in England den Grundstein für die Umwandlung des politischen Systems in eine vom Parlament geschaffene und kontrollierte Monarchie. Das Parlament bestand aus den beiden Kammern Oberhaus und Unterhaus: Im *House of Lords* saß der Hochadel (engl. *aristocracy)*, im *House of Commons* der mittlere Landadel, die so genannte *gentry.* In einem fast hundertjährigen Kampf zwischen König (engl. *king)* und Parlament (engl. *parliament)* entstanden die grundlegenden Dokumente der englischen Verfassung:

– In der ***Petition of Right* von 1628** erkannte der König das Steuerbewilligungsrecht des Parlamentes an.

– Die ***Habeas-Corpus-Akte* von 1679** garantierte das Menschenrecht des Schutzes der Bürger vor willkürlicher Verhaftung.

– In der ***Bill of Rights* von 1689** wurden schließlich die königlichen Rechte zugunsten des Parlaments endgültig eingeschränkt: Gesetze durften nur mit Zustimmung des Parlaments erlassen oder aufgehoben werden. Ohne Billigung des Parlamentes konnten keine Steuern erhoben

B 1 Sitzung des britischen Unterhauses (Hous of Commons) in London, Holzstich, 1834. –
Weitere Informationen: www.parliament.uk

werden. Dem König war es außerdem verboten, ein stehendes Heer zu unterhalten. Kein Abgeordneter durfte wegen Äußerungen im Parlament vor Gericht gestellt werden. Die Sitzungen des Parlamentes sollten öffentlich sein.
– Der ***Triennal Act* von 1694** ergänzte, dass die Wahl der Abgeordneten regelmäßig sein müsse und auch das Zusammentreten des Parlamentes frei, ungehindert und regelmäßig zu erfolgen habe (zuvor hatte der König entschieden, wann das Parlament tagen durfte).
Die politischen Freiheiten, die der Parlamentarismus mit sich brachte, ließen lange übersehen, dass bis ins 19. Jahrhundert hinein nur eine kleine Minderheit die demokratischen Mitwirkungsrechte nutzen konnte. Das Wahlrecht blieb auf wenige reiche Leute beschränkt, obwohl dies – im Gegensatz zum späteren 19. Jahrhundert – auch reiche adlige Frauen sein konnten. Das Parlament geriet fest in die Hand einer kleinen Oberschicht, während die große Mehrheit der Bevölkerung kaum Einfluss besaß. Dementsprechend forderten die Reformer des Parlamentarismus eine Ausweitung des Wahlrechtes auf breitere Bevölkerungsschichten und mehr Rechte für das Parlament.

Großbritannien II: Die Wahlrechtsreform 1832

Während des 19. Jahrhunderts gab es in England drei Wahlrechtsreformen, die den Kreis der Wahlberechtigten immer mehr ausweiteten. Von der ersten **Wahlrechtsreform 1832** (M 1 a, b), die die liberale Regierung von Lord Grey durchführte, profitierten vor allem die Mittelschichten der städtischen Händler, Bankiers und Industriellen. Weil ihre wirtschaftliche und gesellschaftliche Bedeutung mit der Industrialisierung seit dem ausgehenden 18. Jahrhundert zugenommen hatte, klagten sie einen größeren politischen Einfluss im Parlament ein. Dieser Forderung kam die Regierung mit einer Neuordnung der Wahlkreise entgegen. 56 Ortschaften mit einer Bevölkerung unter 2000 Einwohner verloren ihre Abgeordneten, 30 weitere einen ihrer bisher zwei Abgeordneten. In einigen ländlichen Regionen, vor allem aber in den neuen Zentren des Handels und der Industrie entstanden 22 neue Wahlkreise mit je einem und 20 mit je zwei Abgeordneten. Das **Zensuswahlrecht,** das die Wahlberechtigung an bestimmte Besitzverhältnisse band, blieb zwar erhalten. Aber die Regierung weitete den Kreis der Wähler aus. Hierzu gehörten in den ländlichen Grafschaften (engl. *counties)* seit 1832 nicht nur diejenigen mit einem jährlichen Mindesteinkommen von 40 Schillingen aus freiem Grundbesitz, sondern auch die wohlhabenden Pächter. In den städtischen Wahlkreisen (engl. *borough)* galt nun ein einheitliches Wahlrecht. Wählen durften alle Hausbesitzer mit einem jährlichen Steueraufkommen von zehn Pfund, die zugleich die Armensteuer und andere Abgaben zahlten. Insgesamt stieg damit die Zahl der Wähler von 5 auf 7 Prozent der Bevölkerung. Für Frauen bedeutete die Reform ein Rückschritt: Alle Frauen wurden mit dem Gesetz von 1832 ausdrücklich vom Wahlrecht ausgeschlossen.

Großbritannien III:
Parlamentarismus im 19. Jh.

Obwohl die Arbeiter die Reformbestrebungen der bürgerlichen Mittelschichten unterstützt hatten, blieb auch ihnen das Wahlrecht versagt. Aus Enttäuschung (M 2 a, b) darüber formierte sich die Arbeiterbewegung der **Chartisten.** Ihren Namen hatte sie von der *People's Charta* **von 1838,** die sechs Forderungen erhielt: allgemeines Wahlrecht für Männer, geheime Wahlen, Wegfall der Besitzanforderungen für Unterhausmitglieder und Zahlung von Diäten, gleich große Wahlkreise, jährliche Wahlen. Dreimal, 1839, 1842 und 1848, wandten sich die Chartisten in Massenpetitionen mit ein bis drei Millionen Unterschriften an das Parlament, das sich jedoch mit übergroßer Mehrheit weigerte, die Bittschrift überhaupt zur Kenntnis zu nehmen.

Nach dem Scheitern der Chartistenbewegung übernahmen vor allem die Gewerkschaften die Interessenvertretung der Arbeiter. Erst seit um 1900 entstand aus ihren Kreisen in Großbritannien eine eigenständige Arbeiterpartei, die sich ab 1906 **Labour Party** nannte (s. S. 33) und bis heute besteht. Während des 19. Jahrhunderts bestimmten die **Whigs,** die sich nach der Wahlrechtsreform von 1832 als **Liberale Partei** bezeichneten, und die **Tories** die parlamentarischen Auseinandersetzungen. Die Tories waren die Partei der konservativen Bewahrung und nannten sich nach der Wahlrechtsreform von 1832 dementsprechend **Konservative,** um im Mittelstand Anhänger zu finden.

Die zweite **Wahlrechtsreform von 1867** brachte der unteren Mittelschicht und den oberen Arbeiterschichten, also Handwerkern und gelernten Arbeitern, das Stimmrecht. Nun durften in den Städten alle Armensteuer bezahlenden Hausbesitzer und Wohnungsinhaber wählen, die eine Jahresmiete von mindestens zehn Pfund entrichteten. In den Grafschaften senkte die Regierung den Wahlzensus für Grundeigentümer und Pächter beträchtlich. Dadurch stieg die Zahl der Wahlberechtigten auf etwa 16 Prozent der Bevölkerung. Die Einführung des Frauenwahlrechts, das 1867 insbesondere von dem Philosophen, Nationalökonomen und liberalen Abgeordneten **John Stuart Mill** (1806–1873) gefordert wurde, gelang nicht.

Mit der dritten **Wahlrechtsreform von 1884/85** erhielten auch Landarbeiter und Arbeiter in Dörfern das Stimmrecht. Bedingung war, dass sie Grundbesitz, ein Eigenheim oder eine Wohnung für 200 Pfund Miete bewohnten. Dadurch erhöhte sich die Zahl der Wahlberechtigten auf ca. 28 Prozent der Bevölkerung, was etwa 60 Prozent der volljährigen Männer betraf. Außerdem war die Wahl seither geheim, sodass Wahlbeeinflussung erschwert wurde. Jeder Wahlkreis schickte nur noch einen Abgeordneten ins Parlament.

Erst am Ende des „langen“ 19. Jahrhunderts, in den Jahren 1916/18, führte Großbritannien das allgemeine Wahlrecht für Männer und das Wahlrecht für Frauen über 30 Jahre ein. 1928 erhielten auch Frauen das allgemeine Wahlrecht.
Seit den 1830er-Jahren hatte sich das gewählte Unterhaus zum Mittelpunkt des politischen Geschehens entwickelt. Es wurde zur stärksten Macht im Staate, während die politische Bedeutung des nicht durch Wahlen zusammengesetzen Oberhauses sank. Ein Meilenstein in dieser Entwicklung wurde auch hier am Ende des „langen“ 19. Jahrhunderts gesetzt: Im Jahr 1911 verlor das Oberhaus sein Vetorecht in Finanzfragen. Seitdem darf auch der Premierminister nicht mehr dem Oberhaus angehören.

Frankreich I: Die *Charte constitutionnelle* (1814–1848)

In Kontinentaleuropa entstanden parlamentarische Regierungsformen während der Französischen Revolution von 1789. Die französische Nationalversammlung war zwar die erste moderne Volksvertretung (s. S. 11, 16), aber sie konnte nach den ersten Revolutionsjahren zunächst kein parlamentarisches System begründen, das heißt: Das Parlament war von der Regierung ausgeschlossen. Dies blieb auch nach der Abdankung Napoleons 1814/15 so, als die Dynastie der Bourbonen auf den französischen Thron zurückkehrte und die **konstitutionelle Monarchie** (an eine Verfassung gebundene Monarchie im Gegensatz zur absolutistischen Monarchie) einführte.
Die von König Ludwig XVIII. (Reg. 1814–1824) im Jahre 1814 erlassene Verfassung, die ***Charte constitutionnelle***, die bis 1848 in Kraft war, sah eine Legislative nach englischem Vorbild mit zwei Kammern vor: ein Oberhaus, die **Pairskammer** (frz. *chambre des pairs*), und eine Abgeordnetenkammer, die **Deputiertenkammer** (frz. *chambre des députés*). Während der Monarch die Adeligen für die Pairskammer berief, wurden die Mitglieder der Deputiertenkammer gewählt. Die Wahlberechtigung war an einen hohen Zensus gebunden. Das führte dazu, dass etwa 100 000 reiche Bürger aus einer Bevölkerung von 28 Millionen indirekt an der Gesetzgebung beteiligt waren. Die Abgeordneten besaßen zwar das Steuerbewilligungsrecht, aber keine Möglichkeit zu einem gestaltenden Einfluss auf die Regierungstätigkeit, weil ihnen ein wichtiges Recht fehlte: das Recht, Gesetze einzubringen. Gesetze initiieren durften nur die Minister, die dem König verantwortlich blieben. Diese Regelung entsprach dem monarchischen Prinzip, nach dem der Monarch und nicht das Volk Träger der Souveränität und der obersten Staatsgewalt war.
Die **Julirevolution von 1830** löste in Frankreich einen Parlamentarisierungsschub aus. Bevor die siegreichen Liberalen dem Bourbonen Louis Philippe I. (Reg. 1830–1848) die Krone anboten, strichen sie in der Verfassung für den König den Titel „von Gottes Gnaden König von Frankreich“. Der König trug nun den schlichten Titel „König der Franzosen“ und die Minister waren seitdem dem Parlament verantwortlich.
1831 wurde darüber hinaus das Wahlrecht auf etwa 200 000 höchstbesteuerte Männer erweitert – bei einer Gesamtbevölkerung von 32 Millionen. Nutznießer der Wahlrechtsreform war das Besitzbürgertum, die **Bourgeoisie.** Bankiers, Großgrundbesitzer, Großkaufleute und Großindustrielle verdrängten immer mehr den Adel im Parlament, während die Bevölkerungsmehrheit, also Kleinbauern, Kleinbürger und Arbeiter, weiterhin von der politischen Mitwirkung ausgeschlossen blieb.

Frankreich II: Der Parlamentarismus seit 1848/49

Auch die **Revolution von 1848/49** trieb die Parlamentarisierung des politischen Systems weiter voran. In der im Februar 1848 ausgerufenen Republik – der **II. Republik** 1848–1852 (die I. Republik war die 1789 eingeführte) – verlor das Parlament jedoch zunächst an Macht. Der Präsident der Republik wurde vom Volk gewählt und konnte die Minister ernennen und entlassen. An die Stelle des bisherigen Zweikammersystems

B 2 Sitzung der französischen Nationalversammlung *(Assemblée Nationale)* im Palais Bourbon in Paris, Fotografie, 2000.– Mit wenigen Unterbrechungen tagte die französische Nationalversammlung von 1832 bis heute im Palais Bourbon. Weitere Informationen: www.assemblee-nationale.fr

trat ein Einkammersystem mit der Nationalversammlung als einzigem parlamentarischem Gremium. Im April 1848 wurde es nach dem allgemeinen und gleichen Männerwahlrecht gewählt (M 2 a). Nach dem **Staatsstreich Louis Napoleons** im Dezember 1851 verlor das Parlament, nun Corps Législatif genannt, alle politischen Rechte.
Erst 1869 kam es wieder zu einer Parlamentarisierung mit Gesetzesinitiativrecht der Deputiertenkammer. Die Minister waren dieser Kammer und gleichzeitig dem Kaiser verantwortlich. Neben der Deputiertenkammer gab es als erste Kammer den **Senat.** Das blieb auch in der **III. Republik** (1871–1944) so (M 2 b, c), die ebenfalls das allgemeine Männerwahlrecht beibehielt. – Die Frauen erhielten das allgemeine Wahlrecht in Frankreich erst 1944.

Deutschland I: Parlamentarismus in der 1. Hälfte des 19. Jh.

Die deutschen Länder blieben nach der Neuordnung Europas auf dem Wiener Kongress 1814/15 und bis zur Revolution 1848/49 dem monarchischen Prinzip verpflichtet. Das gilt auch für die frühkonstitutionellen Systeme der süddeutschen Staaten, die sich an der französischen *Charte constitutionelle* aus dem Jahr 1814 orientierten (s. S. 23).
Die **frühkonstitutionellen Staaten,** zu denen **Baden, Württemberg und Bayern** zählten, erhielten 1818/19 Verfassungen. Diese gewährten den Staatsbürgern Menschen- und Bürgerrechte sowie nationale Repräsentationen, die dem Monarchen gegenübertraten. Die Macht blieb jedoch in den Händen des Fürsten. Denn die beiden Kammern konnten keine Regierungen bilden bzw. entlassen, sondern nur die Regierung kontrollieren und an der Gesetzgebung mitwirken.

Die Gewaltenteilung war also ebenso unvollständig wie die Ministerverantwortlichkeit. In den ersten Kammern behielt der Adel gewisse Vorrechte. In den zweiten Kammern sorgte das Zensuswahlrecht dafür, dass die wohlhabende Schicht des Besitz- und Bildungsbürgertums die politischen Debatten bestimmte.
Auch in den Staaten des 1815 gegründeten **Deutschen Bundes** besaßen die Fürsten die Macht. Das legten die Bundesakte aus dem Jahr 1815 und die Wiener „Bundessupplement Akte" von 1820 fest. Artikel 13 der Bundesakte sah vor, dass in allen Bundesstaaten „eine landständische Verfassung" verabschiedet werden sollte. Im Zeitalter der Restauration waren die Monarchen jedoch bestrebt, Dämme gegen unkontrollierten politischen Wandel „von unten" zu errichten. Darin bestand das Ziel der Wiener Akte, die in Artikel 57 das monarchische Prinzip verteidigte: „Der Souverän kann durch die landständische Verfassung nur in der Ausübung bestimmter Rechte an die Mitwirkung der Stände gebunden werden." Ganz ohne Verfassung blieben Preußen und Österreich.

Deutschland II: Das Parlament in der Reichsverfassung 1849

Die **Revolution von 1848/49** hätte in Deutschland zum Durchbruch des Parlamentarismus führen können. Die von der Nationalversammlung in der **Frankfurter Paulskirche** verkündete **Reichsverfassung vom März 1849,** die die deutschen Länder einigen sollte, war ein Kompromiss zwischen monarchischem und demokratischem Prinzip. Die Regierungsbildung lag in den Händen des Monarchen und blieb insofern von der Zustimmung des Parlamentes unabhängig. Das machtpolitische Übergewicht des Monarchen wurde zusätzlich dadurch unterstrichen, dass die Verfassung den Rücktritt der Regierung bei einem parlamentarischen Misstrauensvotum nicht vorsah. Obwohl die Verfassung das parlamentarische Regierungssystem nicht ausdrücklich verankerte, gab es durchaus Vorbereitungen für eine solche Weiterentwicklung: Ein Ausschuss der Nationalversammlung hatte bereits einen Entwurf ausgearbeitet, der die Ministerverantwortlichkeit gegenüber dem Parlament vorsah. Das Parlament hätte danach jederzeit Minister wegen Missachtung von Reichstagsbeschlüssen vor dem Reichsgericht anklagen und so aus dem Amt entfernen können. Mit einer derartigen Verfassungsbestimmung wäre der Übergang zum Parlamentarismus vorprogrammiert gewesen. Doch verhinderte das Scheitern der Revolution von 1848/49 diese politische Modernisierung Deutschlands.
Mutiger waren die Mitglieder der Paulskirche bei der Formulierung des **Reichswahlgesetzes.** Danach sollten die Reichstagsabgeordneten in allgemeiner und gleicher, direkter und geheimer Männerwahl bestimmt werden.

Deutschland III: Parlamentarismus im Kaiserreich

Das relativ moderne allgemeine und gleiche Männerwahlrecht wurde in Deutschland tatsächlich nach der Reichsgründung von 1870/71 eingeführt (M 3 a, b), allerdings mit Einschränkungen: Es galt nur auf Reichsebene und nur für Männer. In den deutschen Einzelstaaten wurde bis zum Ende der Kaiserzeit 1918 weiterhin durchgängig nach männlichem Zensuswahlrecht gewählt, in Preußen nach dem so genannten Dreiklassenwahlrecht. Das Wahlrecht für Frauen kam in Deutschland erst 1918 mit der Novemberrevolution.
Das relativ moderne Reichstagswahlrecht darf nicht darüber hinwegsehen lassen, dass die gewählten Reichstagsmitglieder im politischen Entscheidungsprozess eine schwache Position besaßen. Der Reichstag wirkte zwar bei der Gesetzgebung mit. Auch besaß er das Budgetrecht und konnte über Zustimmung und Ablehnung des Haushaltes die Politik mitbestimmen. Weil der Reichstag aber z. B. nicht über den Militäretat verfügen durfte, blieb das Budgetrecht eine „stumpfe" Waffe.

B 3 Sitzung des Deutschen Reichstags in Berlin, kolorierter Holzstich, 1874. – Am Rande links sitzend: Reichskanzler Bismarck; auf dem Reichstagsstuhl hinter der Rednertribüne: Reichstagspräsident von Forckenbeck, daneben rechts und links Schriftführer; rechts von der Tribüne: Sitze für die Mitglieder des Bundesrats; unten im Halbrund angeordnet: die Mitglieder der Fraktionen. – Im Jahre 1894 zog der Reichstag in ein neues Gebäude, das nach der Vereinigung Deutschlands 1990 Sitz des Bundestages wurde. Weitere Informationen: www.bundestag.de

Der Reichskanzler musste dem Reichstag Auskunft über die Regierungspolitik geben. Das bedeutete jedoch keine wirkliche Ministerverantwortlichkeit. Die eigentliche Macht lag beim Kaiser, der die Regierung ernannte und entließ. Insofern war das Deutsche Reich eine konstitutionelle Monarchie mit dem Monarchen als alleinigem Inhaber der Souveränität; es besaß keine parlamentarische Regierung.

Den Übergang von der konstitutionellen zur parlamentarischen Monarchie vollzog das Deutsche Reich während des Ersten Weltkrieges. Als sich die militärische Niederlage Deutschlands abzeichnete, waren Monarchie und militärische Führung bereit, Macht abzugeben. Am 3. Oktober 1918 ernannte der Kaiser den liberalen Prinzen Max von Baden zum Reichskanzler, der Abgeordnete von der Mehrheitssozialdemokratie, des katholischen Zentrums und der liberalen Fortschrittspartei in Regierungsämter berief. Wegweisend zur Parlamentarisierung des politischen Systems (M 4, M 5) wurden die Reformen der Reichsverfassung vom 28. Oktober 1918, die so genannten Oktoberreformen 1918: Reichskanzler und Reichsregierung benötigten fortan das Vertrauen des Parlaments, sie waren nicht länger vom Kaiser abhängig. Dieser verlor überdies die Kommandogewalt über das Militär, die nun in den Händen eines dem Parlament verantwortlichen Ministers lag.

M1 Die britische Wahlrechtsreform 1832

a) Aus einem Leitartikel des *„Poor Man's Guardian"* vom 12. März 1832

Schließlich hoffen wir, dass diese Reformbill nicht zum Gesetz erhoben werde; wir sind überzeugt, dass sogar diejenigen, die mit der Bill mehr als zufrieden sind, bald ausfinden werden, dass ein derartiges Wahlrecht ihren Interessen nicht dienen kann; die Bill wird den Fortschritt wirklicher Reform erheblich verlangsamen; die Mittelklassen werden durch die Annahme der Bill auf längere Zeit von den Volksmassen geschieden werden, was einen großen Verlust bedeuten wird, da, wenn beide in einer gemeinschaftlichen Sache vereinigt sind, die Mittelklasse eher für diese die Öffentlichkeit gewinnen kann als das Volk.

b) Aus einer anonymen Zuschrift an den *„Poor Man's Guardian"* vom 19. März 1832

Die Bill schlägt vor, die Zahl der Wähler zu verfünffachen. Auf den ersten Blick mag deshalb die Bill als eine höchst liberale Maßnahme erscheinen. Was, die Zahl der Wähler von 150 000 auf 600 000 bis 700 000 zu erhöhen? Höchst liberal, wirklich? Aber wenn wir erwägen, dass die Liberalität vollständig einer Seite zugute kommt, während die andere leer ausgeht, wenn wir sehen, dass diejenigen, deren Einfluss bereits zehnmal zu groß ist, einen weiteren zehnfachen Einfluss erhalten, während Sie [die Arbeiter], deren Einfluss zehnmal zu klein ist, eine weitere unberechenbare Einbuße an Einfluss erleiden sollen (durch die große Zunahme des Einflusses der Erpresser), so muss man zugeben, dass die Bill die unliberalste, tyrannischste, abscheulichste und infamste ist von allen, die überhaupt vorgeschlagen werden konnten. Ihre Zahl beträgt vier Fünftel der Gesamtbevölkerung; ihr Einfluss bei den Wählern müsste deshalb viermal so groß wie der der übrigen Bevölkerung sein. Nichtsdestoweniger wird ihr Einfluss nur ein Zwanzigstel des Einflusses derjenigen sein, die von den Früchten ihrer Arbeit leben. In Wirklichkeit werden sie auf Grund ihrer kleinen Zahl von Stimmberechtigten und infolge der Furcht – gar keinen Einfluss ausüben können.

1 *Arbeiten Sie die zentralen Argumente heraus, mit denen die Wahlrechtsreform in den Quellen M 1 a und b aus dem Jahr 1832 beurteilt wird.*

2 *Welcher sozialen Gruppe und welcher parteipolitischen Richtung würden sie die Verfasser von M 1 a und b zuordnen? Begründen Sie Ihre Meinung.*

3 *Erörtern Sie die politisch-soziale Berechtigung der Argumente der Verfasser von M 1 a und b.*

M2 Parlamentarismus in Frankreich

a) Aus dem Wahlaufruf der provisorischen französischen Regierung für die Wahlen vom 23. April 1848

Das provisorische Wahlgesetz, das wir erlassen haben, ist das weitgehendste, das jemals bei einem Volke der Erde die Bevölkerung zur Ausübung des höchsten Menschenrechts, nämlich seiner eigenen Souveränität, aufforderte. Das Wahlrecht gehört allen ohne Ausnahme. Von diesem Gesetz an gibt es keine Proletarier mehr in Frankreich. Jeder erwachsene Franzose ist politischer Bürger, jeder Bürger ist Wähler. Jeder Wähler ist souverän. Das Recht ist gleich unbedingt für alle. Es gibt keinen Bürger, der dem andern sagen könnte: „Du bist mehr souverän als ich." Betrachtet eure Macht, bereitet euch vor, sie auszuüben, und seid würdig, von eurem Reich Besitz zu ergreifen. Das Reich des Volkes ist die Republik.

(M 1 a, b und M 2 a zit. nach: Günter Schönbrunn [Bearb.], Geschichte in Quellen, Bd. 5, bsv, München 1980, S. 51 f. und 142)

1 *Erläutern Sie die Motive für die Einführung des allgemeinen Wahlrechts in Frankreich 1848 (M 2 a).*

b) Der Historiker Peter C. Hartmann über die Verfassung der III. Republik von 1875 (2003)

Während der Republikgedanke zunehmend an Bedeutung gewann, kam es am 30. Januar 1875 zur entscheidenden Abstimmung über den Gesetzentwurf des republikanischen Abgeordneten Henri Wallon, der die Republik als Staatsform vorsah. Mit 353 gegen 352 Voten, also nur einer Stimme Mehrheit, sprach sich damals die Versammlung dafür aus, und diese äußerst knappe Entscheidung für die Republik sollte dann endgültig bleiben. Damit war der Weg frei, nach dem konstitutionellen Schwebezustand die verfassungsrechtlichen Grundlagen für die Dritte Republik zu schaffen, die im Laufe der Zeit immer mehr Anhänger gewinnen konnte. Statt einer eigentlichen Verfassung nahm die Versammlung am 24. und 25. Februar sowie am 16. Juli 1875 drei Grundgesetze an. Dabei legte das erste die Schaffung und Struktur des Senats und das zweite die Organisation der „öffentlichen Gewalten" fest, während das dritte Grundgesetz die Beziehungen der Gewalten untereinander regelte.

Demnach stand auf der einen Seite der Präsident der Republik. Er war von der absoluten Mehrheit der Stimmen der beiden zur *Assemblée nationale*[1] vereinigten Kammern für sieben Jahre zu bestimmen und sollte wieder wählbar sein. Ihm wurde

eine starke Stellung, praktisch die eines „Monarchen ohne Erbrecht", zugestanden [...], denn er besaß zusammen mit den Kammern die Gesetzesinitiative, er promulgierte[2] die Gesetze und überwachte deren Ausführung. Ferner kam es ihm zu, die Kammern einzuberufen, zu vertagen oder aufzulösen, die Minister, die Militär- und Zivilbeamten zu ernennen, das Begnadigungsrecht auszuüben und Allianzverträge ohne Zustimmung der Deputierten abzuschließen.
Dem Präsidenten der Republik standen zwei Gremien, der Senat und die Deputiertenkammer, gegenüber. Ersterer bestand aus 300 Mitgliedern. Die Kammer setzte sich aus 600 auf vier Jahre gewählten Abgeordneten zusammen. Diese wurden in allgemeiner, gleicher, direkter und geheimer Wahl der mindestens 21 Jahre alten Männer nach dem Mehrheitsprinzip bestimmt. Dieses wichtige Gesetzgebungsorgan besaß allein das Budgetbewilligungsrecht, es kontrollierte den Ministerrat und konnte die vom Präsidenten zu ernennenden Minister vorschlagen.
Die kurze und relativ unpräzise Verfassung von 1875 war ein Kompromiss zwischen monarchistischer und republikanischer Tendenz.
(Peter C. Hartmann, Geschichte Frankreichs, C. H. Beck, München 2003, S. 77 f.)

1 Nationalversammlung
2 promulgieren = veröffentlichen, verbreiten

c) Der Historiker Wolfgang Schmale über die Parteien der III. Republik in Frankreich (2000)
Um 1900 tritt die Teilung Frankreichs trotz aller Differenziertheit in zwei große politische Lager deutlich zutage. Das sozialistische Lager stand für Republik, Antimilitarismus, Anti-Antisemitismus und Entkirchlichung des Staats, das rechte Lager stand für integralen Nationalismus, Militarismus, Antisemitismus, Rassismus und zunehmend auch für Antiparlamentarismus. Parteien im engeren Wortsinn wurden bei den Wahlen von 1902 bei der politischen Linken und Mitte erkennbar: der *Parti radical et radical socialiste*, die *Alliance républicaine et démocratique*, die *Fédération républicaine*. Organisatorischer Katalysator der Rechten war die Action Française. 1905 wurde die SFIO *(Parti socialiste unifié, section française de la 1ère Internationale ouvrère)* gegründet, die auf marxistischer Grundlage die Arbeiterbewegung zu bündeln hoffte. 1914 hatte die SFIO 91 000 Mitglieder und erhielt die Stimmen von 1,4 Millionen Wählern, was ihr 103 Sitze im Parlament verschaffte. Damit war sie zweitstärkste Kraft nach den Radikalsozialisten mit 1,5 Millionen Stimmen und 140 Parlamentssitzen. Gewerkschaften als organisatorischer Ausdruck der Arbeiterbewegung stützten sich 1891 auf ca. 300 000 Mitglieder, 1907 auf rd. 1 Million. 1895 wurde unter dem Namen *Confédération générale du travail (CGT)* eine erste nationale übergreifende Organisation aus der Taufe gehoben. 1906 verabschiedete die CGT die *Charte d'Amiens,* in der der Generalstreik als Kampfmittel verankert wurde. Passiver Widerstand, Boykott und Sabotage zählten zu den Kampfmitteln. [...]
Die Parteienbildung hing mit dem Strukturwandel der Gesellschaft und der politischen Mandatsträger zusammen. Anfang des 20. Jahrhunderts stellten zwar Adel und Großbürgertum noch rund die Hälfte der Abgeordneten oder, aus anderer Sicht, nurmehr die Hälfte, während neue Schichten wie Anwälte, Lehrer, Professoren und Ärzte die Parlamente eroberten. Diese verfügten nicht über das notwendige Privatvermögen, um Wahlkampagnen zu finanzieren, sie stützten sich auf lokale Komitees; im Parlament duzten sie sich, selbst wenn sie unterschiedlichen Richtungen angehörten. 1906 hoben sie die Abgeordnetendiäten von 9 000 auf 15 000 französische Francs an, um den Vermögensmangel auszugleichen. Die Parlamentsausschüsse erhielten eine festere Organisationsstruktur, ihre Zusammensetzung folgte proportional den politischen Richtungen. Die Parteienbildung war des Weiteren mit der ansteigenden Politisierung der Bevölkerung verbunden, an der die Zeitungspresse großen Anteil besaß. Allein in Paris erschienen 1914 48 Tageszeitungen, darunter auflagenstarke Blätter wie *Le Petit Parisien* (Auflage 1914: 1,5 Millionen), *Le Petit Journal* (900 000), *Le Matin* (800 000). *L'Écho de Paris* war ein Organ der katholischen Bourgeoisie, *La Petite République* ein Organ der Sozialisten. In der Provinz hatte die Presse inzwischen nachgezogen *(Le Petit Marseillais* – gemäßigt republikanisch, Marseille; *La Dépêche* – radikalsozialistisch, Toulouse; *Le Petit Méridional* – radikal, Montpellier; *L'Ouest Éclair* – christdemokratisch, Rennes). Die Presse trug die nationale Politik in die Dörfer, wo im Übrigen, etwa im Weinbau, lang anhaltende Produktions- und Absatzschwierigkeiten zur Radikalisierung der Bauern beitrugen und den Sozialisten neue Wählerschichten erschlossen.
Frankreich wandelte sein Gesicht, aber ebenso wie der Monarchismus virulent blieb, überdauerte der Habitus aufständischen Widerstands die Zeiten: 1899 belagerte die Antisemitische Liga von Guérin 38 Tage lang die Polizei im *„Fort Chabrol"*, die Umsetzung des Gesetzes zur Trennung von Staat und

Kirche führte 1905 zu blutigen Auseinandersetzungen, soziale Unruhen mündeten in Paris 1906 in eine Massenpanik. Im gleichen Jahr revoltierten die Weinbauern im Midi. Daneben erlebte Frankreich eine Vielzahl heftiger Streiks, deren Ziel überwiegend in Lohnerhöhungen bestand.
(Wolfgang Schmale, Geschichte Frankreichs, UTB, Stuttgart 2000, S. 239 ff.)

1 *Charakterisieren Sie das Verhältnis von Parlament und Regierung bzw. Staatsoberhaupt im Frankreich der III. Republik (M 2 b).*

2 *Beschreiben und erklären Sie mithilfe von M 2 c die politische Lagerbildung und die politische Kultur im Frankreich der III. Republik im historischen Kontext.*

M3 Die Einführung des allgemeinen Wahlrechts in Deutschland – die Motive des „Reichsgründers" Otto von Bismarck

a) Aus einem Schreiben Otto von Bismarcks an den deutschen Gesandten in Petersburg vom 17. April 1866

In einem Lande mit monarchischen Traditionen und loyaler Gesinnung wird das allgemeine Stimmrecht, indem es die Einflüsse der liberalen Bourgeoisieklassen beseitigt, auch zu monarchischen Wahlen führen, ebenso wie in Ländern, wo die Massen revolutionär fühlen, zu anarchischen. In Preußen aber sind neun Zehntel des Volkes dem Könige treu ergeben und nur durch den künstlichen Mechanismus der Wahl um den Ausdruck ihrer Meinung gebracht.

b) Aus der Niederschrift des sächsischen Ministers, Freiherr von Friesen, Januar 1867

Am liebsten würde er [Bismarck] in Übereinstimmung mit den Regierungen der Bundesstaaten und mit ihrer Unterstützung [...] vorgehen, denn er sei von Natur aus durchaus konservativ und ein ganz entschiedener Gegner der liberalen Doktrinen. Sollten aber die Regierungen [...] ihn nicht unterstützen oder gar ihm entgegenwirken, dann würde er auch [...] nicht zaudern, sich mit den liberalen, selbst mit den radikalen Parteien zu verbinden und mit ihrer Hilfe die Regierungen zu bekämpfen. Dabei betonte er wiederholt, dass [...] das eigentliche Endziel aller seiner Bestrebungen dahin gehe, „den Parlamentarismus durch den Parlamentarismus zu stürzen" und dadurch die überall geschwächte Stellung der Regierung wieder neu zu befestigen. [...] Graf Bismarck (bemerkte) [...], dass auch er das allgemeine Wahlrecht nur unter der Voraussetzung wolle, dass die unbedingte Diätenlosigkeit der Abgeordneten damit verbunden sei, denn dadurch würden [...] die „gewerbsmäßigen Parlamentarier" ausgeschlossen werden. [...] Es sei möglich, dass [...] in einigen industriellen Distrikten [...] einige radikale oder sozialdemokratische Wahlen vorkommen könnten, in dem [...] größeren Teile Preußens aber [...] werde das allgemeine Wahlrecht [...] zu überwiegend konservativen Wahlen führen.
(M 3 a und b zit. nach: Otto von Bismarck, Die gesammelten Werke, Stollberg Verlag, Berlin 1924–1935, Bd. 5: S. 457, Bd. 7: S. 263)

1 *Erläutern Sie die Gründe dafür, dass der konservative Bismarck für das allgemeine Wahlrecht eintrat (M 3 a, b).*

2 *Erörtern Sie, warum Bismarck den Abgeordneten Diäten vorenthalten wollte (M 3 b).*

3 *Vergleichen Sie die Argumente Bismarcks für das allgemeine Wahlrecht mit denen in M 3 a, die die französische Situation im Jahre 1848 beleuchten.*

M4 Der Historiker Hans-Peter Ullmann über die Entstehung des Parteienstaates im kaiserlichen Deutschland (2005)

Das Deutsche Reich war, wenn auch in Grenzen, bereits ein Parteienstaat. Parteien mobilisierten die Wähler, vermittelten zwischen lokalen und regionalen Lebenswelten auf der einen sowie den politischen Institutionen auf der anderen Seite und wirkten über die Parlamente am Entscheidungsprozess mit. Im Kaiserreich gab es ein Fünfparteiensystem, das sich zu drei Lagern, einem katholischen, einem sozialistischen und, unter ganz bestimmten Voraussetzungen, einem „nationalen", gruppieren konnte. Das Parteiensystem umfasste zunächst die Rechte in der Deutschkonservativen und der Deutschen Reichspartei (den Freikonservativen), dann den im Zentrum organisierten politischen Katholizismus, ferner mit der Nationalliberalen Partei den rechten Flügel und außerdem mit der Deutschen Fortschritts- sowie der Deutschen Volkspartei und ihren Nachfolgeorganisationen den linken Flügel des Liberalismus, endlich die Sozialistische Arbeiterpartei (seit 1890: Sozialdemokratische Partei) Deutschlands. Dieses Fünfparteiensystem – Konservative, Katholiken, Rechtsliberale, Linksliberale und Sozialisten – blieb das ganze Kaiserreich über erstaunlich stabil. Das lag nicht zuletzt daran, dass sich die Parteien mehr oder minder stark mit „sozialmoralischen Milieus" (M. R. Lepsius) verbanden. Was diese zusammenhielt und nach außen abgrenzte, war eine je eigene Lebensweise, geprägt durch eine spezifische Kombination regionaler und religiöser, wirtschaftlicher, sozialer und kultureller Faktoren.

Besonders fest ankerten Zentrum und Sozialdemokratie in einem sozialmoralischen Milieu. Das Zentrum als konfessionell-katholische Partei entstand zwar erst Ende 1870, doch gab es bereits einen politischen Katholizismus und ein katholisches Milieu. Deshalb konnte die Partei schon vor dem Kulturkampf und nicht erst durch ihn einen großen Teil der katholischen Wähler mobilisieren sowie dauerhaft an sich binden. Fortan blieben Zentrum und „katholisches Deutschland" mit seinen Gemeinden, Pfarrern und lokalen Honoratioren, seinen zahlreichen Vereinen und Presseorganen eng verflochten. Die gemeinsame Konfession übergriff vorhandene Unterschiede. So öffnete sich das Zentrum nicht nur verschiedenen regionalen Traditionen. Seine Anhänger- und Wählerschaft war auch sozial heterogen, umfasste Adelige und Bauern auf dem Land ebenso wie Bürger, Handwerker und Arbeiter in der Stadt. Trotzdem hatte die Partei, der spezifischen Sozialstruktur des katholischen Bevölkerungsteils entsprechend, einen eher ländlich-kleinstädtischen und bäuerlich-handwerklichen Zuschnitt.

Wie das Zentrum mit dem katholischen verband sich die Sozialdemokratie mit dem sozialistischen Milieu, das sich seit den Siebzigerjahren herausbildete. Selbstständige Arbeiterparteien kamen mit dem Allgemeinen Deutschen Arbeiterverein Ferdinand Lassalles sowie der Eisenacher Sozialdemokratischen Arbeiterpartei August Bebels und Wilhelm Liebknechts, die 1875 zur Sozialistischen Deutschen Arbeiterpartei fusionierten, in Deutschland vergleichsweise früh auf. Dass sich immer mehr Arbeiter ihnen zu- und von den liberalen Parteien abwandten, hatte viele Gründe, darunter die Forderung nach staatlicher Sozialreform, welche die Liberalen ablehnten, Differenzen in der Wahlrechtsfrage oder die parteipolitische Spaltung der liberalen Bewegung. Doch brachte erst die staatliche Verfolgung unter dem Sozialistengesetz seit den späten Siebzigerjahren einen Prozess der Milieubildung in Gang, der die Sozialdemokratie zu einer Partei nicht nur, vor allem aber der gewerblichen protestantischen Arbeiter in den Städten werden ließ.

Die Liberalen ankerten weniger fest in einem sozialmoralischen Milieu. Das galt für Rechts- wie für Linksliberale. Denn trotz der Spaltung blieben gesamtliberale Vorstellungen, Abgrenzungen und Gemeinsamkeiten. Auch stützten sich linke wie rechte Liberale bei regionalen Unterschieden nach wie vor auf ähnliche, durchweg protestantische Bevölkerungsgruppen: auf das gebildete und besitzende Bürgertum, den „alten" Mittelstand der Handwerker und Kleinhändler, aber auch auf Arbeiter und Bauern. Wenn bei den Rechtsliberalen beamtetes Bildungs- und Besitzbürgertum mehr in Erscheinung trat, für die Linksliberalen dagegen Freiberufler sowie Teile des „alten" Mittelstands wichtiger waren, standen doch beide gleichermaßen vor dem Problem, ihre Wähler dauerhaft an sich zu binden, um zu verhindern, dass diese zwischen ihnen hin und her oder zu anderen Parteien abwanderten.

Die Deutschkonservativen, die manches konservative Prinzip einer pragmatischen Politik opferten, sich dem Nationalismus öffneten, über Preußen hinauswirken und dabei besonders agrarische, aber auch mittelständische Interessen vertreten wollten, verfügten nur über eine schmale soziale Basis. Ihre Hochburgen lagen im ostelbischen Preußen und in Mecklenburg. Hier waren sie mit dem adeligen Großgrundbesitz eng verflochten, wurden von protestantischen Pfarrern sowie der unteren und mittleren Verwaltung unterstützt. Versuche der Konservativen, ihre Wählerbasis regional und sozial zu verbreitern, blieben zeitweise nicht ohne Erfolg. Noch schwächer als die soziale Basis der Deutschkonservativen war jene der Freikonservativen. Sie hatten praktisch keinen sozialen Unterbau, stützten sich deshalb auf führende Vertreter von Schwerindustrie und Großgrundbesitz, die aufgrund persönlicher Autorität sowie hohen Sozialprestiges gewählt wurden, anfangs noch in den außer- und westpreußischen, später dann fast ausschließlich, nur Sachsen ausgenommen, in den ostpreußischen Provinzen.

Über ihre je unterschiedliche Bindung an eines der vier sozialmoralischen Milieus hinaus wiesen die Parteien einige gemeinsame Merkmale auf. Einmal prägte sie alle das Verfassungssystem. Es räumte den Parteien zwar Mitspracherechte ein, hielt sie aber von der Regierungsverantwortung fern. Das machte aus ihnen zwar keine reinen Weltanschauungsparteien, zwang sie aber auch nicht, ihre Ziele am politisch Machbaren auszurichten, Interessengegensätze durch Kompromisse zu überbrücken und Koalitionen zu erproben. Sodann beeinflusste der Föderalismus die Parteien. Diese mussten mit einer je nach Regionen unterschiedlichen Anhänger- und Wählerschaft rechnen; sie durften vor allem die oft stark voneinander abweichende Zusammensetzung ihrer Fraktionen im preußischen Abgeordnetenhaus und im Reichstag nicht vernachlässigen. Schließlich glichen sich die bürgerichen Parteien – die Sozialdemokratie nahm eine Sonderstellung ein – im Aufbau. Als so genannte Honoratiorenparteien stützten sie sich nicht auf eine feste Organisation, sondern auf einflussreiche und bekannte Personen, die sich in Wahlkomitees, Versammlungen von Vertrauensmännern oder Wahlvereinen zusammenfanden und meist nur vor Wahlen tätig wurden. Die Wahlkämpfe koordinierten Zentralwahlkomitees, personell eng mit den Parlamentsfraktionen verflochten, aus denen erst allmählich zentrale Parteileitungen herauswuchsen.

(Hans-Peter Ullmann, Politik im Deutschen Kaiserreich 1871–1918, 2. Aufl., Oldenbourg, München 2005, S. 7 ff.)

1 *Charakterisieren Sie das Fünfparteiensystem, das sich in Deutschland in der zweiten Hälfte des 19. Jahrhunderts herausbildete (M 4, M 5). Erläutern Sie dabei*
a) die Funktion von Parteien,
b) ihre sozialen und politischen Grundlagen und
c) ihre Merkmale.

2 *Diskutieren Sie auf der Grundlage des Darstellungstextes S. 20–26 und der Materialien M 1–M 5 zusammenfassend über folgende Thesen: England war die Wiege des Parlamentarismus, aber nicht der Demokratie. Umgekehrt konnte es vorkommen, dass das Wahlrecht demokratisiert wurde, die Stellung des Parlaments im politischen System aber zweitrangig blieb. Ein Beispiel dafür war das Deutsche Reich von 1870/71: Hier gab es ein allgemeines und gleiches Männerwahlrecht, jedoch keine parlamentarische Regierung. Aber auch in Frankreich ging während des 19. Jahrhunderts die Demokratisierung des Wahlrechts der Parlamentarisierung des politischen Entscheidungsprozesses voran.*

3 *a) Informieren Sie sich in kleinen Gruppen über das Parteiensystem in der Bundesrepublik Deutschland heute.*
b) Vergleichen Sie es mit dem System, das sich in der zweiten Hälfte des 19. Jahrhunderts herausgebildet hatte.

M5 Entwicklung des Parteiensystems in Deutschland 1848–1933

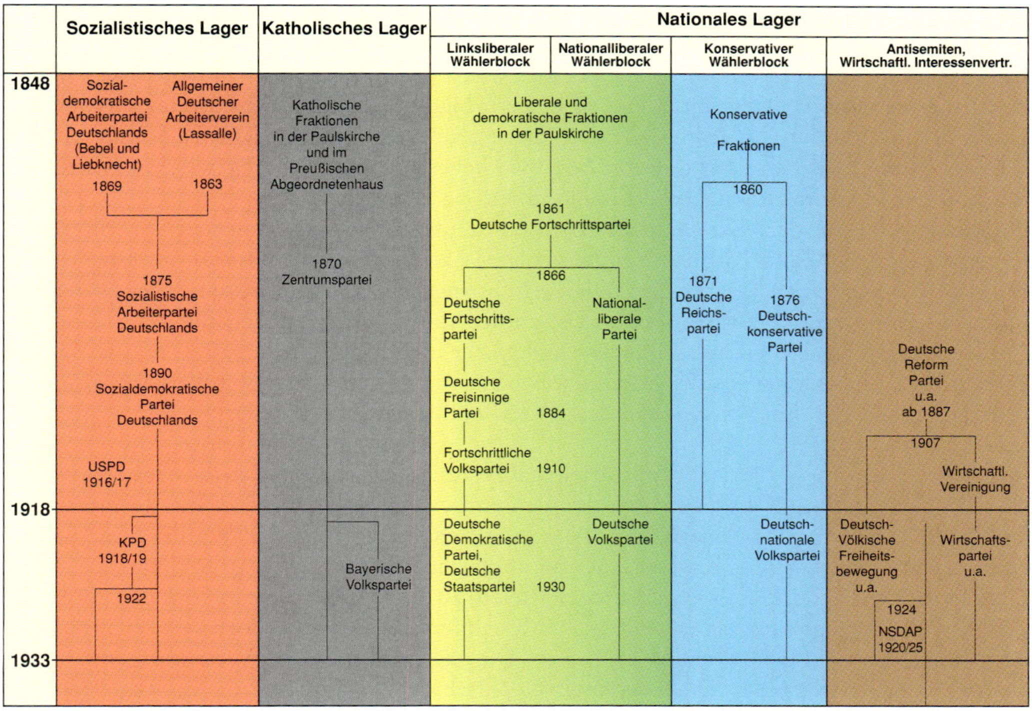

3 Technischer Fortschritt, sozioökonomische Veränderungen und Imperialismus in Großbritannien

Pionierland England

Die Industrialisierung begann im 18. Jahrhundert in England. Von dort breitete sie sich im 19. Jahrhundert, von West nach Ost laufend, in Kontinentaleuropa aus und erfasste schließlich im 20. Jahrhundert die ganze Welt.
Wie kam es, dass die Industrielle Revolution seit den 1770er-Jahren gerade in Großbritannien begann? Die Historiker nennen mehrere begünstigende Umstände und Vorgänge, die unabhängig voneinander das englische Wirtschaftswachstum beschleunigt haben. Zu den wichtigsten gehörten die schnellen **Fortschritte in der Landwirtschaft** (M 1 a), die die stark **wachsende Bevölkerung** ernähren, ja ihr einen gewissen Wohlstand garantieren konnte. Die Tatsache, dass die Landbevölkerung nicht wie in vielen anderen Ländern Europas im 18. Jahrhundert noch an die Scholle gebunden war, sondern in den Städten nach neuen Betätigungsfeldern suchen konnte, sorgte für zweierlei: für ein großes Angebot an **Arbeitskräften** und für eine steigende **Güternachfrage** auf dem englischen Binnenmarkt. England besaß außerdem große und leicht abzubauende **Kohlevorkommen,** kurze und kostengünstige **Verkehrswege** und ausreichendes **Kapital** zum Investieren. Hinzu kam, dass der Staat den Unternehmern durch Reformen die für ihre Betätigung notwendigen staatlichen Freiräume verschaffte. Großbritannien besaß überdies eine relativ **offene Gesellschaftsstruktur,** die flexible Reaktionen auf die unterschiedlichsten wirtschaftlichen Herausforderungen zuließ (M 1 b).

Technologischer Wandel und Wirtschaftswachstum

Auch Aufsehen erregende Erfindungen beschleunigten das englische Wirtschaftswachstum. James Watt (1736–1819) entwickelte 1765/69 und 1782/84 die ersten rationellen **Dampfmaschinen.** Mit der **Mechanisierung der Baumwollspinnerei,** die im 18. Jahrhundert zum industriellen Führungssektor aufstieg, begann das Zeitalter der Massenproduktion im Textilgewerbe. War die von Hargreaves in den 1760er-Jahren konstruierte *„Spinning Jenny"* noch eine verbesserte Handmaschine für eine produktivere Heimarbeit, begann mit der von Arkwright ab 1769 eingesetzten wassergetriebenen Spinnmaschine *(„Water Frame")* die Fabrikproduktion. Seit 1804 beherrschte der von Cartwright konstruierte mechanische Webstuhl die englische Textilindustrie.
Für die Entfesselung der Wirtschaftskräfte noch bedeutsamer wurde jedoch das Vordringen des **Energieträgers Kohle** und der damit einhergehende Ausbau der **Eisenindustrie** im ausgehenden 18. und beginnenden 19. Jahrhundert. Die Verbilligung und Verbesserung des Eisens sowie die Modernisierung der Produktionsverfahren schufen die Voraussetzungen für die Entstehung einer leistungsfähigen Maschinenindustrie und später für den Eisenbahnbau. Damit wirkte die Eisenindustrie in viele andere Wirtschaftszweige hinein und veränderte vom Verkehrswesen bis zum individuellen Reisen alle Bereiche des gesellschaftlichen Lebens (M 2).

Lösungen der „sozialen Frage" in Großbritannien

Mit der Industriellen Revolution entwickelte sich die neue Schicht der Industriearbeiterinnen und -arbeiter, deren Elend und Rechtlosigkeit im 19. Jahrhundert unter dem Stichwort der „sozialen Frage" diskutiert wurde. Die Arbeiter begannen aber auch selbst, ihre sozialen und politischen Interessen zu artikulieren und dafür Organisationen (Vereine, Gewerkschaften, Parteien) zu gründen. So auch in Großbritannien.
„Englische" Lösungen der „sozialen Frage" (M 3) unterschieden sich jedoch von den kontinentalen Modellen, besonders von den deutschen. Die englischen **Arbeitervertretungen** strebten keinen revolutionären Umsturz der gesamten Gesellschaft an, sondern setzten auf Reformen. Die

„Revolution des Proletariats“, die Karl Marx und Friedrich Engels in ihrem „Kommunistischen Manifest“ 1848/49 propagierten, fiel auf wenig Resonanz. Die erste politische Arbeiterbewegung, die in den 1830er-Jahren gegründete **Chartistenbewegung,** blieb schwach (s. S. 22). Die 1893 gegründete – erfolglose – **Independent Labour Party** legte sich nicht auf den Sozialismus fest. Und die 1900 von den Gewerkschaften initiierte, seit 1906 unter dem Namen **Labour Party** agierende Arbeiterpartei setzte auf eine Mitwirkung in Gesetzgebungsprozessen.
Auch die **staatliche Sozialpolitik** in Großbritannien unterschied sich grundlegend von der in Deutschland. Die von Reichskanzler Otto von Bismarck in den 1880er-Jahren gegründete deutsche Sozialversicherung sollte der Industriearbeiterschaft einen gewissen Schutz bei Unfall, Arbeitsunfähigkeit, Krankheit und im Alter bieten. Diese Absicherung gegen Lebensrisiken hatte aber auch ein politisches Ziel: Sie sollte die Arbeiter von der Sozialdemokratie entfremden bzw. mit dem monarchischen Obrigkeitsstaat versöhnen. Die liberalen Reformer der englischen Sozialpolitik hatten dagegen bei der **Neuformulierung des Armengesetzes 1834,** das noch auf Bestimmungen aus dem 16. Jahrhundert zurückging, nicht die Industriearbeiter im Blick. Vielmehr beschäftigte sich die öffentliche Sozialfürsorge mit besonders bedürftigen Armen, Kindern und zur Selbstorganisation unfähigen Menschen. Stärker noch als die herkömmliche Armenfürsorge betrachtete das neue Gesetz Armut und Arbeitslosigkeit nicht als wirtschaftliches und gesellschaftliches Problem. Vielmehr galt Armut als Problem eines jeden **Einzelnen,** d. h. als Ergebnis seines individuellen moralischen Versagens. Dementsprechend achteten die Behörden bei finanziellen Hilfen darauf, dass diese für die Arbeitsfähigen auf keinen Fall höher sein durften als der geringste Lohn für die härteste Arbeit. Der Historiker Peter Wende schrieb: „In dem Maße, wie Bedürftigkeit als Folge von Trägheit und Laster interpretiert wurde“, konzipierte man das Gesetz konsequenterweise „als Maßnahme zur Erziehung der Ehrlosen“.
Zentralstaatliche Regelungen zur Lösung der „sozialen Frage“, wie z. B. die 1911 erstmals eingeführte Kranken- und Arbeitslosenversicherung ***(National Insurance Act),*** blieben in ihrer Wirkung begrenzt. Erst nach 1945 wurde in Großbritannien der „Wohlfahrtsstaat“ geschaffen.

Das britische Weltreich

Seit dem 17. Jahrhundert war Großbritannien eine Weltmacht. Die Insellage hatte den Aufbau eines Kolonialreiches in Nordamerika und Ostasien dadurch begünstigt, dass die Briten vor direkten Angriffen von außen relativ sicher waren. Außerdem standen dem Land alle Seewege in die Welt offen. Die Unabhängigkeitserklärung der USA vom englischen Mutterland 1776 stellt in der britischen Außenpolitik einen Einschnitt dar: Die Eroberung von Kolonien rückte vorübergehend in den Hintergrund und das Ziel, die Weltmärkte für die boomende britische Industrie offen zu halten, in den Vordergrund.
Das änderte sich in der zweiten Hälfte des 19. Jahrhunderts, als in der britischen Öffentlichkeit – wie in anderen Industrieländern auch – eine breite Strömung in der Bevölkerung die imperialistische Expansion der Seemacht, ein ***„Greater Britain“***, forderte (M 4). Eine Rede, die der konservative Politiker **Benjamin Disraeli** (1804–1881) 1872 im Londoner Kristallpalast hielt, erläutert das Programm dieser Bewegung, das Disraeli ab 1874 als Premierminister verwirklichte.
Ein wichtiger Schritt zur Ausweitung des britischen Kolonialbesitzes bestand darin, dass Großbritannien im Jahr 1875 40 Prozent der Aktien der Suezkanal-Gesellschaft erwarb und damit den Seeweg nach Indien kontrollierte. Den indischen Subkontinent hatte England im 18. Jahrhundert erobert. Um die formelle Herrschaft über Indien zu unterstreichen, nahm die englische **Königin Viktoria** (Reg. 1837–1901) im Jahre 1877 den Titel einer „Kaiserin von Indien“ an. Im ausgehenden 19. Jahrhundert erweiterte Großbritannien seinen Kolonialbesitz im Fernen Osten und in Afrika (B 1). Das brachte nicht nur zusätzliches nationales Ansehen und einen Zuwachs an internationalem Einfluss, sondern eröffnete britischen Investoren neue Absatzmärkte.

M1 Warum Großbritannien? Über Beginn und Ursachen der Industriellen Revolution

a) Barrington Moore, Historiker, zum Wandel in der britischen Landwirtschaft (1969)

Die Historiker stimmen weit gehend darin überein, dass der Zeitraum von ungefähr 1688 bis zum Ende der napoleonischen Kriege [1814/15] das goldene Zeitalter der großen Landgüter war. [...] Noch niemand hat die grundsätzliche Bedeutung der Einhegungen[1] bestritten oder dass unzählige Bauern ihre Rechte auf das Gemeinland der Dörfer verloren, als die großen Gutsherren diese Ländereien vereinnahmten. Es war ein Zeitalter, in dem die landwirtschaftliche Technik verbessert wurde, z. B. durch stärkeren Einsatz von Düngemitteln, durch Einführung neuer Getreidearten und durch Fruchtwechsel. Die neuen Anbaumethoden konnten auf den Feldern, die der gemeinsamen Bewirtschaftung unterlagen, nicht zur Anwendung gelangen; sie waren für den Landwirt, der über ein geringes [...] Kapital verfügte, nur schwer zu verwirklichen. Zweifellos ist es zum großen Teil auf die höheren Gewinne und geringeren Kosten der größeren Besitze zurückzuführen, dass die Durchschnittsgröße der landwirtschaftlichen Betriebe zunahm. [...]

Der „Landkapitalist" rechtfertigte das von ihm verursachte Elend mit der Berufung auf den Gewinn, den er, zugleich mit dem Erwerb immensen persönlichen Profits, der Gesellschaft einbrachte. Ohne diese Vorstellungen [...] wäre es unmöglich, die Rücksichtslosigkeit der Einhegungsbewegung zu verstehen. [...] Steigende Lebensmittelpreise (durch wachsende Nachfrage) und [...] auch die Schwierigkeit, Arbeitskräfte zu finden, waren offenbar die Hauptfaktoren, die die Grundherren anreizten und zugleich zwangen, ihren Grundbesitz zu vergrößern und seine Bewirtschaftung zu rationalisieren. [...] Diese nach kommerziellen Grundsätzen geführten großen Güter zerstörten in weiten Teilen Englands das mittelalterliche bäuerliche Gemeinwesen. [...] Der Bodensatz der kleinen Leute auf dem Lande wurde auf diese Weise weggefegt; sie vergrößerten entweder das neue Heer von Tagelöhnern, das noch eine Zeit lang benötigt wurde, um Hecken, Gräben und Wege anzulegen oder neue Bewirtschaftungsmaßnahmen durchzuführen, die noch nicht maschinell bewältigt werden konnten, oder sie stießen zu den armseligen Arbeitern in den [...] entstehenden Industriestädten. [...]

Aber in der Regel waren nur die jungen, die Unverheirateten und die dörflichen Handwerker bereit, von zu Hause wegzugehen, und nur die Angehörigen dieser Kategorien wollten die neuen Arbeitgeber in der Industrie haben. Männer mittleren Alters, die Familie hatten, waren für eine Umschulung weniger geeignet und konnten sich auch nicht so leicht vollständig aus dem ländlichen Milieu des Lebens auf dem Land lösen. Sie blieben da, wo sie waren, und nahmen Zuflucht zu ihrem „letzten Recht", dem Recht auf Armenfürsorge.

(Barrington Moore, Soziale Ursprünge von Diktatur und Demokratie, Suhrkamp, Frankfurt/Main, 1969, S. 43–48)

1 Einhegungen *(enclosures):* Umgestaltung von Gemeindeland oder offener Feldmark in abgeschlossene Einheiten privaten Landbesitzes. Vor allem reiche Landlords verschafften sich dabei große zusammenhängende Flächen, die sie rationell bearbeiten konnten.

b) Der Historiker Hagen Schulze (1998)

Man mag sich fragen, weshalb sich dies alles [die Industrielle Revolution] ein halbes Jahrhundert fast ausschließlich in England abspielt [...].

Worin sich aber England vom übrigen Europa unterscheidet, ist die herrschende Einstellung zu Geld und Besitz. Für einen vermögenden Engländer liegt es nahe, sein Kapital in expandierenden Industriezweigen anzulegen; einem vergleichsweise hohen Risiko der Unternehmer und Kapitalseigner stehen hohe Profiterwartungen gegenüber. Ganz anders auf dem Kontinent; Besitz ist hier traditionell nahezu identisch mit Investitionen in ländliches Grundeigentum, städtischen Grund- und Immobilienbesitz, Ämterkauf und Renten. Die Gewinne aus dieser Anlageform sind bescheiden, sie liegen zwischen einem und fünf Prozent pro Jahr, aber sie sind verhältnismäßig sicher; Kapitalrisiken bestehen kaum, das Vermögen bleibt in der Familie und mehrt sich langsam, aber stetig von Generation zu Generation. [...]

Was Adlige davon abhält, in Industrie und Handel zu investieren, ist vor allem die Furcht vor Prestigeverlust. Abgesehen von einigen wenigen Industriezweigen, für die Landbesitz die Voraussetzung ist, wie Bergbau, Eisenverhüttung, Papier- und Glasfabrikation, und abgesehen vom Kolonialhandel ist jede Kommerzialisierung des adligen Kapitalbesitzes mit einem erheblichen Statusrisiko verbunden. [...] Neben die soziale Minderwertigkeit des Gelderwerbs aus Handel und Industrie tritt die Furcht vor Investitionsrisiken, die einen von Generationen erworbenen Reichtum zerstören können. Und dasselbe gilt auch für die Besitzbürger Kontinentaleuropas, solange sie keinen größeren

Wunsch hegen, als nach adligen Maßstäben zu leben, und deshalb mit ihrem Besitz auf adlige Weise umzugehen suchen.
In England dagegen herrscht eine wesentlich größere Durchlässigkeit zwischen den Ständen. Einerseits erbt nur der älteste Sohn den Titel und den damit verbundenen Besitz des Vaters; die Nachgeborenen sind häufig auf bürgerlichen Erwerb angewiesen. Und umgekehrt sind Biografien möglich wie die des Lordkanzlers John Scott Earl of Eldon, Sohn eines Kohleschiffers, oder des Völkerrechtlers Lord Stowell, Sohn eines Gastwirts. In dieser vergleichsweise offenen Gesellschaft tritt bürgerliches, kaufmännisches Erwerbsverhalten in den Vordergrund und damit die Neigung, Kapital in expandierenden Industriezweigen anzulegen.
Die Bereitschaft der Besitzenden auf dem europäischen Festland, sich im agrarischen Sektor zu engagieren, führt also dazu, dem Handel und der Industrie das Kapital zu entziehen, das für einen industriellen und kapitalistischen Aufschwung im Stile Englands dringend notwendig wäre. Tatsächlich liegt das Verhältnis zwischen privatem Kapital, das in Grundbesitz, Ämtern und Renten angelegt ist, und dem Handels- und Industriekapital in Frankreich um 1780 bei ungefähr achtzig zu zwanzig Prozent, in England um dieselbe Zeit dagegen bei etwa vierzig zu sechzig Prozent.
(Hagen Schulze: Phoenix Europa, Siedler, Berlin 1998, S. 62–64)

1 *a) Arbeitsteilige Gruppenarbeit über Beginn und Ursachen der Industriellen Revolution in England:*
Gruppe A: Resümieren Sie die in M 1 a geschilderten Veränderungen in der britischen Landwirtschaft.
Gruppe B: Finden Sie heraus, welche Faktoren der Industrialisierung der Autor in M 1 b hervorhebt.
b) Präsentieren Sie Ihre Ergebnisse im Kurs.
c) Rekapitulieren Sie, ausgehend von den Ergebnissen der Gruppenarbeit sowie der Darstellung S. 32, die Gründe für die industrielle Pionierrolle Englands.

M2 Großbritannien, Deutschland und die USA im Zeitalter der Industrialisierung

a) Anteil der Beschäftigten in den drei Sektoren der Wirtschaft 1850–1910 (in %)

	Großbritannien			Deutschland			USA		
	I	II	III	I	II	III	I	II	III
1850	23	51	26	56	24	20	63	37	
1910	9	54	37	35	40	25	32	34	34

I Landwirtschaft, Forsten, Fischerei
II Bergbau, Warenproduktion, Energie
III Verkehr, Handel, Banken, Versicherungen

b) Bevölkerung 1800–1900 (in Mio.)

	1800	1850	1900
Großbritannien	16	28	42
Deutschland	25	36	56
USA	5	23	76

c) Anteile an der Weltindustrieproduktion 1830–1913 (in %)

	1830	1860	1880	1900	1913
Großbritannien	9,5	19,9	22,9	18,5	13,6
Deutschland	3,5	4,9	8,5	13,2	14,8
USA	2,4	7,2	14,7	23,6	32,0

d) Eisenbahnnetz 1840–1914 (in km)

	1840	1870	1914
Großbritannien	2 390	21 558	32 623
Deutschland	469	18 876	61 749
USA	4 510	84 675	410 475

(Nach: Rondo Cameron, Geschichte der Weltwirtschaft, Bd. 1, Stuttgart 1991, S. 277, 296; Handbuch der europ. Wirtschafts- und Sozialgeschichte, Bd. 5, Stuttgart 1985, S. 126, 150; Handbuch der deutschen Wirtschafts- und Sozialgeschichte, Bd. 2, Stuttgart 1976, S. 215; Peter Flora, Indikatoren der Modernisierung, Opladen 1975, S. 66)

1 *a) Vergleichen Sie die ökonomische Entwicklung Großbritanniens, Deutschlands und der USA im 19. Jh. (M 2 a–d).*
b) Beurteilen Sie, ob und inwieweit sich die Bedeutung der drei Länder in dieser Zeit verändert.

M3 Der britische Unternehmer und Sozialreformer Robert Owen (1771–1858) über die Industrialisierung in Großbritannien (1815)

Die unmittelbare Folge dieses Fabrikphänomens war ein rasches Wachstum des Reichtums der Arbeitsleistung *(industry)*, der Bevölkerung und des politschen Einflusses des britischen Reiches. [...]
Die allgemeine Ausbreitung der Fabriken über das ganze Land erzeugt einen neuen Charakter in seinen Bewohnern. [...] Der Erwerb von Reichtum und die daraus naturgemäß entspringende Begierde nach seiner ständigen Vermehrung haben [...] eine Disposition geschaffen, die seine Besitzer energisch dazu treibt, die besten Empfindungen der Menschennatur dieser Liebe zur Akkumulation[1] zu opfern. Um dieses Erfolgszieles willen ist die Arbeitsleistung der niederen Stände, aus deren Arbeit dieser Reichtum heute gewonnen wird, von neuen Konkurrenten in ihrem Kampf gegen die schon vorhandenen bis zum Zustand ausgespochener

Unterdrückung gesteigert worden. [...] Infolgedessen befinden sie sich heute in einer unendlich degradierteren und elenderen Lage als vor der Einführung der Fabriken, von deren Gedeihen ihre nackte Existenz heutzutage abhängt. [...] Der Unternehmer betrachtet die Beschäftigten als bloße Instrumente für seinen Gewinn, während die Arbeiter einen grob gewalttätigen Charakter erwerben, der, wenn nicht auf verständige Weise gesetzliche Maßnahmen gegen seine Ausbreitung und zur Verbesserung der Lage dieser Klasse ersonnen werden, früher oder später das Land in einen furchtbaren und vielleicht ausweglosen Zustand der Gefahr bringen wird. Diese Ausführungen haben den unmittelbaren Zweck, diese Verbesserung zu bewirken und diese Gefahr abzuwenden. Der einzige Weg hierzu ist die Erlangung der Parlamentsakte,

- die die reguläre Arbeitszeit in maschinentechnischen Betrieben auf täglich zwölf Stunden, einschließlich eineinhalb Stunden für Mahlzeiten, beschränkt;
- die die Beschäftigung von Kindern unter zehn Jahren in maschinentechnischen Betrieben verhindert oder auf sechs Stunden täglich beschränkt, solange sie noch nicht zwölf Jahre alt sind;
- die Kinder beiderlei Geschlechts so lange nicht zur Fabrikarbeit zulässt [...], wie sie nicht fließend lesen und schreiben können, die vier Grundrechnungsarten beherrschen und die Mädchen nicht außerdem imstande sind, sich ihre einfachen Kleidungsstücke selbst zu nähen. [...]

Der erste Schritt, der zur Verwirklichung dieser für die Menschheit so bedeutenden Umgestaltung getan werden muss, besteht darin, wirksame Maßnahmen zu ergreifen, um die gegenwärtigen Herrscher in allen Ländern aufzuklären. [...] Und in dieser Richtung muss gearbeitet werden, weil man die Neuordnung viel leichter und besser mithilfe einer von Herzen kommenden Unterstützung dieser herrschenden Schichten als mit anderen Mitteln erreichen wird. [...] Es wird also auch ganz besonders in ihrem unmittelbaren Interesse liegen, dieses Problem zu erkennen und aktive Maßnahmen zu ergreifen, alle notwendigen Handlungen zu überschauen, zu leiten und den gesamten Prozess der Umgestaltung ohne Gewaltanwendung und Störung des öffentlichen Lebens sicher zu einem schnellen und allgemeinen Abschluss zu bringen. Und diese Zusammenarbeit mit der Regierung ist umso notwendiger, als jede Regierung in jedem Land an der Bildung eines guten oder schlechten Charakters ihrer Untertanen beteiligt ist.

(Zit. nach: Michael Vester [Hg.], Die Frühsozialisten, Bd. 1, Rowohlt, Reinbek 1970, S. 55–69)

1 hier: Anhäufung von Reichtum

1 *Interpretieren Sie Quelle M 3 nach den systematischen Schritten, wie sie auf S. 103 aufgeführt sind.*

M4 Das britische Empire um 1900

Aus einer Rede des britischen Politikers Joseph Chamberlain (1836–1914), Staatssekretär der Kolonien 1895–1903, auf dem Jahresbankett des Royal Colonial Institute vom 31. März 1897

Es scheint mir drei deutlich abgegrenzte Stufen in der Geschichte unseres Imperiums zu geben. Im 18. Jahrhundert begannen wir, eine große Weltmacht zu werden, und wurden es schließlich auch, aber während des größeren Teils jener Epoche betrachteten nicht nur wir, sondern jede europäische Macht die Kolonien als Besitzungen, deren Wert dem pekuniären Vorteil entsprach, den sie ihrem Mutterland brachten [...]; dass sie dem Mutterland eine Quelle des Profits – des unmittelbaren Profits – seien.

Dies war das erste Stadium; und als wir durch den Unabhängigkeitskrieg in Amerika roh aus diesem Traum gerissen wurden, in dem wir glaubten, die Kolonien seien ausschließlich zu unserem Nutzen da – begann das zweite Kapitel. Die öffentliche Meinung scheint damals ins andere Extrem verfallen zu sein; da die Kolonien nun nicht mehr eine bloße Einnahmequelle waren, haben viele Menschen geglaubt und argumentiert, dass die Loslösung sogar wünschenswert und zu fördern sei, damit die Kolonien sich nicht möglicherweise als eine Belastung und als eine Ursache der Schwäche herausstellen würden. [...]

[Wir haben] nun das dritte Stadium unserer Geschichte erreicht und den wahren Begriff von unserem Empire.

Was bedeutet dieser Begriff? Jene Kolonien, die unter Selbstverwaltung stehen, können wir nicht mehr als Schutzgebiete ansprechen. Das Bewusstsein des Besitzes hat dem Gefühl der Verwandtschaft Platz gemacht. Wir betrachten sie als Teile, die zu uns gehören, als Teile des britischen Imperiums [...].

Aber das britische Empire umfasst nicht nur die unter Selbstverwaltung stehenden Kolonien und das Vereinigte Königreich. Es umschließt ein viel größeres Gebiet, eine viel zahlreichere Bevölkerung in tropischen Regionen, in denen keine nennenswerte europäische Ansiedlung möglich ist und in denen die eingeborene Bevölkerung die

B 1 Italienische Karikatur, um 1890. Texte: auf dem Engel: *civilità* (Zivilisation); auf dem Flügel des Teufels: *progresso* (Fortschritt); auf der Schlange: *impero inglese-indiano* (britisch-indisches Weltreich); Figuren links oben: *Vergilio, Dante, Tasso;* Figuren rechts: *Mazzini, C. Cavour, Thiers, Vittorio Emanuele.*

weißen Einwohner zahlenmäßig immer erheblich übertreffen muss; und auch in Bezug auf diese Besitzungen hat sich derselbe Wandel in der Vorstellung vom Empire vollzogen. Auch hier hat das Bewusstsein des Besitzes einem anderen Empfinden Platz gemacht – dem Gefühl der Verpflichtung. Wir fühlen heute, dass unsere Herrschaft über diese Gebiete nur dann gerechtfertigt werden kann, wenn wir zeigen können, dass sie zum Glück und zum Wohlstand der Menschen beiträgt, und ich behaupte, dass unsere Herrschaft dies tut und dass sie Ländern Sicherheit und Frieden und relativen Wohlstand gebracht hat, die diese Segnungen vorher nicht kannten.

Indem wir dieses Werk der Zivilisation durchführen, erfüllen wir das, was ich für unsere nationale Mission halte. Und es bietet sich uns dabei Raum, um jene Fähigkeiten zu üben, die uns zu einer bedeutenden herrschenden Rasse in dieser Welt gemacht haben. [...] Kein Zweifel, dass es anfangs, als die Eroberungen gemacht wurden, viel Blutvergießen gab, dass es unter der Eingeborenenbevölkerung viele Menschenleben gekostet hat und Verluste an noch kostbarerem Leben unter denen, die ausgesandt wurden, um diese Länder in eine Art diszipliniertes Verhältnis zu uns zu bringen. Aber man muss sich vergegenwärtigen, dass dies die Begleitumstände der Mission sind, die wir zu erfüllen haben. [...]

Meine Herren! Lassen Sie uns unser Ideal niemals aus den Augen verlieren. Ich für mein Teil glaube an die praktische Möglichkeit einer Föderation der britischen Völker, aber ich weiß auch, dass diese – wenn sie erreicht wird – nicht durch Druck, nicht durch irgendeine diktatorische Maßnahme dieses Landes herbeigeführt werden kann, sondern sie wird sich als die Verwirklichung eines allgemeinen Verlangens ergeben, als Ausdruck des heiligsten Wunsches unserer kolonialen Mituntertanen selbst.

(Zit. nach: Günter Schönbrunn [Bearb.], Geschichte in Quellen, Bd. 5, bsv, München 1980, S. 576 f.)

1 *Beschreiben Sie mithilfe von Karten in Ihrem Schülerbuch (Kursbuch, S. 76 und 350; oder Geschichtsbuch Oberstufe Bd. 1, S. 113, 398 und 400) das britische Weltreich im 18. Jh. und um 1900.*

2 *a) Erläutern Sie die Haltung des Autors in M 4.*
b) Verfassen Sie eine kritische Beurteilung der Rede Chamberlains.

4 Technischer Fortschritt, sozioökonomische Veränderungen und Imperialismus in den USA

Weltwirtschaftsmacht USA

Die Geschichte der Industrialisierung in den USA kann man in zwei Phasen unterteilen: Während der ersten Phase, die vom ausgehenden 18. Jahrhundert bis in die 1850er-Jahre reichte, vollzogen die Vereinigten Staaten den Übergang vom agrarischen zum frühindustriellen Kapitalismus. Während der zweiten Phase, zwischen den 1860er- und den 1920er-Jahren, stiegen die USA zur führenden Industriemacht der Welt auf und wurden zum Sinnbild des Fortschritts und der Moderne. Im ***American Dream*** verbanden sich Vorstellungen von Freiheit und Wohlstand, Demokratie und Prosperität.
Nach dem Sieg des industriell weit entwickelten Nordens über den agrarischen Süden im amerikanischen Bürgerkrieg (1861–1865) konnten die USA ihre Stärken nutzen, um bis 1900 eine Spitzenstellung in der Weltindustrieproduktion zu erreichen. Die Grundlagen des industriellen Aufschwunges waren reichhaltige **Rohstoffvorkommen** und zunächst importierte, dann aber zunehmend im Land selbst entwickelte technische **Erfindungen** und Verfahren zu ihrer Ausbeutung. Der rasche Ausbau des **Verkehrsnetzes** aus Wasserstraßen und Eisenbahnen sorgte für die Ausdehnung des Binnenmarktes. Ein ausgeprägtes Wachstums- und **Wettbewerbsdenken,** große Innovationsbereitschaft sowie **Unternehmungsgeist** und **Fortschrittsglaube** beschleunigten die Modernisierung der US-Volkswirtschaft (M 1). Hinzu kam ein wachsendes Angebot an leistungsbereiten Arbeitskräften durch eine große Zahl von **Einwanderern.**
Das beschleunigte Wirtschaftswachstum sicherte den USA um 1900 nicht nur den Rang einer Weltwirtschaftsmacht (M 2). Darüber hinaus nahm im Innern der Vereinigten Staaten die Konzentration von Unternehmen und Kapital in den Händen einiger weniger Industrieller, das ***„Big Business“***, zu. 1890 verabschiedete die US-Regierung den ***Sherman Antitrust Act,*** der die Schaffung von Monopolen und Kartellabsprachen verbot, nicht aber die Bildung von Holdings. Geschickten Unternehmern blieben so viele Möglichkeiten, das Gesetz zu umgehen (M 5, B 2).

Soziale Probleme

Die wirtschaftliche Entwicklung nach 1865 vertiefte die sozialen Unterschiede und den Graben zwischen Reich und Arm. **Unternehmer** und Bankiers häuften immense Vermögen an. Die gesellschaftlich integrierte und wirtschaftlich etablierte **weiße Mittelschicht** vertrat die alten amerikanischen Ideale des Individualismus und der Gleichheit und glaubte, dass auch jetzt noch jedem, der diese Werte akzeptierte, der Weg zu sozialem Aufstieg offen stand. In der ständig größer werdenden Unterschicht (B 1) sammelten sich **Schwarze** und **Einwanderer,** die schlecht qualifiziert waren und sich wegen ihres kulturellen und religiösen Hintergrundes nur schwer in die US-Gesellschaft – die sich eigentlich als ein **„Schmelztiegel“** *(Melting pot)* verstand –, einfügten. Diese Entwicklungen bereiteten den Boden für Reformbewegungen, die sich vor allem gegen das Big Business und seinen Einfluss auf die Politik richteten. Anders als in Deutschland stießen sozialistische Ideen in den USA auf geringe Resonanz, sondern es waren Formen des **privaten sozialen Engagements** vorherrschend (M 4).

Imperialismus

Die USA verdankten ihre Unabhängigkeit und Staatsgründung der Befreiung von der britischen Kolonialherrschaft. Ihr antikoloniales Selbstverständnis hielt sie jedoch nicht davon ab, selbst imperialistische Politik zu betreiben. Als die europäischen Mächte, allen voran Großbritannien und Frankreich, während der Phase des Hochimperialismus zwischen 1880/90 und 1914 in Afrika und Asien Stützpunkte anlegten, Kolonien erwarben und die Welt in Einflusssphären einteilten, wollten die USA nicht zurückstehen.

Großen Anklang fand die These des Marinetheoretikers **Alfred T. Mahan,** dass die weltpolitische Stellung der USA, ihre Handelsflotte und ihre Handelsinteressen nur durch eine starke Seemacht gesichert werden könnte. Während der 1890er-Jahre wurden die Seestreitkräfte ausgebaut. Die Zahl der Anhänger einer imperialistischen Weltpolitik wuchs unter dem Eindruck der Wirtschaftskrise 1893: Die USA suchten neue Märkte und Investitionsmöglichkeiten in Übersee.
Aber auch ein spezifisch amerikanisches Selbstbewusstsein, das an die zivilisatorische Sendungsidee der Pionierzeit ***(Manifest destiny)*** anknüpfte, begleitete den Übergang zur Weltpolitik: Die Amerikaner hatten binnen eines Jahrhunderts einen Kontinent erschlossen und eine wirtschaftlich leistungsfähige demokratische Gesellschaft aufgebaut. Als Aufgabe der USA galt es jetzt, sich weltweit für Fortschritt, Zivilisation und für die in der eigenen Unabhängigkeitserklärung verkündeten Freiheitsrechte einzusetzen. Doch Bedenken blieben, dass eine koloniale Expansion der USA anderen Völkern die Freiheit und das Selbstbestimmungsrecht rauben würden.
Am Ende der 1890er-Jahre setzten sich die Befürworter des Imperialismus durch. Der Pazifik, Ostasien und Zentralamerika wurden Expansionsräume der USA (Karte 1). Der entscheidende Schritt zur Weltpolitik war die Intervention in **Kuba 1898.** Dass man den Unabhängigkeitskampf der Kubaner gegen Spanien unterstützen wollte, war nur ein öffentlich wirksamer Vorwand. Es standen bedeutende US-Investitionen in der Zuckerindustrie Kubas auf dem Spiel (M 6, M 7).
Ein Umschwung in der amerikanischen Öffentlichkeit trat ein, als 1898 auf den Philippinen ein Guerillakrieg gegen die neuen Herren ausbrach. Direkte Machtausübung in überseeischen Territorien nach dem Modell europäischer Kolonialherrschaft forderte einen zu großen Einsatz militärischer und finanzieller Mittel. Weit effektiver war es, die überlegene Wirtschaftskraft der USA für den Aufbau eines ***Informal Empire*** einzusetzen, das sich auf die wirtschaftliche Durchdringung und die aus ihr resultierende politische Abhängigkeit stützte. In China zielte die ***Open door policy*** zielte darauf ab, jeder Macht gleichberechtigten Zugang nach China zu garantieren.
Zum wichtigsten Aktionsfeld des ***„Dollarimperialismus"*** wurden Zentralamerika und die Karibik. 1904 rechtfertigte Präsident Theodore Roosevelt dies mit der **Monroe-Doktrin** (M 8).

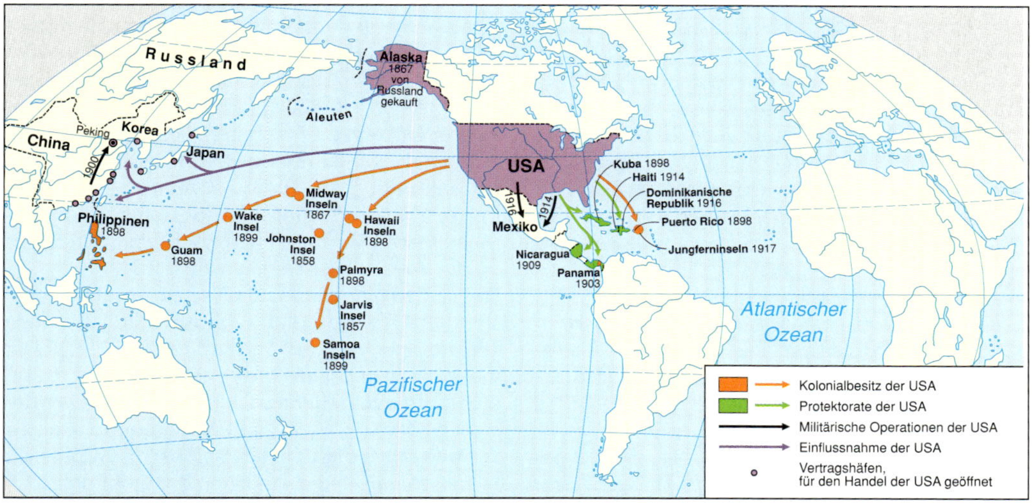

Karte 1 Das „amerikanische Empire" 1917

1 *Erarbeiten Sie die Expansionsräume des US-amerikanischen Imperialismus (Karte 1).*

M1 Der Historiker David S. Landes über Ressourcen und Innovationen in den USA (1998)

Die amerikanischen Siedlungsgebiete besaßen unendlich viel natürlichen Reichtum [...]: riesige Flächen fruchtbaren, unbebauten Landes; ein großartiges Klima zur Gewinnung eines für den Einstieg in die Industrialisierung entscheidenden Rohstoffes, der Baumwolle; große Vorkommen an Bodenschätzen, wie sie die Eisenindustrie benötigt; Brennstoffe – Holz und Kohle – im Überfluss plus reichlich Wasserkraft an der gesamten Ostküste; massenweise Petroleum, das sich seit der Mitte des neunzehnten Jahrhunderts als Lichtquelle, Schmiermittel und vor allem als Treibstoff für Verbrennungsmotoren bewährt; und große Mengen Kupfererze, die Ende des Jahrhunderts für die neu entstehende Nachfrage nach Dynamomaschinen, Elektromotoren und Kabelanlagen zur Verfügung standen. Hinzu kamen relativ bequeme Zugangs- und Kommunikationswege: eine Küste mit vielen schönen Buchten und prachtvollen Häfen, große Flüsse [...] sowie weite Ebenen. Die einzige ernst zu nehmende Gebirgsschranke zwischen Atlantik und den Rocky Mountains waren die Appalachen, aber selbst hier gab es eine Reihe von Lücken für Handels- und Reiserouten, besonders dort, wo der Hudson durchfließt und wo sich zu den Großen Seen hin flaches Land erstreckt. Hier konnten die Menschen mit dem Erie-Kanal und der Eisenbahn die Verbindung zwischen Mittlerem Westen und den Häfen an der Atlantikküste herstellen. [...]

Die entscheidende und recht eigentlich amerikanische Innovation war aber gar kein besonderes Gerät (so wichtig das auch sein mochte), sondern eine Produktionsweise – das später so genannte amerikanische Fabrikwarensystem. Es war eine kreative Reaktion erstens auf einem Markt, auf dem die in Europa vorherrschenden lokalen und regionalen Präferenzen ebenso fehlten wie Klassen- und Standesunterschiede, der also standardisierte Artikel aufnehmen konnte; und zweitens auf den im Verhältnis zu den Arbeitsmaterialien erheblichen Mangel an Arbeitskräften. Beides hing zusammen. In einer Volkswirtschaft mit wenig Arbeitskräften bot die Standardisierung eine Möglichkeit, die Arbeit zu teilen und damit zu vereinfachen und zu repetitiven Handgriffen zu machen, um auf diese Weise die Produktivität zu steigern. [...]

So war schon in Kolonialzeiten der Bau vieler amerikanischer Wohnhäuser nicht mehr Sache des Zimmerhandwerks, sondern der Fabrik. Türen und Fenster wurden auf eine Standardgröße zugeschnitten und zusammengesetzt; Glas war entsprechend vorgeschnitten. [...] Dann, in den Dreißigerjahren des neunzehnten Jahrhunderts, führte die Erfindung des Nagel- oder Schwartenrahmenhauses zur Normierung und Dequalifizierung des Hausbaus selber. Vorbei waren die Zeiten, in denen man schwere Bauteile für die traditionellen Scheunen und Wohnhäuser brauchte. Vorbei waren die Zeiten des Verzapfens, der Maurer- und Verputzarbeiten [...], die die Bauten in der Alten Welt erforderten. Stattdessen verwendete man vorgefertigte 2 x 4-Inch-Balken und nagelte sie zusammen, dann verschalte man das Balkenwerk und setzte die Schindelfassade an, die sich als praktisch und gefällig anbot. [...]

Der Gedanke war, sämtliche montierten Gegenstände mit ähnlichen, wenn nicht sogar austauschbaren Bauteilen zu versehen.

Auf all diesen Gebieten der industriellen Fertigung waren die Vereinigten Staaten wenn nicht Pioniere, so doch mindestens die großen Praktiker. So entstanden gleich mit dem Übergang zur Maschinerie in der Textilmanufaktur Mechanikerwerkstätten, in denen die Anlagen gewartet und gebaut wurden; und diese Werkstätten, jede eine kleine Welt aus zusammengesetzten und austauschbaren technischen Fertigkeiten, machten sich häufig auch an die Produktion anderer Maschinen. [...]

Anders als in Europa setzte Amerika diesem Vorgang einer dequalifizierenden und vereinfachenden Technik wenig Widerstand entgegen. In einem Land der permanenten Revolution hatte das Alte wenig Macht. [...] [U]nd die Europäer taten sich in der Regel schwerer als die Amerikaner mit der Übernahme der unbarmherzigen Produktivitätslogik; [...] nur weil Maschinen noch arbeiten können, ist das kein Grund, sie arbeiten zu lassen. Diese Logik ist eigentlich widersinnig, aber dem Pionierdenken (der Raubrittermentalität) kam sie entgegen. Standardbeispiele sind Andrew Carnegie und Henry Clay Frick [...]: Als sie beschlossen, in der Stahlproduktion vom Bessemer- zum Siemens-Martin-Verfahren zu wechseln, rangierten sie die alten Anlagen einfach aus. [...]

Das „amerikanische System" setzte Produktivitätsstandards für die gesamte industrielle Welt. Jede Technologie war ein Sprungbrett zur nächsten. Wanduhren und Gewehre ebneten den Weg zu Taschenuhren und Nähmaschinen, Mäh- und Erntemaschinen führten zu Sämaschinen und schließlich den kombinierten Mähdreschern; Fahrräder zu Automobilen; Registrierkassen zu Schreibmaschinen und Rechnern.

(David S. Landes, Wohlstand und Armut der Nationen, Siedler, Berlin 1998, S. 306 f. und 312 ff.)

M2 Industrieproduktion 1880–1938 (Index Großbritannien 1900 = 100)

	1880	1900	1913	1928	1938
Großbr.	73	100	127	135	181
USA	47	128	298	533	528
Deutschl.	27	71	138	158	214
Frankr.	25	37	57	82	74
Russland	25	48	77	72	15
Öst.-Ung.	14	26	41	–	–
Italien	8	14	23	7	46
Japan	8	13	25	45	88

(Nach: Paul Kennedy, Aufstieg und Fall der großen Mächte, Fischer, Frankfurt/M. 1989, S. 311)

M3 Entwicklung der Löhne und Preise in den USA 1850–1890 (Index 1860 = 100)

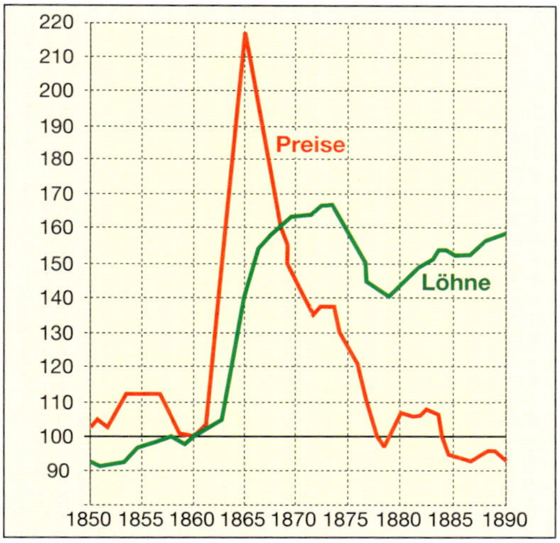

(Nach: Harold Faulkner, Geschichte der amerikanischen Wirtschaft, Econ, Düsseldorf 1957, S. 485)

1 *Erläutern Sie die Voraussetzungen für den Aufstieg der USA zur Weltwirtschaftsmacht um 1900 anhand des Sekundärtextes M 1. Unterscheiden Sie politische, soziale, wirtschaftliche und kulturelle Faktoren (siehe auch Darstellung S. 38).*

2 *Vergleichen Sie die Industrieproduktion der USA mit der der wichtigsten Industriemächte um 1900 (M 2) und bestimmen Sie die Position der USA.*

3 *Erörtern Sie anhand der Statistik M 3, des Bildes B 1 und der Darstellung S. 38, wie sich die soziale Lage der unteren Schichten angesichts der Wirtschaftsentwicklung der USA um 1900 darstellte.*

M4 Rhodri Jeffreys-Jones, Historiker, über die Bedeutung des Sozialismus in den USA (1977)

Eine [...] Erklärung für das Versagen des Sozialismus in Amerika besagt, dass die verbreitete Überzeugung, jeder Tüchtige könne es in Amerika zu etwas bringen, schließlich eine faktische Grundlage gehabt habe; es seien die ungewöhnlich günstigen sozialen Aufstiegsmöglichkeiten in den Vereinigten Staaten, die die Entwicklung von Protestbewegungen auf der Basis des Klassenkampfes behindert hätten. Gegen diese Erklärung lässt sich einwenden, dass ein hohes Maß sozialer Mobilität in Industriegesellschaften im Allgemeinen beobachtet wird und nicht nur in den Vereinigten Staaten. [...] Wichtiger als die soziale Mobilität innerhalb der Vereinigten Staaten war die geografische Mobilität der Einwanderer, denn bereits die Einwanderung war für die Betroffenen ein deutlicher Schritt nach oben auf der wirtschaftlichen Stufenleiter. Das Bewusstsein von den europäischen Verhältnissen – und die Einwanderergettos hielten es wach – hielt die Amerikaner davon ab, ihr Wirtschaftssystem in Frage zu stellen. Und von dieser Einstellung aus war es nur ein kleiner Schritt dahin, den amerikanischen Wohlstand auf amerikanische Tugenden zurückzuführen und gegen den Sozialismus zu schimpfen, auch wenn die wirtschaftliche Praxis kein reines Laissez-faire mehr war.

(Rhodri Jeffreys-Jones, Soziale Folgen der Industrialisierung, in: Willi Paul Adams [Hg.], Die Vereinigten Staaten von Amerika, Fischer, Frankfurt/M. 1977, S. 266 f.)

1 *Kurzreferat: Stellen Sie mithilfe Ihres Schülerbuches („Kursbuch Geschichte" oder „Geschichtsbuch Oberstufe") Grundzüge der Geschichte der Arbeiterbewegung in Deutschland um 1900 dar.*

2 *Welche Rolle hat nach Meinung von Jeffreys-Jones (M 4) die Arbeiterbewegung in den USA gespielt? Wie erklärt er seine These?*

M5 Sherman-Anti-Trust-Gesetz, 2. Juli 1890

1. Jeder Vertrag, jeder Zusammenschluss in Form eines Trusts oder dergleichen, jede geheime Absprache zur Einschränkung des zwischenstaatlichen Handels oder des Außenhandels wird hierdurch für ungesetzlich erklärt. Jede Person, die solch einen Vertrag abschließt oder sich an einem solchen Zusammenschluss oder an einer geheimen Absprache beteiligt, soll eines Vergehens für schuldig gehalten werden und im Falle ihrer Überführung mit einer Geldstrafe bis zu 5000 Dollar

B 1 Slum in New York, Fotografie, ca. 1890

oder mit Gefängnis bis zu einem Jahr oder mit beiden besagten Strafen, je nach Ermessen des Gerichts, belegt werden.
2. Jede Person, die ein Monopol aufrichtet oder versucht, dies zu tun, oder sich mit einer oder mehreren anderen Personen zusammenschließt beziehungsweise heimlich abspricht, um den zwischenstaatlichen Handel zu monopolisieren oder dies mit fremden Nationen zu tun, soll eines Vergehens für schuldig gehalten werden und im Falle ihrer Überführung mit einer Geldstrafe bis zu 5000 Dollar oder mit Gefängnis bis zu einem Jahr oder mit beiden besagten Strafen, je nach Ermessen des Gerichts, belegt werden.
3. Jeder Vertrag, jeder Zusammenschluss in Form eines Trusts oder dergleichen, jede geheime Absprache zur Einschränkung des Handels [...] wird hiermit für illegal erklärt. Jede Person, die solch einen Vertrag abschließt oder sich an einem Zusammenschluss oder einer geheimen Absprache beteiligt, soll eines Vergehens für schuldig gehalten werden und bei Überführung mit einer Geldstrafe bis zu 5000 Dollar oder mit Gefängnis bis zu einem Jahr oder mit beiden besagten Strafen, je nach Ermessen des Gerichts, belegt werden. [...]
7. Jede Person, die in ihrem Geschäft oder in ihrem Eigentum durch eine andere Person oder Handelsgesellschaft aufgrund von Handlungen, die nach diesem Gesetz verboten oder für ungesetzlich erklärt sind, geschädigt wird, kann deswegen ohne Rücksicht auf den Streitwert bei jedem Bezirksgericht der Vereinigten Staaten, in dessen Bereich der Beklagte wohnt oder angetroffen wird, Klage erheben und soll den ihm zugefügten Schaden dreifach und dazu die Gerichtskosten und ein angemessenes Anwaltshonorar ersetzt bekommen.

(Zit. nach: Herbert Schambeck u. a. [Hg.], Dokumente zur Geschichte der Vereinigten Staaten von Amerika, Duncker/Humblot, Berlin 1993, S. 408 f.)

1 Erläutern Sie anhand von M 5, wie die USA um 1900 auf unternehmerische Macht reagierten.
2 Erläutern Sie die Perspektive der Karikatur B 2 auf die Beziehungen zwischen Staat und Wirtschaft.

M6 Botschaft von US-Präsident William Mc-Kinley (Republikaner) an den US-Kongress, 1898

Die Gründe für unsere Intervention [in Kuba] mögen wie folgt kurz zusammengefasst werden:
Erstens. Um der Menschlichkeit willen und um den Grausamkeiten, dem Blutvergießen, dem Hunger und dem schrecklichen Elend ein Ende zu bereiten, die dort vorherrschen und die die streitenden Parteien nicht mildern und beenden können oder wollen. Es ist keine Lösung zu sagen, dies alles geschehe in einem fremden Land [...] und sei daher nicht unsere Sache. Es ist durchaus unsere Sache, denn es spielt sich direkt vor unserer Tür ab.
Zweitens. Wir sind es unseren Mitbürgern in Kuba schuldig, ihnen den Schutz für ihr Leben und Eigentum zu gewähren, den keine Regierung dort verbürgen kann oder will [...].
Drittens. Das Interventionsrecht kann mit der sehr ernsten Beeinträchtigung des Handels und Geschäftslebens unseres Volkes gerechtfertigt werden sowie mit der mutwilligen Zerstörung des Eigentums und mit der Verwüstung der Insel.
Viertens, und dies ist von äußerster Wichtigkeit. Die gegenwärtige Lage in Kuba ist eine ständige Bedrohung unseres Friedens und zwingt die Regierung zu gewaltigen Ausgaben. Dieser jahrelange Konflikt spielt sich auf einer Insel ab, die in unserer Nähe liegt und mit der unser Volk enge Handels- und Geschäftsbeziehungen unterhält; Leben und Freiheit unserer Mitbürger sind in ständiger Gefahr, ihr Eigentum wird zerstört und sie selbst werden ruiniert; unsere Handelsschiffe sind der Kaperung ausgesetzt. [...].
Die einzige Hoffnung auf Hilfe und Befreiung von den Zuständen, die nicht länger zu ertragen sind, ist die gewaltsame Befriedung Kubas. Im Namen der Menschlichkeit, im Namen der Zivilisation, um der gefährdeten amerikanischen Interessen willen, die uns das Recht und die Pflicht zum Reden und Handeln auferlegen, muss der Krieg in Kuba beendet werden.

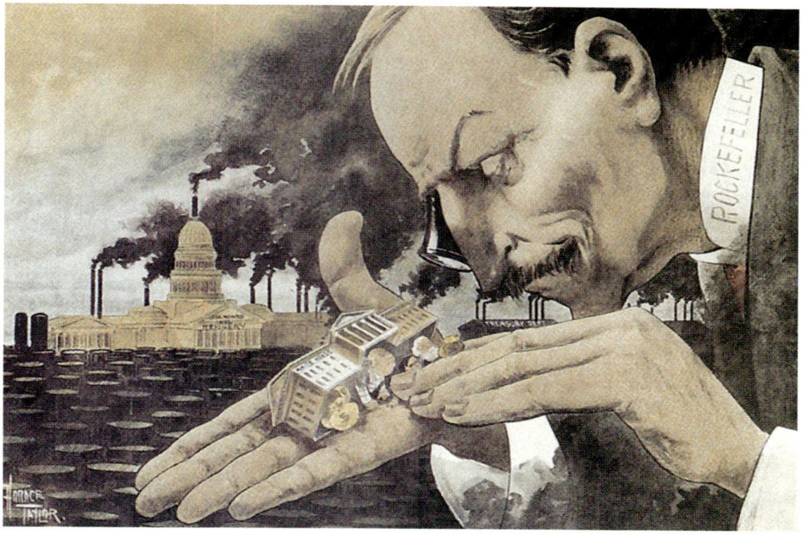

B 2 Horace Taylor (1881–1934), „Die Sicht der Trustgiganten: Was für eine nette kleine Regierung", Karikatur aus der US-Zeitschrift „The Verdict" vom 25. September 1899

M7 Programm der im November 1898 gegründeten *Anti-Imperialist League* (USA, 1899)

Wir sind der Meinung, dass die als Imperialismus bekannte Politik der Freiheit feindlich ist und zum Militarismus führt, einem Übel, von dem frei zu sein bislang unser Ruhm war. [...] Wenn eine Regierung ungestraft die Grundsätze missachten darf, in deren Namen sie gewählt wurde, wenn sie vorsätzlich überall auf der Erde Krieg auslösen und den öffentlichen Dienst dazu bringen kann, dieses Abenteuer zu unterstützen, wenn sie eine Zensur einrichtet, die die Wahrheit unterdrückt, und von allen Bürgern den Verzicht auf das eigene Urteil und einmütige Gefolgschaft verlangt, solange sie die Fortführung des Kampfes für richtig hält, dann ist die demokratische Regierungsform selbst gefährdet.

(M 6, M 7 zit. nach: Diethelm Düsterloh/Joachim Rohlfes, Die Vereinigten Staaten von Amerika, Klett, Stuttgart 1982, S. 55 f. Übers. J. Rohlfes)

1 *Welche Haltung nimmt McKinley zur Intervention der USA in Kuba ein (M 6), wie begründet er sie?*

2 *Vergleichen Sie mit der Position in M 7.*

M8 Aus der Botschaft des Präsidenten Theodore Roosevelt (Präs.: 1901–1909) vom Dezember 1904 („Roosevelt-Zusatz" zur Monroe-Doktrin; 1928 widerrufen)

Wenn eine Nation zeigt, dass sie vernünftig und mit Kraft und Anstand in sozialen und politischen Fragen zu handeln versteht, dass sie Ordnung hält und ihre Schulden bezahlt, dann braucht sie keine Einmischung von Seiten der Vereinigten Staaten zu befürchten. Ständiges Unrechttun oder ein Unvermögen, welches hinausläuft auf eine Lockerung der Bande der zivilisierten Gesellschaft, mag in Amerika wie anderswo schließlich die Intervention durch irgendeine zivilisierte Nation fordern und in der westlichen Hemisphäre mag das Festhalten der Vereinigten Staaten an der Monroe-Doktrin sie in flagranten Fällen solchen Unrechttuns oder Unvermögens, wenn auch wider ihren Willen, zur Ausübung einer internationalen Polizeigewalt zwingen. [...] Wir würden nur im äußersten Falle bei ihnen [den lateinamerikanischen Staaten] eingreifen, und nur dann, wenn es offenkundig würde, dass ihre Unfähigkeit oder ihre Abneigung, im Innern und nach außen Recht zu üben, die Rechte der Vereinigten Staaten verletzt hätte oder eine fremde Aggression zum Schaden der Gesamtheit der amerikanischen Nationen herausgefordert hätte. Es ist nichts als eine Binsenwahrheit zu sagen, dass jede Nation, in Amerika und anderswo, die ihre Freiheit, ihre Unabhängigkeit aufrechtzuerhalten wünscht, sich am Ende darüber ganz klar sein muss, dass das Recht solcher Unabhängigkeit nicht getrennt sein kann von der Verantwortung, einen guten Gebrauch von ihr zu machen.

(Nach: Hist. Seminar der Univ. Bern [Hg.], Quellen zur neueren Geschichte, Bern 1957, S. 76 f.)

1 *Klären Sie, welchen Wandel der Roosevelt-Zusatz zur Monroe-Doktrin (M 8) in der US-Politik bewirkte (zur Monroe-Doktrin siehe auch „Kursbuch Geschichte" oder „Geschichtsbuch Oberstufe").*

5 Der Erste Weltkrieg

1914 – Ende des „langen" 19. Jahrhunderts?

In der Geschichtswissenschaft besteht Einigkeit darüber, dass das 19. Jahrhundert mit Beginn des Ersten Weltkrieges zu Ende ging. Wenn Historikerinnen und Historiker diesen Krieg in Anlehnung an eine Formulierung des amerikanischen Diplomaten George F. Kennan als **„Urkatastrophe des 20. Jahrhunderts"** bezeichnen, dann meinen sie allerdings weniger den Einschnitt des Jahres 1914, sondern vielmehr den Krieg als Ganzes und dessen Folgen. Er führte

– zum Untergang großer Reiche (Osmanisches Reich, österreichisch-ungarische Monarchie),
– zur Entstehung des kommunistischen Machtsystems in der UdSSR nach der Revolution 1917,
– zum Aufkommen faschistischer Bewegungen in vielen Ländern Europas und
– zu einer bis dahin nicht gekannten Instabilität der bürgerlich-liberalen Ordnung.

Obwohl viele Menschen das Ende des 19. und den Beginn des 20. Jahrhunderts mit positiven Erwartungen begangen hatten, hat kein Ereignis die **Zweifel am Fortschrittsglauben** so sehr verstärkt wie der Erste Weltkrieg. Das zurückliegende Jahrhundert der Industriellen Revolution, der Nationalstaatsbewegungen und des allmählichen Vordringens des Parlamentarismus wurde von Zeitgenossen oft als ein Zeitalter der Wissenschaft und Technik, des Fortschritts und des Friedens gelobt. Diese Erfahrungen ließen ein Bewusstsein entstehen, das den Glauben an die unbegrenzte Gestaltbarkeit der Natur sowie an die Veränderbarkeit gesellschaftlicher Ordnungen förderte. Hinzu kam, dass ein großer Teil der Menschen im Sommer 1914 den Ausbruch des „Großen Krieges" jubelnd und mit den unterschiedlichsten Hoffnungen begrüßte. Aber schon nach wenigen Wochen mussten sie erkennen, dass dieser Krieg ein bis dahin ungeahntes Ausmaß an Grausamkeiten und Zerstörungskraft entfaltete. Das Bewusstwerden dieser Katastrophe zerstörte nicht nur das Zutrauen in die Wissenschaft und die Industriezivilisation als Träger einer besseren, modernen Welt. Es zerstörte auch den Glauben an die Humanität des Menschen überhaupt (M 1).

Epochenjahr 1917

Der **Untergang des alten Europa** im Ersten Weltkrieg wurde zusätzlich unterstrichen durch den Machtverlust der europäischen Großmächte (England, Frankreich, Österreich-Ungarn, Deutsches Reich, das zaristische Russland). Die neuen mächtigen Staaten stiegen jenseits des alten Europa auf: im Westen die **USA** und im Osten die **Sowjetunion,** der kommunistische Nachfolgestaat des zaristischen Russlands. Dieser Prozess begann 1917. Zwei Entwicklungen prägten seitdem die Weltpolitik:

1. Die Vereinigten Staaten von Amerika, die sich seit Ende des 19. Jahrhunderts zur modernsten kapitalistischen Industrienation entwickelt hatten, gaben ihre außenpolitische Zurückhaltung im Hinblick auf eine Einmischung in Europa auf und traten 1917 auf Seiten der Ententemächte (England, Frankreich) in den Ersten Weltkrieg ein. Ihre Truppen entschieden 1918 den Krieg.
2. Nach der Februar- und der Oktoberrevolution 1917 wurde in Russland der erste kommunistische Staat der Welt ausgerufen. Dieser schloss im März 1918 den Sonderfrieden von Brest-Litowsk mit den Mittelmächten (Deutschland, Österreich-Ungarn), der den Krieg im Osten beendete.

Nach dem Kriegsende im November 1918 veränderte sich die Welt von Grund auf. Die Europäer verloren an internationalem Gewicht, die „Flügelmächte" USA und UdSSR entwickelten sich von Groß- zu Weltmächten.

Grundlage für die Weltmachtpolitik der **USA** war ihre politisch-militärische und ökonomische Stärke. Darüber hinaus galten die USA überall als das Geburtsland von Freiheit und Demokratie (M 6b). Wie alle anderen Staaten außer den USA ging die **Sowjetunion** dagegen wirtschaftlich geschwächt aus dem Weltkrieg hervor. Ihre Ausstrahlung beruhte besonders auf der illusionären ideologischen Verheißung des Marxismus-Leninismus, eine klassenlose Gesellschaft ohne Ausbeutung und Unterdrückung aufzubauen.

Ausbruch des Krieges 1914: Ursachen

Das Attentat von Sarajewo am 28. Juni 1914 und die dadurch ausgelöste internationale Krise waren lediglich (kurzfristige) **Anlässe.** Wer den Ausbruch des Ersten Weltkriegs angemessen beurteilen will, muss auch die (längerfristigen) **Ursachen** in seine Überlegungen mit einbeziehen.
Hierzu gehört auf jeden Fall die Expansion der europäischen Mächte in der Phase des **Hochimperialismus (1880/90–1914).** Territoriale Eroberungen sowie die Ausdehnung der nationalen Einflusssphären in Übersee wurden in dieser Zeit zur alles beherrschenden Richtschnur außenpolitischen Handelns. Damit begann für alle Großmächte ein scharfer Kampf um einen wachsenden Anteil an der Beherrschung möglichst großer Teile der Welt, vor allem in Afrika, Asien und Lateinamerika. Dieser Kampf mündete sehr bald in eine unerbittliche Rivalität zwischen den Staaten, nicht zuletzt hervorgerufen durch die Suche der Industriestaaten nach Rohstoffquellen und Absatzmärkten. Gleichzeitig bedeutete die Unterwerfung fremder Völker und die Erweiterung des eigenen territorialen Besitzes wachsendes Ansehen in der internationalen Staatenwelt.
Begleitet wurde die zunehmende Rivalität der imperialistischen europäischen Mächte von einem wachsenden Chauvinismus und einem **aggressiven Nationalismus.**
Auch begannen alle großen Staaten aufzurüsten. Vorangetrieben wurde das allgemeine **Wettrüsten** durch das vom Deutschen Reich um 1900 begonnene Seewettrüsten mit England (deutsches Flottenausbauprogramm seit 1898). Ab 1911/12 verlagerten die europäischen Großmächte ihre Rüstungsanstrengungen immer mehr auf die Vorbereitung eines Landkrieges.
Der Imperialismus bewirkte die langsame Verfestigung des europäischen Bündnissystems in zwei feindliche Blöcke seit den 1890er-Jahren: den **Dreibund,** bestehend aus Deutschland, Österreich-Ungarn und Italien, sowie die **Triple-Entente,** bestehend aus Frankreich, England und Russland.
Und es darf nicht vergessen werden, dass das internationale System vor 1914 keine den Frieden absichernde Autorität besaß. Es war vielmehr nach dem Grundsatz eines seinerzeit populären **sozialdarwinistischen Überlebenskampfes** organisiert, in dem das Recht des Stärkeren galt.
Außerdem betrachteten die Regierungen nach wie vor den Krieg als legitimes Mittel der Politik.

Der Kriegsausbruch: Kontroversen seit 1919

Historikerinnen und Historiker diskutieren bis heute heftig und kontrovers darüber, was im Sommer 1914 den Weltkrieg herbeigeführt hat. Im Mittelpunkt stand dabei lange Zeit die Frage nach der Schuld bzw. Verantwortung der am Krieg beteiligten Nationen. Mit besonderer Energie und Leidenschaft haben sich deutsche Publizisten und Historiker während der Weimarer Zeit mit der im Versailler Friedensvertrag verankerten Anklage beschäftigt, nach der Deutschland den Ersten Weltkrieg bewusst und zielstrebig entfesselt habe. Das Auswärtige Amt betrachtete diesen Kriegsschuldvorwurf als eine politische Angelegenheit ersten Ranges. Es richtete im Jahre 1919 ein Kriegsschuldreferat ein, das bis in die 1930er-Jahre hinein zahlreiche Publizisten finanzierte. Diese hatten die Aufgabe, Deutschland vom Vorwurf der Kriegsurheberschaft freizusprechen. Unterstützt wurde diese Propagandakampagne auch von vielen Historikern. Sie alle verband die Überzeugung, dass das Deutsche Reich im Versailler Vertrag zu Unrecht mit der **„Schmach" der Kriegsschuld** belastet worden sei und dass dieser Friedensvertrag deswegen revidiert werden müsse (**Revisionismus**).
Die deutsche Geschichtswissenschaft beschäftigte sich seit den 1920er-Jahren auch mit der Frage, warum der Aufstieg Deutschlands von einer europäischen Groß- zu einer Weltmacht scheiterte. Die Antwort lautete, dass das Deutsche Reich nicht zu viel, sondern eher einen zu geringen Machtwillen besessen habe. Den Weltkrieg interpretierten viele Historiker als den Endpunkt

eines seit der Reichsgründung 1870/71 andauernden **Machtkampfes gegen die erstarkende deutsche Nation.** Um Deutschland in seiner legitimen Machtentfaltung zu behindern, argumentierten sie, hätten die Alliierten den Krieg vom Zaun gebrochen und nach ihrem Sieg dem Reich mit dem Versailler Vertrag einen bis dahin beispiellosen „Straffrieden" aufgezwungen. Von der Politik forderten die Historiker, dass sie den nationalen Machtstaat wiederherstellen solle.

Der Kriegsausbruch: Kontroversen nach 1945

Auch nach 1945 blieben die deutschen Historiker bei ihrer Auffassung, dass Deutschland nicht der alleinige Urheber des Weltkrieges gewesen sei. Bei der Interpretation des Kriegsausbruchs 1914 griffen viele auf die in den 1920er-Jahren von dem englischen Politiker David Lloyd George formulierte These zurück, dass alle Mächte 1914 in den Krieg „hineingeschlittert" seien. Als entscheidende Ursachen für das **„Hineinschlittern"** galten das Wettrüsten und die starke Orientierung der Politik an militärischem Denken.
1961 löste der Historiker Fritz Fischer eine heftige Debatte aus (M 3 a–c), die sog. **Fischer-Kontroverse.** Fischer vertrat die These, dass Deutschland nicht nur durch seine Risikopolitik die Julikrise 1914 verschärfte und daher ein beträchtliches Maß an Verantwortung für den Weltkrieg trage, sondern auch ein **expansives Kriegszielprogramm** vertreten habe. Für die Gegner Fischers trug hingegen das Wilhelminische Reich keine besondere Schuld an der Katastrophe von 1914. Außerdem versuchten sie dem Eindruck entgegenzuwirken, dass es eine **Verbindung zwischen der Kaiserzeit und der NS-Zeit** gebe. Nach Fischer hatten die traditionellen agrarischen, indus-

B 1 Mario Borgoni, Prestito Nationale [Kriegsanleihe], Plakat, Italien, um 1917

B 2 „Frisch auf für deutsche Ehre ...", Postkarte, Deutschland, um 1917

triellen, politischen und militärischen Eliten eine illusionäre Groß- und Weltmachtpolitik bevorzugt, die zwei Weltkriege ausgelöst habe. Die Kontrahenten Fischers sahen hingegen zwischen 1914 und 1939 überhaupt keine Parallelen: Die wilhelminische Außenpolitik sei grundsätzlich defensiv gewesen, während das NS-Regime eine offensive Eroberungs- und Kriegspolitik betrieben habe.
Seit Mitte der 1960er-Jahre folgten die Forscherinnen und Forscher Fischer insofern, als sie die ältere Auffassung aufgaben, dass das Deutsche Reich 1914 vom Krieg überrascht worden sei. In der gegenwärtigen Geschichtswissenschaft besteht weit gehend Einigkeit darin, dass die politische und militärische Führung in Berlin eine aktive und risikoreiche Politik betrieben habe. Den deutschen, aber auch den österreichisch-ungarischen Politikern müsse daher eine höhere Verantwortung für den Weltkrieg zugesprochen werden als denen in London, Paris und St. Petersburg. Über die Ursachen der deutschen Haltung gibt es nach wie vor Meinungsunterschiede. Sprechen die einen von einer zielstrebigen Kriegsplanung Deutschlands, führen andere die deutsche Risikopolitik auf innenpolitische oder außenpolitisch-strategische Überlegungen zurück.

„Moderner" Krieg

Der Erste Weltkrieg löste nach der anfänglichen Begeisterung einen „Zivilisationsschock" aus. Die Neuartigkeit des Krieges wurde in vier Bereichen deutlich:
– Der Krieg wurde von allen Staaten und Völkern als **existenzieller Überlebenskampf** (M 4) erlebt und empfunden. Im deutschen „Schlieffenplan" war die Strategie eines Vernichtungskrieges angelegt.
– Die gesamte Bevölkerung wurde mobilisiert und alle Möglichkeiten der damaligen Massenmedien (B 1, B 2) wurden ausgeschöpft. Fanatisierung und **Völkerverhetzung** waren die Folge.
– Der Krieg trug von Anfang an Züge eines **„totalen" Krieges.** Alle Teile der Bevölkerung wurden in den Krieg einbezogen (M 5), die alte Trennung von Militär- und Zivilbereich zerfiel.
– **„Industrialisierter" Krieg:** Die Industrialisierung des Tötens zeigte sich in den Materialschlachten und in der Strategie des Stellungskrieges, wo neue Techniken des Massentötens – Maschinengewehre, Panzer (engl. *tanks*), Flugzeuge, U-Boote und Giftgas – zum Einsatz kamen (B 3).

Die Friedensverträge

Bei den Waffenstillstandsverhandlungen (M 6 c) vom 8. bis zum 11. November 1918 mit den Alliierten in Compiègne akzeptierte Deutschland, dass seine Truppen innerhalb von 15 Tagen die besetzten Gebiete im Westen, Elsass-Lothringen und das linke Rheinufer, räumen mussten. Um die Wiederaufnahme des Kampfes zu verhindern, hatte Deutschland einen großen Teil seiner Kriegs- und Verkehrsmittel abzuliefern. Im Osten und Südosten musste Deutschland seine Truppen hinter die Grenzen von 1914 zurückziehen. Außerdem sollte es auf die Einhaltung des deutsch-russischen **Friedens von Brest-Litowsk vom März 1918** (M 6 a) verzichten. In diesem Frieden hatte Moskau auf seine Hoheitsrechte in vielen Westgebieten verzichtet; Finnland, Estland, Lettland, Litauen und Polen wurden zu selbstständigen Staaten (die Ukraine nur vorübergehend).
Im Januar 1919 begann die Friedenskonferenz in Versailles, an der nur die Siegermächte beteiligt waren. Die besiegten Staaten konnten in schriftlichen Noten zu den Friedensbedingungen Stellung nehmen. Nachdem die Vollversammlung im April 1919 die Völkerbundsatzung angenommen hatte, übergaben die Alliierten im Mai die Friedensbedingungen an die deutschen Bevollmächtigten. Nach der Annahme durch die deutsche Nationalversammlung wurde der **Versailler Vertrag** im Juni 1919 unterzeichnet. Die **Friedensverträge mit den anderen Verliererstaaten** wurden bis 1920 abgeschlossen (M 7 a–e). Fester Bestandteil aller Verträge war die Völkerbundsatzung.

M1 Der Kriegsbeginn

a) Aus einer Soldatenbefragung (1914/15)

Mit Beginn des Krieges verteilte das Institut für angewandte Psychologie in Potsdam Fragebögen unter ausziehenden Soldaten. Die Erhebung wurde rasch von der Zensur verboten. Gefragt wurde u. a. nach Motiven der Kriegsfreiwilligen und Fronterfahrungen.

a) Als Kriegsfreiwilliger eingetreten aus Pflichtgefühl. Es war mir selbstverständlich, dass ich mich gleich am ersten Tage meldete. Dies ist zum Teil auch auf die nationale Gesinnung, die in meiner Korporation [= Studentenverbindung] gepflegt wurde, zurückzuführen.

b) Trat am 1. Mobilmachungstag als Kriegsfreiwilliger ein. Ich war mir von Anfang an darüber klar, dass ein moderner Krieg ein Trauerspiel ohnegleichen und ein Verbrechen an der Menschheit ist. Deshalb konnte eine eigentliche Kriegsbegeisterung in mir nicht aufkommen. Aber die Stimmung der ersten Tage schrieb mir mit Selbstverständlichkeit vor, was ich zu tun hatte. Meine Vaterlandsliebe war bis dahin nicht uneingeschränkt; nunmehr erkannte ich mich als guten Patrioten. [...] Ein starker Einschlag von Abenteuerlust war in dieser Stimmung der ersten Tage gewiss vorhanden. [...] Dazu als zweites Motiv: „Scham": Soll ich als junger Mann zu Hause bleiben, wenn nicht nur die Altersgenossen, sondern auch Landwehr und Landsturm ins Feld ziehen? Ich meldete mich am 1. Tag als Kriegsfreiwilliger, um ja nicht länger Zivilkleider tragen zu müssen.

c) Kriegsbegeisterung nie verspürt, Beteiligung aus Pflichtgefühl.

d) Der Feind ist nur ein hinderndes Objekt, das vernichtet werden muss. [...] Man tötet die Feinde im Handgemenge, um eine Gefahr für sich zu beseitigen, wie man ein Raubtier töten würde, das sich uns in den Weg stellt. [...] Keineswegs wird sich der Mann im Kampfe bewusst, dass er mordet. [...] Von Gewissen nach der Schlacht selbst bei sehr religiösen Leuten habe ich nie etwas gesehen, der Gedanke an die Verteidigung des eigenen Lebens, an den eigenen Schutz spielt entschieden eine hervorragende Rolle. Neigung zu Grausamkeit, Blutrausch, Rachedurst fand ich einmal bei Niedermetzelung der gesamten Bedienungsmannschaft einer russischen Batterie, die bis zum letzten Augenblick geschossen, schließlich die Hände hochhielt. Triumphierend zeigte mir damals kurz nachher ein deutscher Landsturmmann sein blutiges Bajonett. Ich fand beim Stellungskrieg bei Offizieren verschiedene Charaktere in dem Sinne, als die einen stundenlang mit Zielfernrohren auf nahe Russen im Graben wie auf Scheiben im Schießstand schießen; die anderen hingegen erklärten, sie könnten, wenn es nicht sein müsse, nicht diese Art Menschenleben vernichten. Die Mannschaft zeigte in dieser Hinsicht eigentlich keine moralischen Bedenken.

(Bernd Ulrich/Benjamin Ziemann [Hg.], Frontalltag im Ersten Weltkrieg. Wahn und Wirklichkeit, Fischer, Frankfurt/Main 1994, S. 39 und 85 f.)

b) Aus einem Essay des deutschen Schriftstellers Thomas Mann „Warum Krieg?" (1914)

Krieg! Es war Reinigung, Befreiung, was wir empfanden, und eine ungeheure Hoffnung. [...] Was die Dichter begeisterte, war der Krieg an sich selbst, als Heimsuchung, als sittliche Not. Es war der nie erhörte, der gewaltige und schwärmerische Zusammenschluss der Nation in der Bereitschaft zu tiefster Prüfung – einer Bereitschaft, einem Radikalismus der Entschlossenheit, wie die Geschichte der Völker sie vielleicht bisher nicht kannte. Aller innere Hass, den der Komfort des Friedens hatte giftig werden lassen – wo war er nun? Eine Utopie des Unglücks stieg auf ... „Da wir umringt sind, da unserem Gewerbefleiß die Zufuhr an Rohstoffen abgeschnitten und das Volk ohne Arbeit und Brot sein wird, so werden wir ungeheure Vermögenssteuern ausschreiben, Abgaben der Reichen bis zu zwei Dritteln, nein, bis zu neun Zehnteln ihres Besitzes, eine deutsche Kommune, freiwillig und voll Ordnung, wird sein, damit Deutschland bestehe." Das war das Mindeste. Und als dann die ersten Entscheidungen fielen, als die Flaggen stiegen, die Böller dröhnten und den Siegeszug unseres Volksheeres bis vor die Tore von Paris verkündeten – war nicht fast etwas wie Enttäuschung, wie Ernüchterung zu spüren, als gehe es zu gut, zu leicht, als bringe die Nervlosigkeit unserer Feinde uns um unsere schönsten Träume? [...]

Nicht ebenso zwanglos ergab sich für unsere westlichen Feinde eine polemische Formel, geeignet, ihrer Sache vor dem Urteil der Unbeteiligten und der Geschichte ein würdiges Ansehen zu geben. Und welche ist es denn nun, auf die sie sich geeinigt haben und die tagtäglich als Streitruf und Schmähung zu uns herüberschallt? Dieser Krieg, heißt es, sei ein Kampf der Zivilisation gegen – wogegen denn also? Nicht geradezu – „gegen die Barbarei". Das ginge nicht recht. Es geht im Tumult so einmal mit hin, doch nicht auf die Dauer. Gewöhnlich zieht man es vor zu schließen: „– gegen den Militarismus."

(Thomas Mann, Gedanken im Kriege, in: Ders., Essays, Bd. 2, Fischer, Frankfurt/M. 1977, S. 27 ff.)

M2 Rüstungsausgaben der Großmächte 1905–1913 (in Mio. Mark)

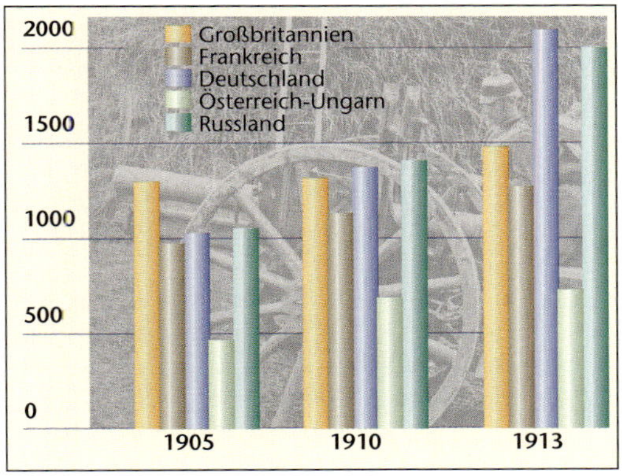

M3 Die „Kriegsschuldfrage"

a) Der Historiker Fritz Fischer (1961/1965)

1961 schrieb Fischer:

Bei der angespannten Weltlage des Jahres 1914, nicht zuletzt als Folge der deutschen Weltpolitik – die 1905, 1909 und 1911 bereits drei gefährliche Krisen ausgelöst hatte –, musste jeder lokale Krieg in Europa, an dem eine Großmacht unmittelbar beteiligt war, die Gefahr eines allgemeinen Krieges unvermeidbar nahe heranrücken. Da Deutschland den österreichisch-serbischen Krieg gewollt und gedeckt hat und, im Vertrauen auf die deutsche militärische Überlegenheit, es im Juli 1914 bewusst auf einen Konflikt mit Russland und Frankreich ankommen ließ, trägt die deutsche Reichsführung den entscheidenden Teil der historischen Verantwortung für den Ausbruch des allgemeinen Krieges. [...]

Die deutsche Politik im Juli 1914 darf nicht isoliert gesehen werden. Sie erscheint erst dann im rechten Licht, wenn man sie als Bindeglied zwischen der deutschen „Weltpolitik" seit Mitte der 1890er-Jahre und der deutschen Kriegszielpolitik seit dem August 1914 betrachtet.

1965 führte Fischer weiter aus:

Die sich zunehmend verschärfende ungünstige außenpolitische Lage Deutschlands, die immer deutlicher werdende Unfähigkeit Deutschlands, seine expansiven wirtschaftlichen, politischen und militärischen Ziele durch eine bloße Kriegsdrohung durchzusetzen, die von verschiedenen Direktoren der deutschen Großbanken in übereinstimmenden Gutachten vom Frühjahr 1914 konstatierte handelspolitische und konjunkturelle Krise, die von den herrschenen Kräften als immer bedrohlicher empfundene innenpolitische Situation und schließlich die als entscheidende Bedrohung des deutschen Weltmachtstrebens angesehene Möglichkeit, dass Österreich-Ungarn sich dem härter werdenden Zugriff des Bundesgenossen entziehen könnte – all diese Faktoren bestimmten die deutsche Reichsleitung, den „Durchbruch nach vorn" zu wagen und durch einen Hegemonialkrieg Deutschlands Weltmachtstellung nach außen zu begründen, nach innen das konservative antiparlamentarische und antidemokratische System zu konservieren.

(Fritz Fischer, Der Griff nach der Weltmacht. Die Kriegszielpolitik des kaiserlichen Deutschland 1914/18 [1961], Droste, Düsseldorf 1967, S. 82, 85; ders., Deutschlands Schuld am Ausbruch des 1. Weltkriegs, in: Die Zeit, 3. September 1965)

b) Gerhard Ritter, Historiker, zu Fischer (1964)

Der Große Krieg von 1914 ist nicht [...] durch einen „Überfall" seiner Gegner auf die friedliche Mitte Europas entstanden. Er ist aber auch nicht als deutsche Offensive oder als deutscher „Hegemonialkrieg" in dem Sinne zu verstehen, dass unsere Nation, überschäumend von Kraftbewusstsein und politischem Ehrgeiz, ihre Nachbarn zum Zweikampf herausgefordert hätte, um sich mit Waffengewalt den schon lange ersehnten Aufstieg zur „Weltmacht" zu erkämpfen. [...] Im Übrigen unterschied sich die Politik Deutschlands nur dadurch von der seiner Rivalen, dass sie so weit gehend von rein militärtechnischen Erwägungen bestimmt wurde – zwar ähnlich wie die russische, aber doch noch weiter gehender und noch einseitiger. Wir haben [...] gesehen, dass letztlich nur die Angst der Militärs, mit ihren einmal festgelegten Offensivplänen zu spät zu kommen, das Bemühen der europäischen Diplomatie zum Scheitern brachte, auf dem Wege friedlichen Verhandelns und politischer Kompromisse die serbische Krise zu beschwören und einen Ausgleich zwischen Petersburg und Wien zu vermitteln. Die hilflose Abhängigkeit der deutschen politischen Führung von den Plänen der Militärs war der wesentliche Grund für ihr Versagen im entscheidenden Augenblick: am Abend des 30. Juli. Das war nicht einfach Schwäche, sondern Not: Nur Deutschland hatte mit einem Zweifrontenkrieg zu rechnen, war also in jedem Fall darauf angewiesen, den Angriffsplänen seiner Gegner zuvorzukommen, wenn es siegen wollte.

(Gerhard Ritter, Staatskunst und Kriegshandwerk. Das Problem des Militarismus in Deutschland, Oldenbourg, München 1964, S. 15, 19)

c) Der Historiker Karl Dietrich Erdmann (1980)
Das Problem [der Kriegsschuld] gewinnt eine andere Dimension, wenn man – angenommen, keine der Regierungen habe es auf einen allgemeinen Krieg angelegt – die Frage umgekehrt stellt, ob sie denn den Frieden gewollt haben. Auch auf diese Frage muss die Antwort für alle Beteiligten Nein lauten. Denn wie deutlich auch bei einigen Staaten der Wunsch und die Bereitschaft sichtbar wurden, den Frieden zu vermitteln, keiner hat es zuwege gebracht, das Entscheidende zu tun, nämlich sich aus den bestehenden Bündnissen und Verpflichtungen herauszureißen und auf die Verfolgung bestimmter politischer Ziele zu verzichten. Diese Ziele waren keine willkürlichen Setzungen, sondern tief in der Geschichte und der besonderen politischen Lage der Staaten begründet. [...]
Keiner von ihnen wollte eigentlich den Weltkrieg. Alle sahen im Verlauf der Krise früher oder später das Risiko eines allgemeinen Krieges. Einige unternahmen Schritte, die einen mehr oder weniger starken Wunsch nach Vermeidung eines allgemeinen Krieges erkennen lassen: so Wilhelms II. und Bethmanns Versuche, Österreich zurückzuhalten, Greys[1] Vermittlungen, Poincarés[2] Warnung an Russland, Deutschland nicht zu provozieren. Aber niemand wollte den Preis für den Frieden bezahlen.
(Karl Dietrich Erdmann, Der Erste Weltkrieg, dtv, München 1980, S. 92 f.)

1 britischer Außenminister 1905–1916
2 französischer Staatspräsident 1913–1920

1 *a) Welche Aussagen lassen sich aus den Quellen M 1 a und b über die Haltungen in der Bevölkerung zum Ausbruch des Ersten Weltkrieges entnehmen?*
b) Welche Fragen lassen die Quellen offen?
c) Beurteilen Sie die Haltungen anhand Ihrer Befunde aus Aufgabe 1 a und der Darstellung S. 44.
2 *Beschreiben Sie die Auffassung Fritz Fischers zur sog. Kriegsschuldfrage (M 3 a). Arbeiten Sie heraus,*
a) welchen Anteil er dem Deutschen Reich zuweist,
b) wie er die Motive und Ziele der deutschen Reichsleitung gewichtet,
c) welchen wissenschaftlichen Ansatz er verfolgt: Geht er hauptsächlich auf Entscheidungen Einzelner ein oder auf Strukturen (von langer Dauer)?
3 *Vergleichen Sie die Auffassungen Fischers zur „Kriegsschuldfrage“ (M 3 a) mit denen von Ritter (M 3 b) und Erdmann (M 3 c; vgl. Aufgabe 2).*
4 *Welche der Thesen in M 3 a bis c wird durch die Grafik M 2 gestützt? Erörtern Sie diese Frage.*
5 *Schreiben Sie eine Stellungnahme zum Ausbruch des Ersten Weltkriegs. Ziehen Sie M 1–M 3 heran und die Darstellung S. 45 f.*

M4 Gesellschaft und Krieg

Adolf von Harnack, Theologieprofessor, schrieb 1915:
Ferner aber, seit etwa zwei Jahrhunderten und etwas mehr schweben drei große Worte als Ziele politisch-sozialen Lebens über der westeuropäischen Menschheit, nämlich die Worte: *Freiheit, Gleichheit, Brüderlichkeit.* [...] Wir wissen: diese drei Worte sind

B 3 An der Westfront bei Arras/Frankreich, Fotografie, 1916

entweder gar nichts, ein oberflächliches Gerede, ein leerer Schall und eine schwere Irreführung, oder aber, wenn sie im tiefsten Sinn erfasst und auf ihre wahren Wurzeln zurückgeführt werden, sind sie in der Tat die großen Ziele, zu denen sich zu entwickeln eines Volks und der Menschheit würdig ist. Wie steht es heute unter uns mit ihnen? *Freiheit!* [...] Nicht Willkür, ungebundene Zügellosigkeit und Sinnenfreude ist Freiheit. Sie bringen schließlich nur Überdruss und Ekel und innerliche Selbstauflösung. Dagegen wo die wahre Freiheit braust, in der Sollen und Wollen unter einem großen Gedanken eins sind, da blüht und glüht das Leben, und je größere Gefahren einen solchen Mann umstürmen, um so sicherer gilt von ihm: „Recht wie ein Palmenbaum über sich steigt, je mehr ihn Regen und Wetter anfeucht." [...]

Weder Knechte des Auslandes noch Knechte im Innern wollen wir sein; alles Knechtische liegt unter unsrem Fuße! Der Gott, der Eisen wachsen ließ, der wollte freie Leute. Der Krieg hat sie erweckt! Aber wir müssen durchhalten und wir werden durchhalten! Glauben Sie mir – „allein schon durch den Willen sind wir von den Banden frei". Dieser Wille, unsre Freiheit zu halten, hat sich schon als unwiderstehlich gezeigt und wird sich nicht niederwerfen lassen.

Zweitens, *Gleichheit!* Wir haben einen großen Gleichmacher, das ist der Tod. Traurig aber ist es, wenn es in der Gesellschaft, im Volke keinen andren Gleichmacher gibt als den Tod. Aber jetzt ist ein andrer Gleichmacher aufgestanden: der Krieg. Ja, auch der Krieg ist ein großer Gleichmacher. Warum ist er es? Weil es in dem Kriege hervortritt für alle gleich: Du musst unverbrüchlich gehorchen und du bist berufen – heute, morgen, in den nächsten Stunden kann's geschehen – zu befehlen. [...]

Und damit bin schon zum Dritten gekommen: *Brüderlichkeit und Einheit!* Mit wie andern Augen sieht jetzt jeder seinen Landsmann an! Zieht einer hinaus – es wird vielleicht bald von ihm gelten: Er starb für dich, und mit Ehrfurcht sieht man ihn hinausziehen. Dort sieht man eine Mutter – vielleicht wird schon morgen von ihr gelten: Sie hat das Opfer ihres Sohnes dem Vaterlande gebracht, und so geht es fort, Hunderte, Tausende! Das große Opfer schafft die große Brüderlichkeit, und wir verstehen wieder etwas von den hohen Ideen, die in matten Zeiten unverstanden und kraftlos am Boden liegen, ja wohl sogar verspottet werden: Opfer, Genugtuung, Stellvertretung. Sie treten jetzt wieder hervor, werden jedem von uns vor die Augen gerückt und begründen unter uns eine neue Blutsverwandtschaft und Brüderlichkeit.

(Adolf von Harnack, Was wir schon gewonnen haben und was wir noch gewinnen müssen, in: Klaus Böhme [Hg.], Aufrufe und Reden deutscher Professoren im Ersten Weltkrieg, Reclam, Stuttgart 1975, S. 94–97)

1 *Untersuchen Sie, für welche Werte nach Ansicht von Harnack (M 4) Deutschland im Ersten Weltkrieg kämpfen sollte:*
a) Erläutern Sie, wie der Theologe Harnack die Begriffe Freiheit, Gleichheit, Brüderlichkeit definiert.
b) Erörtern Sie, gegen welches Verständnis dieser Begriffe er sich absetzt.
c) Beschreiben Sie die politisch-gesellschaftlichen Ziele des Autors.
d) Charakterisieren Sie die politischen und gesellschaftlichen Entwicklungen im Ersten Weltkrieg, die Harnack fördern wollte bzw. die er ablehnte.

2 *Beschreiben Sie die Gesellschaft, die nach den Vorstellungen Harnacks (M 4) entstehen sollte, und formulieren Sie eine kritische Stellungnahme.*

M5 Beschäftigung in Deutschland 1914–1918 (versicherungspflichtige Krankenkassenmitglieder, Index: 1. Juni 1914 = 100)

Datum	Frauen	Männer
1. Juni 1914	100,0	100,0
1. Dezember 1916	108,1	60,5
1. Juli 1917	115,1	61,1
1. Dezember 1917	118,5	61,3
1. Juli 1918	116,7	60,8
1. Oktober 1918	116,0	60,2
1. Dezember 1918	108,7	59,3

(Nach: Rüdiger vom Bruch/Björn Hofmeister [Hg.], Deutsche Geschichte in Quellen und Darstellung, Bd. 8, Reclam, Stuttgart 2000, S. 422)

1 *Beschreiben Sie die Entwicklung der Erwerbstätigkeit von Männern und Frauen (M 5).*

2 *Diskutieren Sie die These, der Erste Weltkrieg sei für Frauen ein Emanzipationshelfer gewesen.*

3 *Erläutern Sie, ausgehend von B 3, M 4, M 5 und Darstellung S. 44 f., den Begriff „totaler Krieg".*

M6 Am Ende des Ersten Weltkriegs – neue politische Positionen und Perspektiven?

a) Aus dem „Dekret über den Frieden" von Wladimir Iljitsch Lenin, November 1917

Wenn irgendeine Nation mit Gewalt in den Grenzen eines gegebenen Staates festgehalten wird, wenn dieser Nation entgegen ihrem zum Ausdruck gebrachten Wunsche [...] das Recht vorenthalten

wird, […] in freier Abstimmung über die Formen ihrer staatlichen Existenz ohne den mindesten Zwang selber zu entscheiden, so ist eine solche Angliederung eine Annexion, d. h. eine Eroberung und Vergewaltigung.
Diesen Krieg fortzusetzen, um die Frage zu entscheiden, wie die starken und reichen Nationen die von ihnen annektierten schwachen Völkerschaften unter sich aufteilen sollen, hält die Regierung für das größte Verbrechen an der Menschheit.
(Zit. nach: Günter Schönbrunn [Bearb.], Geschichte in Quellen, Bd. 6, 3. Aufl., bsv, München 1979, S. 80)

b) Aus der Botschaft („14 Punkte") von US-Präsident Woodrow Wilson an den US-Kongress, 8. Januar 1918

1. Offene, öffentlich abgeschlossene Friedensverträge. Danach sollen keinerlei geheime internationale Abmachungen mehr bestehen, sondern die Diplomatie soll immer aufrichtig und vor aller Welt getrieben werden.
2. Uneingeschränkte Freiheit der Schifffahrt auf den Meeren […].
3. Möglichste Beseitigung aller wirtschaftlichen Schranken […].
4. Entsprechende gegenseitige Bürgschaften für die Beschränkung der Rüstungen der Nationen auf das niedrigste, mit der Sicherheit im Innern vereinbare Maß. […]
6. Räumung des ganzen russischen Gebietes und ein Einvernehmen über alle auf Russland bezüglichen Fragen […].
7. Belgien muss, die ganze Welt wird dem beipflichten, geräumt und wiederhergestellt werden […].
8. Das ganze französische Gebiet muss geräumt und die besetzten Teile wiederhergestellt werden. Das Unrecht, das Frankreich im Jahre 1871 in Beziehung auf Elsass-Lothringen durch Preußen angetan worden ist und das den Weltfrieden während nahezu fünfzig Jahren beunruhigt hat, muss wieder gutgemacht werden […].
9. Berichtigung der Grenzen Italiens nach den genau erkennbaren Abgrenzungen der Nationen.
10. Den Völkern Österreich-Ungarns, deren Platz unter den Nationen wir geschützt und gesichert zu sehen wünschen, sollte die freieste Gelegenheit zu autonomer Entwicklung zugestanden werden.
11. Rumänien, Serbien und Montenegro sollten geräumt, die besetzten Gebiete zurückgegeben werden. […]
12. Den türkischen Teilen des jetzigen Osmanischen Reiches sollte eine unbedingte Selbstständigkeit gewährleistet werden. Den übrigen Nationalitäten dagegen, die zur Zeit unter türkischer Herrschaft stehen, sollte eine zuverlässige Sicherheit des Lebens und eine völlig ungestörte Gelegenheit zur selbstständigen Entwicklung gegeben werden. Die Dardanellen sollten unter internationalen Bürgschaften als freie Durchfahrt für die Schiffe und den Handel aller Nationen dauernd geöffnet werden.
13. Ein unabhängiger polnischer Staat sollte errichtet werden, der alle Gebiete einzubegreifen hätte, die von unbestritten polnischer Bevölkerung bewohnt sind; diesem Staat sollte ein freier und sicherer Zugang zur See geöffnet werden und seine politische sowohl wie wirtschaftliche Unabhängigkeit sollte durch internationale Übereinkommen verbürgt werden.
14. Ein allgemeiner Verband der Nationen muss gegründet werden […].

(Zit. nach: www.dhm.de/lemo/html/dokumente/14punkte/ [22. Dezember 2004])

c) Die Lagebeurteilung der deutschen Obersten Heeresleitung (OHL) – aus dem Tagebuch des Obersten von Thaer vom 1. Oktober 1918

Zum 1. Mal sei der OHL von Sr. M. bezw. vom Reichskanzler die Frage vorgelegt worden, was sie und das Heer noch zu leisten im Stande seien. Er [Ludendorff] habe im Einvernehmen mit dem Generalfeldmarschall [von Hindenburg] geantwortet: „Die OHL und das deutsche Heer seien am Ende; der Krieg sei nicht nur nicht mehr zu gewinnen, vielmehr stehe die endgültige Niederlage wohl unvermeidbar bevor. Bulgarien sei abgefallen. Österreich und die Türkei, am Ende ihrer Kräfte, würden wohl bald folgen. Unsere eigene Armee sei leider schon schwer verseucht durch das Gift spartakistisch-sozialistischer Ideen. Auf die Truppen sei kein Verlass mehr. Seit dem 8. 8. sei es rapide abwärts gegangen. […]
So sei vorauszusehen, dass dem Feinde schon in nächster Zeit mithilfe der kampffreudigen Amerikaner ein Durchbruch in ganz großem Stile gelingen werde […].
Ich habe aber S. M. gebeten, jetzt auch diejenigen Kreise an die Regierung zu bringen, denen wir es in der Hauptsache zu verdanken haben, dass wir so weit gekommen sind. Wir werden also diese Herren jetzt in die Ministerien einziehen sehen. Die sollen. Sie sollen die Suppen jetzt essen, die sie uns eingebrockt haben!"
(Zit. nach: Gerhard A. Ritter [Hg.], Die deutsche Revolution 1918–1919, 2. Aufl., Fischer, Frankfurt/M. 1983, S. 26 f.)

M7 Zentrale Inhalte der Pariser Friedensverträge („Vorortverträge") von 1919/20

Die Satzung des neu gegründeten Völkerbunds ist als Teil I Bestandteil aller Friedensverträge.

a) Versailler Vertrag mit dem Deutschen Reich
- Abtretung aller Kolonien an den Völkerbund.
- Abtretung von etwa 10 Prozent des deutschen Territoriums, vor allem von Elsass-Lothringen an Frankreich, von Posen und Westpreußen, später auch von Oberschlesien an Polen, obwohl hier eine Volksabstimmung stattfand, die zu Gunsten Deutschlands ausging.
- Das Saarland wird unter Völkerbundverwaltung gestellt; nach 15 Jahren: Volksabstimmung. Die saarländischen Kohlegruben fallen an Frankreich.
- Anerkennung der Unabhängigkeit Österreichs.
- Besetzung des linken Rheinufers durch alliierte Truppen für fünfzehn Jahre.
- Entmilitarisierung des Rheinlandes.
- Abrüstung der Streikräfte bis auf ein Heer von 100 000 Soldaten und auf 15 000 Marinesoldaten.
- Auslieferung des Kriegsmaterials an die Alliierten.
- Auslieferung des Kaisers und noch zu benennender Generäle und Politiker als Kriegsverbrecher an die Alliierten (wurde nicht durchgeführt; Anklagen wurden nur vor deutschen Gerichten erhoben, die Urteile endeten mit Freisprechungen, Verfahrenseinstellungen und wenigen Freiheitsstrafen).
- § 231 bezeichnet das Deutsche Reich und seine Verbündeten als Urheber des Ersten Weltkriegs, es wird daher zur Wiedergutmachung aller Kriegsschäden der Alliierten verpflichtet. Als Sachlieferungen werden festgesetzt: alle großen Handelsschiffe, die Fischfangflotte, Lokomotiven, Eisenbahnen u. a. Als Kriegsschuld werden 1920 in Boulogne 269 Milliarden Goldmark festgesetz, zahlbar in 42 Jahresraten (bis 1932 mehrmalige Herabsetzung, 1932 Ende der Leistungen).

b) Vertrag von St. Germain-en-Laye mit Österreich
- Auflösung Österreich-Ungarns. Anerkennung der neuen (den Siegerländern zugerechneten) Staaten Tschechoslowakei, Polen, Ungarn, Jugoslawien.
- Abtretung von Südtirol und anderen kleinen Gebieten an Italien und Jugoslawien.
- Verbot des Namens „Deutsch-Österreich" und des Anschlusses an das Deutsche Reich.
- In der Tschechoslowakei dürfen sich die Sudetendeutschen nicht an Österreich anschließen.
- Abrüstung auf ein Heer von 30 000 Soldaten.
- Entschädigungen; Kriegsverbrecherregelungen

c) Vertrag von Neuilly mit Bulgarien
- Abtretung thrakischer Gebiete an Griechenland.
- Abrüstung auf ein Heer von 20 000 Soldaten.
- Entschädigungen.

d) Vertrag von Trianon mit Ungarn
- Abtretung von rund zwei Dritteln des ungarischen Gebiets: Slowakei an die Tschechoslowakei; West-Ungarn (Burgenland) an Österreich; Kroatien an Jugoslawien; Banat an Jugoslawien und Rumänien, Siebenbürgen an Rumänien
- Abrüstung auf ein Heer von 35 000 Soldaten.

e) Vertrag von Sèvres mit der Türkei
- Internationalisierung der Meerengen. Gebietsabtretungen: ägäische Inseln, Smyrna, thrakische Gebiete an Griechenland; Syrien, Kilikien an Frankreich; Irak, Palästina und die Schutzherrschaft über Arabien an Großbritannien (Zypern, Ägypten bleiben britisch); Rhodos, Dodekanes an Italien.
- Türkisch-Armenien wird selbstständiger Staat (1919/20 türkisch bzw. sowjetisch besetzt).
- Abrüstung, Entschädigungen.

(Zusammengestellt vom Verfasser.)

1 *Erläutern Sie die Forderungen von Lenin in Quelle M 6 a und nennen Sie Gründe für die Art der Forderung.*

2 *Benennen Sie die Forderungen Wilsons (M 6 b).*

3 *Erörtern Sie, welche neuen Perspektiven sich aus den beiden Dokumenten M 6 a, b für die internationale Politik am Ende des Ersten Weltkriegs ergaben.*

4 *Analysieren Sie Inhalte und Folgen der Position der deutschen Heeresleitung bei Kriegsende in M 6 c.*

5 *Skizzieren Sie den Wandel der Staatenwelt Europas, der mit den Friedensverträgen 1919/20 eintrat (M 7; ziehen Sie auch Karten Ihres Schülerbuchs heran).*

6 *Erörtern Sie, inwieweit die Friedensverträge nach dem Ersten Weltkrieg mit den Prinzipien Wilsons (M 6 b) übereinstimmten.*

7 *Diskutieren Sie die folgende These des Historikers Edgar Wolfrum: Wenn man den Versailler Frieden in die Geschichte der Versuche des 19. und 20. Jahrhunderts einordnet, eine übernationale Friedensordnung zu gestalten, „so überschnitt sich der Wunsch nach Verrechtlichung und Friedenssicherung mit der klassischen Abwicklung eines ‚Siegfriedens'".*

Das „lange" 19. Jahrhundert – Zeittafeln

Nationalstaatsgedanke und Nationalismus in Europa; Reichsgründung 1870/71

1789	**Französische Revolution:** Nationalversammlung des „Dritten Standes", Idee der Volkssouveränität (anstelle der absoluten Monarchie), Idee vom Staat als moderner Nation freier, gleicher Staatsbürger („Staatsbürgernation" anstelle des Untertanenstaats), Verfassung.
1801	Mit der Frz. Revolution erhalten Bestrebungen des katholischen **Irlands,** sich von Großbritannien und der anglikanischen Staatskirche zu lösen Auftrieb; Großbritannien reagiert mit Gewalt, gründet das „Vereinigte Königreich Großbritannien und Irland".
1804/05 –1814	**Herrschaft Napoleons** in Europa: löst in den eroberten Gebieten nationale Befreiungskämpfe aus, verbreitet aber auch die Ideen der Französischen Revolution in Europa. Der *Code Civil* Napoleons (1804) garantiert persönliche Freiheit, Gleichheit, Eigentum; er wird zum Vorbild europäischer bürgerlicher Gesetzbücher.
1806	Deutsche Klein- und Mittelstaaten trennen sich vom Heil. Röm. Reich Deutscher Nation und gründen den an Frankreich angelehnten Rheinbund; **Auflösung des deutschen Reichs.**
1807	In Polen (seit 1795 zwischen Preußen, Russland und dem Habsburgerreich vollständig geteilt) gründet Napoleon das Herzogtum Warschau (Personalunion mit Sachsen). Im poln. Nationalismus sind liberale Verfassungsideen ebenso zu finden wie vormoderne Traditionen der poln. Adelsnation („jagiellonische Idee": Wiederherstellung des poln. Staates in den Grenzen von 1772, d. h. unter Einbeziehung der nicht polnischsprachigen Territorien Litauen, Weißrussland und Ukraine).
1808–1814	**Unabhängigkeitskampf Spaniens** gegen Napoleon. Verfassung von Cadiz (1812): Volkssouveränität, konstitutionelle Monarchie, Grundrechte, Katholizismus als Staatsreligion; 1814 aufgehoben. Im ganzen 19. Jh. Wechsel von konstitutionellen und restaurativen Herrschaftsphasen; Volk und katholischer Klerus weiterhin feudal geprägt; um 1900 eigene Nationalbewegungen in den (stärker industrialisierten) Regionen Baskenland und Katalonien.
1813/14	Befreiungskriege dt. Staaten gegen die Herrschaft Napoleons.
1814/15	**Wiener Kongress:** Neuordnung des Staatensystems in Europa, Restauration der alten Herrschaftsformen. Mehrere nationale Fragen bleiben offen: schwacher Zusammenschluss der dt. Staaten unter Einschluss und Führung Österreichs im **Deutschen Bund** (1815–1866). Gründung eines kleinen Königreichs Polen (**„Kongress-Polen"**), durch Personalunion von Russland abhängig. Die Hoffnungen auf ein ***Risorgimento*** **Italiens** („Wiederauferstehung") als unabhängiger Nation bleiben unerfüllt, Österreich behält bestimmenden Einfluss.
1817	Wartburgfest der dt. Burschenschaften in Eisenach.
1819	Karlsbader Beschlüsse im Deutschen Bund: Anhänger der nationalen und liberalen Opposition (Forderung nach Einheit *und* Freiheit) werden verfolgt.
1820/21	Italien: liberal-nationale Aufstände gegen die österr. Hegemonie (weitere 1831, 1833 1848/49); Giuseppe Mazzini gründet republikanisch-nationale Freiheitsbewegung (1832); Träger des ital. Nationalismus: das liberale Wirtschaftsbürgertum des Nordens.
1821–1829	Erfolgreicher **Unabhängigkeitskrieg Griechenlands** gegen die osmanische Herrschaft.
1830	Julirevolution in Frankreich. – Revolution in Brüssel gegen das niederl. Königtum: **Unabhängigkeit Belgiens;** Beginn der flämischen Bewegung gegen die Dominanz frz. Kultur.
1831	Aufstand in Polen; endet mit der faktischen Annexion durch Russland; weitere Aufstände 1846, 1848, 1863/64 scheitern; Russifizierungs- und Germanisierungsdruck; katholische Kirche wirkt als Nationalkirche.
1832	Hambacher Fest im Deutschen Bund.
1834	Gründung des Deutschen Zollvereins (unter Führung Preußens, ohne Österreich).

1848/49	**Revolutionen in Europa** (Frankreich, Deutscher Bund, Habsburgerreich, Polen, Italien); niedergeschlagen. – Debatte in der Frankfurter Nationalversammlung um „kleindeutsche" oder „großdeutsche Lösung" der Nationalstaatsfrage (ohne/mit Österreich).
1859–1861	**Nationalstaatsgründung Italiens,** ausgehend vom wirtschaftlich moderneren Königreich Piemont-Sardinien (mithilfe frz. Truppen); radikal-demokratische Aufstände im unterentwickelten Süden unter Giuseppe Garibaldi 1860 bleiben ohne Erfolg und Einfluss; Viktor Emanuel II. von Piemont 1861 König von Italien (1870 Anschluss Roms: Hauptstadt).
1864	Preuß.-österr. Sieg im Krieg gegen Dänemark (um Schleswig und Holstein).
1866/67	Sieg Preußens im Krieg gegen Österreich (um Holstein). Folgen: 1. An die Stelle des Deutschen Bundes tritt der **Norddeutsche Bund** (1866–1871) unter Führung Preußens, ohne Österreich; Verfassung. 2. Umgestaltung des Habsburger Vielvölkerstaats zur Doppelmonarchie **Österreich-Ungarn 1867** (mit getrennten Verfassungen) unter Kaiser Franz I. (Reg. 1848–1916); viele Nationalitätenprobleme, z. B. Magyarisierungspolitik Ungarns gegen die südslawischen („jugoslawischen") Völker; Nationalitätenkonflikt zwischen Deutschen und Tschechen in Mähren kann Österreich mit dem „Mährischen Ausgleich" 1905 lösen.
1867	Neubildung des Deutschen Zollvereins unter Anschluss der vier süddt. Staaten.
1870/71	**Deutsch-Französischer Krieg.** Juli 1870: Bismarck fördert die Kandidatur des Erbprinzen Leopold von Hohenzollern-Sigmaringen auf den spanischen Thron, Frankreich droht mit Krieg, Leopold zieht die Kandidatur zurück; Kaiser Napoleon III. fordert vom preuß. König Wilhelm I., dass er einer solchen Kandidatur nie wieder zustimmen werde, was Wilhelm I. zurückweist; Bismarck übermittelt den Vorgang mit verschärfender Verkürzung Frankreich („Emser Depesche"); Kriegserklärung Frankreichs an Peußen. Sept. 1870: Niederlage Frankreichs, Napoleon III. gefangen genommen. Febr. 1871 Vorfriede: Deutschland annektiert Elsass-Lothringen, Frankreich zahlt fünf Mrd. Francs Reparationen in drei Jahren.
1871	**Dt. Reichsgründung:** König Wilhelm I. von Preußen im Spiegelsaal von Versailles zum Kaiser gekrönt (Jan.); die Krone wurde Wilhelm von den dt. Reichsfürsten angetragen (Reichsgründung „von oben"; die Krone der Frankfurter Nationalversammlung 1849 hatte das preuß. Königshaus abgelehnt). Verfassung: konstitutionelle Monarchie, ohne Grundrechte.
1871–1888	Wilhelm I. dt. Kaiser (und preuß. König, seit 1861).
1871–1890	Bismarck dt. Reichskanzler (und preuß. Ministerpräsident, seit 1862).
1878	Berliner Kongress: Die europäischen Großmächte erkennen Rumänien, Serbien, Montenegro, Bulgarien als unabhängige Staaten an.
1880er-Jahre	Wandel des Nationalismus in Europa zum aggressiven **„integralen Nationalismus"**: die Nation wird zum absoluten Wert; der Nationalismus wird zur Unterdrückungsideologie nach innen und außen; historisches Sendungsbewusstsein; Antisemitismus.
1886	Das *Home-Rule*-Gesetz für **Irland** von Preminierminister Gladstone scheitert im brit. Unterhaus; Gründung der radikalen irischen *Sinn-Fein*-Bewegung („Wir selbst") 1905. Irland (ohne Nordirland) wird erst 1921/22 Freistaat im Vereinigten Königreich (Souveränität 1937).
1888–1918	Wilhelm II. dt. Kaiser und preuß. König. – Gründung nationalistischer Verbände in Deutschland: Alldeutscher Verband (1891–1939), Deutscher Flottenverein (1898–1934).
1894–1906	Dreyfus-Affäre in Frankreich (Debatte um den 1894 zu Unrecht wegen Spionage verurteilten, erst 1906 rehabilitierten jüdischen Offizier Alfred Dreyfus): 1898 offener Brief Emile Zolas an den Präsidenten gegen die Verurteilung *(„J'accuse"),* Gründung der *Action française* (monarchistisch-nationalistischer Verband unter Charles Maurras, 1898–1944).
1897	Erster Zionistenkongress in Basel, einberufen von dem österr. Schriftsteller Theodor Herzl, Ziel: Gründung eines jüdischen Staates in Palästina.
1914–1918	**Erster Weltkrieg:** bringt das Ende der monarchischen Herrschaft in den alten Großmächten Russland, Deutschland, Österreich-Ungarn, führt zur Verkleinerung ihrer Staatsgebiete und zur Gründung selbstständiger Staaten 1919/20 (Estland, Lettland, Litauen, **Polen,** Tschechoslowakei, Jugoslawien), in denen zum Teil neue Nationalitätenprobleme auftreten.

Parlamentarismus und Wahlrecht in Großbritannien, Frankreich, Deutschland

Großbritannien:

1688/89	Glorreiche Revolution: Durchsetzung der Souveränität des Parlaments (parlamentarische Monarchie) mit Oberhaus (Hochadel = *aristocracy),* Unterhaus (Landadel = *gentry);* regelmäßige Wahlen, Zensuswahlrecht, galt aber prinzipiell für Männer und Frauen; Begünstigung der ländlichen Wahlkreise *(counties)* gegenüber den städtischen *(boroughs);* lose politische Gruppen (*Tories:* starke Stellung der Krone; *Whigs:* Vertreter des Handels und seit dem 18. Jh. der Industrie, für politische Reformen, aber ohne Revolution).
1832	Erste Wahlrechtsreform: Wahlkreisanpassungen aufgrund der Industrialisierung; Ausschluss der Frauen vom Wahlrecht rechtlich fixiert; Ausweitung des Zensuswahlrechts auf städtische männliche Mittelschichten (5–7 % der Bevölkerung über 20 Jahre wahlberechtigt).
1830er-Jahre	Aus den losen Gruppen *Tories* und *Whigs* entwickeln sich organisierte Parteien: Konservative und Liberale; Herausbildung der ersten organisierten Arbeiterbewegung: Chartisten (nach der 1837 formulierten *People's Charter),* Schwerpunkt: Gewerkschaftsarbeit.
1867	Zweite Wahlrechtsreform: Ausweitung des Zensuswahlrechts (16 % der Bevölkerung über 20 Jahre wahlberechtigt); Frauenwahlrechtsforderung John Stuart Mills wird abgelehnt.
1872	Einführung der geheimen Wahl.
1874–1914	„*Lib-Lab*-Formation": Liberale verzichten zugunsten von Repräsentanten der Arbeiterbewegung auf Unterhaussitze und lassen diese in ihrer Unterhausfraktion mitarbeiten.
1884	Dritte Wahlrechtsreform (28 % der Bevölkerung über 20 Jahre wahlberechtigt).
1885	Beschluss, nur einen Abgeordneten pro Wahlkreis ins Parlament zu entsenden (bis heute).
1897	Beginn der Frauenwahlrechtsbewegung (Suffragettenbewegung).
1900	Gründung eines Wahlbündnisses der Arbeiterorganisationen (ab 1906: *Labour Party).*
1911	Diäten für Abgeordnete. – Ein Oberhaus-Veto hat nur noch aufschiebende Wirkung.
1918	Allgemeines, gleiches, geheimes Wahlrecht für Männer ab 21, für Frauen ab 30 Jahren (endgültige Gleichstellung der Frauen 1928). – Die *Labour Party* beginnt die Liberalen zu verdrängen: Ausbildung des Zweiparteiensystems (Konservative und *Labour Party;* bis heute).

Frankreich:

1789	Französische Revolution: der „Dritte Stand" erklärt sich zur Nation.
1791	Liberale Verfassung und konstitutionelle Monarchie mit Zensuswahlrecht für Männer.
1793	Abschaffung des Königtums, demokratische Verfassung, allgemeines, gleiches Wahlrecht für Männer (ohne Dienstboten).
1793/94	Diktatur Robespierres.
1795–1799	Direktorialverfassung (Gewaltenteilung, Zweikammersystem, Zensuswahlrecht).
1799–1814	Herrschaft Napoleons (nach einem Staatsstreich): Einherrschaftsregime mit formal-demokratischem Rahmen; ab 1804 Kaisertum (bis 1848); 1815 Rückkehr für 100 Tage.
1814	Erlass der *Charte constitutionnelle* durch die zurückgekehrte Bourbonendynastie; das Parlament (Pairskammer, Deputiertenkammer) ist von der Regierung ausgeschlossen (keine Gesetzesinitiativen, aber Steuerbewilligungrecht); Zensuswahlrecht für Männer (0,4 % der Bevölkerung über 20 Jahre wahlberechtigt). Politische Gruppen: Liberale, Ultraroyalisten.
1830	Julirevolution in Frankreich: Berufung des „Bürgerkönigs" Louis Philippe (Reg. 1830– 1848) durch die Deputiertenkammer; Erneuerung der *Charte constitutionnelle:* Parlamentskammern erhalten das Recht zur Gesetzesinitiative, Erweiterung des Zensuswahlrechts für Männer (0,5 % der Bevölkerung über 20 Jahre wahlberechtigt, „Notabeln-Elite" aus Grundbesitzern, hohen Beamten, einflussreichen Industriellen).

1848–1852	Zweite Republik (nach der Revolution 1848): Präsident wird vom Volk gewählt (Louis Napoleon), er ernennt und entlässt Minister; an die Stelle des Zweikammersystems tritt die Nationalversammlung als einzige Kammer. Frankreich führt als erstes Land (gemeinsam mit der Schweiz) das allgemeine und gleiche Männerwahlrecht ein.
1852–1870	Zweites Kaiserreich: Louis Napoleon wird Kaiser Napoleon III. (nach Staatsstreich im Dez. 1851); Beibehaltung des allgemeinen Wahlrechts für Männer, ergänzt durch Plebiszite; das Parlament verliert fast alle Rechte, ist nur noch „*Corps Législatif*".
1869	Verfassungsreform *(„Empire libérale"):* Das Parlament erhält wieder das Recht zur Gesetzesinitiative, Minister sind künftig Parlament und Kaiser zugleich verantwortlich. Politische Gruppierungen: Republikaner, Liberale, Monarchisten.
1870–1940	Dritte Republik, begründet 1870 nach der Niederlage bei Sedan im Dt.-Frz. Krieg und einem Arbeiteraufstand; Wahl zur Nationalversammlung; Pariser Kommune (Febr.–Mai 1870).
1875	Bildung eines Senats (neben der Deputiertenkammer); Minister sind beiden Kammern verantwortlich. Politische Gruppierungen: Sozialisten, Republikaner, Liberale, Monarchisten.
um 1900	Formierung von Parteien (1901 die liberale *Parti Radical*, 1905 die *Parti socialiste SFIO*).
1944	Allgemeines, gleiches, geheimes Wahlrecht für Männer und Frauen.

Deutschland:

1818/19	Verfassunggebung in den süddt. Staaten Bayern, Württemberg, Baden (konstitutionelle Monarchien; Zweikammerparlamente; Zensuswahlrechte); Preußen ohne Verfassung.
1848/49	Revolutionen: Frankfurter Nationalversammlung (fünf politische Lager: sozialistisch, katholisch, linksliberal, nationalliberal, konservativ); Reichsverfassung (1849): Monarch ernennt Regierung, allgemeines und gleiches Wahlrecht für Männer; Grundrechte; durch Niederschlagung der Revolution hinfällig. – 1849 Verkündung („Oktoyierung") einer Verfassung in Preußen ohne parlamentarische Mitwirkung: Zwei Kammern: Herrenhaus (Berufung durch den König) und Abgeordnetenhaus (Dreiklassenwahlrecht für Männer, bis 1918); Frauen werden politische Betätigungen untersagt (bis 1908).
1860er-Jahre	Beginn von Parteigründungen (z. T. scharfe Abrenzung über Konfessionen und Klassen): – Deutsche Fortschrittspartei (1861), Abspaltung der Nationalliberalen Partei (1866); – Allgemeiner Deutscher Arbeiterverein (1863, Lassalle), Sozialdemokratische Arbeiterpartei Deutschlands (1869, Bebel), Vereinigung zur Sozialistischen Arbeiterpartei Deutschlands 1875 (ab 1890: Sozialdemokratische Partei Deutschlands/SPD); – Zentrumspartei (1870, katholisch); – Deutsche Reichspartei (1871), Deutsch-konservative Partei (1876).
1871	Gründung des dt. Kaiserreichs durch die Fürsten der 25 Bundesstaaten („von oben"). Verfassung: konstitutionelle Monarchie; keine Grundrechte; zwei Kammern: Bundesrat (Vertreter der Bundesstaaten) und Reichstag (allgemeines, gleiches, geheimes Wahlrecht für Männer; Recht zur Gesetzesinitiative, Gesetze bedurften aber der Zustimmung des Bundesrats; jährliche Haushaltsbewilligung); keine parlamentarische Regierung (d. h., Minister sind dem Kaiser, nicht dem Parlament verantwortlich). – In den Bundesstaaten weiterhin Zensuswahlrechte.
1878	Bismarcks Sozialistengesetze: Verbot sozialistischer Vereine, Versammlungen, Druckschriften, Ausweisung von Politikern (aber kein Parteienverbot), 1890 nicht mehr verlängert.
1890	SPD stimmstärkste Partei bei der Reichstagswahl (1912 auch stärkste Fraktion im Reichstag).
1890er-Jahre	Verstärkung der Frauenwahlrechtsbewegung (1911 Großdemonstration).
1910	Wahlrechtsdemonstrationen in Preußen gegen das Dreiklassenwahlrecht.
1914	Bewilligung der Kriegskredite durch alle Reichstagsparteien, auch der SPD („Burgfriede").
1918	Okt.: Einführung der parlamentarischen Monarchie (Reichskanzler vom Vertrauen des Reichstages abhängig). Nov.: Revolution, Ende der Monarchie, parlamentarische Republik, Einführung des allgemeinen, gleichen, geheimen Wahlrechts für Männer und Frauen.

Technischer Fortschritt, sozioökonomische Veränderungen, Imperialismus (Großbritannien, Deutschland, USA)

Übergreifende Entwicklungen:

1763–1784	Die Dampfmaschinentechnik wird in England entscheidend verbessert.
um 1770	Beginn der **Industriellen Revolution in Großbritannien** (Organisationsform der Arbeit: Fabrikarbeit; Energiequelle: Dampfmaschine).
1789	Französische Revolution: beschleunigt in Europa den Übergang von der adeligen Privilegiengesellschaft zur bürgerlichen Klassengesellschaft und von der agrarisch-frühkapitalistischen zur industriell-kapitalistischen Wirtschaft.
um 1870	In den Industriestaaten beginnt die Nutzung des Erdöls als Energieträger.
1873–1895	Die „Große Depression" markiert die erste moderne weltwirtschaftliche Krise.
um 1880	Die Expansion der europäischen Mächte in Afrika, Asien und Ozeanien (seit den Entdeckungen um 1500) geht in die Phase des **Imperialismus** über (zunächst England und Frankreich, dann Russland, Deutschland, Belgien und Italien; um1900 auch USA, Japan).
um 1890	Der Durchbruch der industriellen Nutzung der Elektrizität als Energiequelle leitet die **„zweite" Industrielle Revolution** ein (weitere Merkmale: Chemie-, Auto-, Aluminiumindustrie).
1900/01	„Boxerkrieg": Intervention aller imperialistischen Mächte in China.
1914–1918	Erster Weltkrieg (erstmals Maschinengewehre, chemische Kampfstoffe).
1917	Oktoberrevolution in Russland: Versuch einer planwirtschaftlichen Industrialisierung.
1918	„14 Punkte" des US-Präsidenten Woodrow Wilson: Friedensprogramm zur Errrichtung einer liberal-kapitalistischen Weltordnung, Völkerbund, Selbstbestimmungsrecht der Völker.

Großbritannien:

um 1700	Bei der Verarbeitung von Eisenerz geht man in England von Holzkohle zu Koks über.
um 1760	Die **„Agrarrevolution"** ist in England eine wichtige Voraussetzung und zugleich eine zentrale Begleiterscheinung der Industrialisierung (bessere Ausnutzung der Böden; Ausweitung der Anbauflächen; effiziente Viehhaltung; ein landbesitzender Adel, der seine Betriebe nach kapitalistischen Grundsätzen führt und für Innovationen aufgeschlossen ist).
1767	Die erste industrielle Spinnmaschine *(„Spinning Jenny")* wird erfunden.
um 1770	Beginn der **Industriellen Revolution in Großbritannien** (Träger: Textilindustrie).
1776	Adam Smith, *„The Wealth of Nations"* („Der Wohlstand der Nationen") erscheint.
1785	Der mechanische Webstuhl wird in England erfunden.
um 1800	Der brit. Unternehmer Robert Owen führt in seinem Unternehmen soziale Reformen durch.
1820er–1870er	Ausbreitung der *Friedly Societies,* freiwilliger Selbsthilfegesellschaften vor allem besser verdienender Arbeiter zum Schutz bei Krankheit und Tod.
1830er	Beginn der **Chartistenbewegung** (der ersten politischen Arbeiterbewegung).
1851	In London wird die erste Weltausstellung eröffnet.
1855/56	Henry Bessemer entwickelt Verfahren zur Massenerzeugung von Stahl.
1863	Gründung des ersten gewerkschaftlichen Zentralverbandes in Großbritannien.
1872	Rede des Politikers Benjamin Disreali („Kristallpalastrede"), in der er eine offen imperialistische Kolonial- und Weltmachtpolitik Großbritanniens begründet.
1884	Gründung der *Imperial Federation League.*
1908	Gesetz zur Einführung staatlicher Renten.
1911	Staatliche Krankenversicherung (Pflichtversicherung unter Beteiligung der *Friedly Societies* und privater Versicherer) und Arbeitslosenversicherung (für Arbeiter in sieben Industrien).

Deutschland:

seit 1806	Die preußisch-rheinbündischen Reformen leiten in Deutschland einen tief greifenden Wandel ein, der zur Verbürgerlichung wie zur Entfesselung der modernen Wirtschaftsgesellschaft führt *(Code Napoléon* in den Rheinbundstaaten; Reformgesetze in Preußen von Stein und Hardenberg, z. B. Rechtsgleichheit, Bauernbefreiung, Gewerbefreiheit).
1834	Der **Deutsche Zollverein** (gegründet unter Führung Preußens, ohne Österreich) schafft die Voraussetzungen für die Entstehung eines Binnenmarktes.
um 1840	**Beginn der Industriellen Revolution in Deutschland** (Träger: Eisenbahnbau).
1847/48	Das „Kommunistische Manifest" von Karl Marx und Friedrich Engels erscheint.
1869	„Sozialdemokratische Arbeiterpartei" gegründet (von August Bebel, Wilhelm Liebknecht).
1869/70	Erster gewerkschaftlicher Zentralverband in Deutschland.
1871–1873	„Gründerjahre" der dt. Wirtschaft (nach der Reichsgründung 1871; wurden durch die frz. Reparationszahlungen nach dem Dt.-Frz. Krieg 1870/71 gefördert).
1875	Die dt. Arbeiterparteien vereinigen sich zur „Sozialistischen Arbeiterpartei" (ab 1890: SPD).
1878–1890	Die Sozialdemokraten werden aufgrund des Sozialistengesetzes unterdrückt und verfolgt.
1882	Gründung des Deutschen Kolonialvereins.
1883–1889	**Sozialgesetzgebung durch Bismarck:** staatliche Kranken-, Unfall-, Alters- und Invaliditätsversicherung. Ziel: gesellschaftliche Integration der Arbeiter durch soziale Absicherung.
1884	Auf der Kongo-Konferenz der Großmächte werden Deutschland Kolonien zugesprochen.
nach 1890	Unter Wilhelm II. (1888–1918) **Weltmachtpolitik:** „neuer Kurs", Flottenbauprogramm (während Bismarck die Außenpolitik auf die Wahrung des Erreichten ausgerichtet hatte).

USA:

um 1840	Beginn der **Industriellen Revolution in den US-Nordstaaten.** Erste Einwanderungswelle. – Goldfunde in Kalifornien locken (ab 1848) Abenteurer aus der ganzen Welt an (*Gold rush).*
1859	Erste Ölbohrung in Pennsylvania.
1860–1890	Zahlreiche Kriege gegen die Indianer; die Überlebenden werden in Reservate abgedrängt.
1861–1865	Abraham Lincoln US-Präsident; Bürgerkrieg nach Sezession der Südstaaten, Sieg der Union.
1865	Abschaffung der Sklaverei (Männerwahlrecht für Schwarze 1868).
1869	Erste transkontinentale Eisenbahnlinie.
ab 1870er	Im Zuge der Hochindustrialisierung extreme wirtschaftliche Konzentration; Kartelle, Trusts.
1878	Erste Telefonzentrale der Welt in Hartford.
1886	In der *American Federation of Labour* organisieren sich die Facharbeiter. Die Arbeiterbewegung bleibt in den USA schwach.
1888/89	Kodak-Kamera: erste handliche Kamera mit Rollfilm.
1890	Das Siedlungsgebiet der USA gilt als erschlossen: Ende der *Frontier*-Bewegung.
1896	Gerichtsentscheid *„Separate but equal":* schreibt die Benachteiligung der Schwarzen fest.
1898	Spanisch-Amerikanischer Krieg: **Wende zum Imperialismus.**
1899/1900	Die USA fordern eine *Open door policy* in China.
um 1900	**Massenkonsumgesellschaft** (Presse, Warenhäuser, Elektrizität in Privathaushalten u. a.).
1901–1909	Theodore Roosevelt US-Präsident; 1904 Neuinterpretation der Monroe-Doktrin (von 1823): Anspruch der USA, als Polizeimacht in lateinamerikanischen Staaten aufzutreten. Die USA werden zweitstärkste Seemacht (nach Großbritannien).
1905–1916	US-Interventionen in der Dominikanischen Republik, in Kuba, Nicaragua, Mexiko, Haiti.
1913	Beginn der Fließbandfertigung bei Ford (bis 1927 15 Mio. *Tin-Lizzy*-Modelle produziert).
1917	**Eintritt der USA in den Ersten Weltkrieg; USA stärkste Wirtschaftsmacht der Welt.**

Der Erste Weltkrieg 1914–1918

1890–1914	Erhebliche **Steigerung der Rüstungsausgaben durch die Großmächte** (Großbritannien, Deutschland, Frankreich, Österreich-Ungarn, Russland). – **Aggressiver Nationalismus.**
1898	Beginn der Übersee-Expansion der USA (Karibik, Pazifik).
1899	Erste Haager Friedenskonferenz: Haager Landkriegsordnung, Ständiger Schiedshof.
1904	*Entente cordiale* zwischen Großbritannien und Frankreich; der Einbezug Russland seit 1907 führt zur Bildung zweier feindlicher Bündnisse: Deutschland, Österreich-Ungarn, Italien (Dreibund) gegen England, Frankreich, Russland (Triple-Entente).
1904/05	Russisch-Japanischer Krieg: Niederlage Russlands, Japan wird Großmacht im Fernen Osten.
1905/06	Erste Marokko-Krise: ausgelöst durch den Besuch des dt. Kaisers in Marokko, der sich gegen eine frz. Durchdringung Marokkos wendet; Isolierung Deutschlands.
1907	Zweite Haager Friedenskonferenz: Scheitern einer internationalen Rüstungsregelung.
1908/09	Bosnien-Krise: Österreich-Ungarn annektiert Bosnien und Herzegowina (bleibt umstritten).
1911	Zweite Marokko-Krise infolge der frz. Besetzung von Fes und der daraufhin erfolgten Entsendung des dt. Kanonenbootes „Panther" nach Agadir („Panthersprung nach Agadir").
1912/13	Balkan-Kriege: bringen die Gefahr eines europäischen Krieges infolge des österr.-russ. Gegensatzes über Serbien; Niederlage der Türkei, Serbien geht als Gewinner hervor. Die bleibenden nationalistischen Gegensätze machen den Balkan zum „Pulverfass" Europas.
1914	**In Sarajewo Ermordung des österr.-ungar. Thronfolgers** Erzherzog Franz Ferdinand und seiner Frau durch serbische Nationalisten (28. Juni). Deutschland sichert Österreich-Ungarn Bündnistreue zu (**„Blankoscheck"**; 6. Juli). – Ultimatum Österreich-Ungarns an Serbien (23. Juli). – Scheitern brit. und dt. Vermittlungsversuche (26.–31. Juli). – **Österreich-Ungarn erklärt Serbien den Krieg (28. Juli).** **Deutschland erklärt Russland (1. Aug.) und Frankreich (3. Aug.) den Krieg.** – Der dt. Einmarsch in das neutrale Belgien veranlasst Großbritannien zum Kriegseintritt (3./4. Aug.). – Im dt. Reichstag bewilligen alle Parteien einschließlich der SPD die Kriegskredite (4. Aug.); innenpolitischer „Burgfriede". – Japan erklärt Deutschland den Krieg (23. Aug.). Kriegseintritt des Osmanischen Reichs an der Seite der Mittelmächte (Okt.).
1914–1918	Nach dem Fehlschlag des „Schlieffenplans" im Herbst 1914 (offensiver dt. Kriegsplan für den Westen von 1905) Stellungskrieg im Westen; brit. Seeblockade gegen Deutschland.
1915	Deutschland erklärt uneingeschränkten U-Boot-Krieg. – Das anfangs neutrale Italien tritt auf Seiten der Entente in den Krieg ein. – Kriegseintritt Bulgariens.
1916	Verlustreiche, erfolglose **Schlachten um Verdun** (Febr.–Dez.): werden zum Beispiel für die Industrialisierung des Krieges in der Moderne (große Materialschlachten mit Maschinengewehren, Handgranaten, Minen, Artillerie mit großer Reichweite, Giftgas, Flugzeugen).
1917	**Kriegseintritt der USA (April)** auf Seiten der Entente (Alliierte). – Friedensresolution des dt. Reichstags (Mehrheit aus SPD, Zentrum, Fortschrittspartei) fordert gegen die Oberste Heeresleitung (Hindenburg, Ludendorff) einen Frieden der Verständigung und Versöhnung (Juli). – **Oktoberrevolution in Russland,** Waffenstillstand mit Deutschland (Dez.).
1918	**„14 Punkte"** von US-Präsident Woodrow Wilson (Jan.): Friedensprogramm zur Errrichtung einer liberal-kapitalistischen Weltordnung, Völkerbund, Selbstbestimmungsrecht der Völker. – **Friede von Brest-Litowsk** zwischen Deutschland, Österreich-Ungarn, Bulgarien, Türkei und Russland (März). – Gegenoffensive der Alliierten bringt die entscheidende Kriegswende (Juli). – Revolution in Deutschland (3./9. Nov.). – Waffenstillstand zwischen Deutschland und den Alliierten in Compiègne (11. Nov.).
1919/20	**Pariser Friedensverhandlungen** (Vertreter aus 27 Siegerstaaten): **Vertrag von Versailles mit Deutschland** (Juni 1919), Vertrag von St. Germain-en-Laye mit Österreich, Vertrag von Neuilly mit Bulgarien, Vertrag von Trianon mit Ungarn, Vertrag von Sèvres mit der Türkei. Die im April 1919 angenommene Völkerbundsatzung ist Bestandteil aller Friedensverträge.

Das „lange“ 19. Jahrhundert – zentrale Begriffe

Arbeiterbewegung/Arbeiter: Die Arbeiterbewegung ist ein gewerkschaftlicher, genossenschaftlicher und politischer (Parteien) Zusammenschluss von Arbeitern seit dem zweiten Drittel des 19. Jh. Begrifflich ist die Arbeiterbewegung, d.h. die Institutionen, die für die Verbesserung der Lage der Arbeiter kämpften, von der Arbeiterschaft, d.h. der sozialen Schicht, zu unterscheiden.

Bürgerliche Gesellschaft: Gesellschaft, in der das Bürgertum, insbesondere die Bourgeoisie (vor allem das Wirtschaftsbürgertum, aber auch das Bildungsbürgertum) zur führenden Schicht oder Klasse wird. Sie löste mit Beginn der Industrialisierung seit Ende des 18. Jh. die alte Feudalgesellschaft ab, in der Adel und Klerus mit ihren Vorrechten die bestimmenden Stände waren.

Ententemächte: Im Ersten Weltkrieg England und Frankreich, schließlich die gesamte Kriegskoalition gegen die Mittelmächte (Deutschland, Österreich-Ungarn, Bulgarien).

Gründerjahre: kurze Phase zwischen den Jahren 1871 und 1873, in der im neuen dt. Kaisereich viele Unternehmen entstanden und die Produktion stark anstieg.

Heiliges Römisches Reich Deutscher Nation: Das Kaiserreich erhob im Mittelalter den Anspruch, den Königreichen übergeordnet zu sein (erste Kaiserkrönung: Karl der Große 800). Die Kaiser sahen sich als Nachfolger der römischen Kaiser. Ihr Reich wurde daher „Heiliges Römisches Reich“ genannt. Es ging über die heutigen Grenzen Deutschlands hinaus. Im 15. Jh. erhielt der Name den Zusatz „Deutscher Nation“. Es wurde im Zuge der europäischen Kriege des französischen Kaisers Napoleon 1806 aufgelöst.

Imperialismus: Ausdehnung der Herrschaft eines Staates über andere Länder durch Eroberung, Annexion oder Durchdringung. Bez. seit der zweiten Industriellen Revolution, d.h. der Zeit zwischen den 1880er-Jahren und 1918, ein ausgeprägtes, in verschiedenen Formen auftretendes, wirtschaftliches und politisches Abhängigkeitsverhältnis zwischen industriell fortgeschrittenen Staaten und wirtschaftlich wenig entwickelten Staaten und Regionen (besonders in Afrika und Asien). Vor allem die Zeit zwischen 1880 und 1918 gilt als Epoche des Imperialismus.

Industrielle Revolution (erste, zweite, dritte): Industrielle Revolution bez. die Anschubphase der Industrialisierung, die das gesamte Leben von Grund auf änderte (in England seit Ende des 18. Jh., in Deutschland seit den 1840er-Jahren). Im Mittelpunkt stehen die Einführung und Fortentwicklung der industriellen Produtionsweise: neue Energiequellen, Maschinen, Fabrik, Arbeitsteilung auf zunehmend wissenschaftlicher Grundlage, Wachstum des Sozialprodukts; ferner die Umverteilung der Erwerbstätigen von der Landwirtschaft in das Gewerbe und den Dienstleistungsbereich.

- Mechanische Webstühle, Dampfschiffe, Kohle- und Eisentechnologie bestimmten die „erste“ Industrielle Revolution.
- Die Einführung der Chemie- und Elektroindustrie und die Erfindung des Verbrennungsmotors bestimmten um 1900 die „zweite“ Industrielle Revolution.
- Die Einführung der Raumfahrt und der Computertechnologie kennzeichneten nach 1945 die „dritte“ Industrielle Revolution.

Klasse, Klassengesellschaft: Klassen sind gesellschaftliche Großgruppen seit Ende des 18. Jh. Deren Angehörige sind durch Besitz bzw. Nichtbesitz von Produktionsmitteln und den sich daraus ergebenden gemeinsamen bzw. entgegengesetzten Interessen gekennzeichnet. Im 19. Jh. lief in den Industriestaaten ein Prozess der Klassenbildung zwischen Unternehmern (Bougeoisie) und Arbeitern (Proletariat). Daher spricht man von der Bildung einer Klassengesellschaft.

Kommunismus: seit dem 19. Jh. Bez. für eine politische Ideologie und Bewegung. Sie will durch eine Revolution die bürgerliche Klassengesellschaft beseitigen und durch eine klassenlose Gesellschaft ohne Privatbesitz an Produktionsmitteln ersetzen. Die Lehre des Kommunismus wurde vor allem durch Karl Marx und Friedrich Engels begründet.

Konstitutionelle Monarchie: Staatsform, bei der ein regierender Monarch/eine Monarchin durch eine Verfassung (Konstitution) und eine Volksvertretung kontrolliert wird.

Kulturkampf: Konflikt zwischen der katholischen Kirche und dem protestantisch-preuß. geprägten dt. Kaiserreich unter Bismarck 1871–1880. In dem Streit ging es um den Einfluss der Kirche auf Bildungswesen und Eherecht.

Liberalismus: politische Bewegung seit dem 18. Jh. Sie betont die Freiheit des Individuums gegenüber kollektiven Ansprüchen von Staat und Kirche. Merkmale: Glaubens- und Meinungsfreiheit, Sicherung von Grundrechten des Bürgers gegen staatliche Eingriffe, Unabhängigkeit der Rechtsprechung (Gewaltenteilung), Teilnahme an politischen Entscheidungen. Der wirtschaftliche Liberalismus fordert die uneingeschränkte Freiheit aller wirtschaftlichen Betätigungen.

Marktwirtschaft: Wirtschaftsordnung, in der Produktion, Wirtschaftskreislauf, Preisbildung und Konsum über den freien Markt geregelt werden.

Massenkonsumgesellschaft: Form der kapitalistischen Industrie- und Wohlstandsgesellschaft seit ca. 1900, zuerst in den USA. Merkmale: hohe Massenkaufkraft, Massenproduktion von Verbrauchs- und Gebrauchsgütern. Infolge der weit gehend gesicherten Befriedigung der Grundbedürfnisse (Lebensmittel) richtet sich das Prestige der Bürger z. T. nach dem Besitz bzw. Nichtbesitz bestimmter Konsumgüter (Autos, Markenkleidung usw.).

Militarismus: bez. das Vorherrschen militärischer Grundsätze und Wertvorstellungen im öffentlichen und privaten Leben (z. B. Autoritätsgläubigkeit, bedingungsloser Gehorsam).

Mittelmächte: im Ersten Weltkrieg die Kriegskoalition aus Deutschland, Österreich-Ungarn und Bulgarien (gegen die Ententemächte; siehe dort).

Modernisierung: Prozess der beschleunigten Veränderung einer Gesellschaft in Richtung auf einen entwickelten Status. Er ist meistens verbunden mit dem in der Aufklärung (17./18. Jh.) entwickelten Begriff des „Fortschritts" und bezieht sich auf den Übergang von der Agrar- zur Industriegesellschaft. Kennzeichen der Modernisierung sind: Verstädterung, Säkularisierung, Rationalisierung, Erhöhung des technischen Standards (Produktion von Gütern mit Maschinen), permanentes wirtschaftliches Wachstum, Ausbau und Verbesserung der technischen Infrastruktur (Verkehrswege, Massenkommunikationsmittel), Verbesserung des Bildungsstandes (allgemeine Schulpflicht, Alphabetisierung, Wissenschaft), räumliche und soziale Mobilität, Parlamentarisierung und Demokratisierung, Nationalstaatsbildung.

Nation (lat. Abstammung): bez. große Gruppen von Menschen mit gewissen, ihnen bewussten Gemeinsamkeiten, z. B. gemeinsame Sprache, Geschichte, Verfassung, innere Bindungen und Kontakte (wirtschaftlich, politisch, kulturell). Diese Bindungen werden von den Angehörigen positiv bewertet. Nationen haben oder wollen eine gemeinsame staatliche Organisation (Nationalstaat) und grenzen sich von anderen Nationen ab.

Nationalismus: politische Ideologie zur Integration von Großgruppen. Der demokratische Nationalismus entstand in der Französischen Revolution; er war verbunden mit den Ideen der Menschen- und Bürgerrechte, dem Selbstbestimmungsrecht und der Volkssouveränität. Der integrale (aggressive) Nationalismus entstand Ende des 19. Jh.; er lehnte die Gleichberechtigung der Nationen ab, die Interessen der eigenen Nation wurden allen anderen Nationen übergeordnet.

Pariser Friedensverträge: beendeten den Ersten Weltkrieg. Sie wurden 1919/20 von den 27 Siegerstaaten ausgehandelt: Vertrag von Versailles mit Deutschland (Juni 1919), Vertrag von St. Germain-en-Laye mit Österreich, Vertrag von Neuilly mit Bulgarien, Vertrag von Trainon mit Ungarn, Vertrag von Sèvres mit der Türkei. Die im April 1919 angenommene Völkerbundsatzung war Bestandteil aller Friedensverträge.

Parlament, Parlamentarisierung: In parlamentarischen Regierungssystemen ist das Parlament das oberste Staatsorgan. Es entscheidet mit Mehrheit über die Gesetze und den Haushalt und kontrolliert oder wählt die Regierung. Das Parlament kann aus einer oder zwei Kammern (Häusern) bestehen. Im Einkammernsystem besteht das Parlament nur aus der Versammlung der vom Wahlvolk gewählten Abgeordneten (Abgeordnetenhaus). Im Zweikammersystem tritt dazu ein nach ständischen oder regionalen Gesichtspunkten gewähltes oder ernanntes Haus (z. B. das Oberhaus in Großbritannien, der Bundesrat in der Bundesrepublik). Im demokratischen Parlamentarismus herrscht allgemeines, gleiches und geheimes Wahlrecht. Im dt. Kaiserreich bestand seit 1871 ein Zweikammersystem: Reichstag und Bundesrat (heute: Bundestag und Bundesrat).

Protektionismus: Schutz der einheimischen Produktion vor ausländischer Konkurrenz (z. B. durch Zölle).

Reform: Neuordnung, Verbesserung und Umgestaltung von politischen und sozialen Verhältnissen im Rahmen der bestehenden Grundordnung; hierin, oft weniger in den Zielen, unterscheiden sich Reformen als politisches Mittel zur Durchsetzung von Veränderungen von Revolutionen.

Restauration: Als Epochenbez. für die Jahre 1815 bis 1848 betont der Begriff, dass die staatliche Politik dieser Jahre alte Grundsätze aus der Zeit vor der Französischen Revolution wieder zur Geltung bringen wollte (Pressezensur, keine Verfassungen usw.)

Revolution: Am Ende einer Revolution steht der tief greifende Umbau eines Staates und nicht nur ein Austausch von Führungsgruppen. Typisch ist das Vorhandensein eines bewussten Willens zur Veränderung, eine entsprechende Aktionsgruppe mit Unterstützung im Volk oder in einer großen Bevölkerungsgruppe. Typisch sind auch die Rechtsverletzung, die Gewaltanwendung und die schnelle Abfolge der Ereignisse. Beispiele sind die Französische Revolution 1789 und die Russische Revolution 1917. Revolutionen werden auch Vorgänge genannt, die nicht alle genannten Merkmale aufweisen. Die Revolution in der DDR 1989 wird wegen ihres gewaltlosen Verlaufs auch „friedliche Revolution" genannt.

Soziale Frage: bez. die Notlage und die ungelösten Probleme, vor allem der Industriearbeiterinnen und -arbeiter, speziell in den frühen Phasen der Industrialisierung. Dazu zählten: unsichere Arbeitsplätze, häufige Arbeitslosigkeit, niedrige Löhne, lange Arbeitszeiten, Wohnungselend, fehlende Versorgung bei Krankheit, Invalidität und Tod. Verstärkt wurden die Probleme durch die Trennung von der alten Lebenswelt beim Zug in die Städte und die ungewohnte Fabrikarbeit. Lösungsversuche kamen von einzelnen Reformern und den Kirchen, vom Staat (zuerst die Bismarcksche Sozialgesetzgebung ab 1883 im Deutschen Reich) und von den Arbeitern selbst (Organisation; Selbsthilfe).

Sozialistengesetz: von Bismarck initiiertes Gesetz von 1878 „gegen die gemeingefährlichen Bestrebungen der Sozialdemokratie". Inhalt: Verbot der SPD-Parteipresse und -Parteiversammlungen (aber nicht der Partei selbst). Ausweisungen und Verhaftungen von SPD-Mitgliedern. Tarnung der polit. Tätigkeit in Sport- und Geselligkeitsvereinen. 1890 wurde das Gesetz nicht mehr verlängert.

Staatenbund: Zusammenschluss von Staaten, wobei die einzelnen Staaten ihre eigenständige Staatsgewalt vollständig behalten (Beisp.: Deutscher Bund 1815–1866).

Unternehmer: eine Person, die einen Gewerbebetrieb leitet. In der Industriellen Revolution kam den Leitern der entstehenden Industrieunternehmen immer größere Bedeutung zu. In dieser Phase waren Unternehmer und Kapitalist (d. h. der Eigentümer der Fabrik, der Maschinen usw.) meist noch dieselbe Person. Sie entschied über Investitionen, Einstellung und Entlassung von Arbeitern. Seit um 1900 wurden die Rolle des Kapitalbesitzers und die Rolle des Unternehmers von verschiedenen Personen oder Personengruppen wahrgenommen; so in der Aktiengesellschaft, die von „Managern" geleitet wird.

Versailler Vertrag: im Juni 1919 vom dt. Außenminister Hermann Müller in Versailles (bei Paris) unterzeichneter Vertrag mit den 27 Siegerstaaten des Ersten Weltkriegs, darunter als bestimmende Mächte Großbritannien (vertreten durch Premierminister Lloyd George), Frankreich (vertreten durch Präsident Clemenceau) und die USA (vertreten durch Präsident Woodrow Wilson). Der Vertrag trat im Jan. 1920 in Kraft. Inhalt: Deutschland muss alle Kolonien, Elsass-Lothringen, Danzig, das Memelland und den polnischen „Korridor" abtreten, nach Abstimmungen auch Eupen-Malmedy, Nord-Schleswig, Teile Oberschlesiens. Das Saargebiet wird besetzt. Reparationszahlungen (Höhe noch offen). Die Heeresgröße wurde auf 100 000 Mann festgelegt (Marine 15 000). Der Vertrag enthielt das Verbot, Österreich als Teil des Reiches zu integrieren. Die Kriegsschuld Deutschlands wurde festgeschrieben. Teil I des Vertrages enthielt die Völkerbundsatzung. – In der Weimarer Republik entwickelte sich gegen den „Diktatfrieden" von Versailles eine breite Abwehrkampagne. In der britischen und amerikanischen Öffentlichkeit wurden einige wirtschaftliche und territoriale Bestimmungen des Vertrages kritisiert.

Vielvölkerstaat: Bez. für ein staatliches Gemeinwesen, in dem unterschiedliche Völker oder Nationen zusammenleben, die ihre ethnischen oder nationalen Identitäten bewahren. Beisp.: das russische Zarenreich und die österreichisch-ungarische Doppelmonarchie im 19. Jh.

Das „lange" 19. Jahrhundert – Wiederholungsaufgaben

1. Nationalstaatsgedanke in Europa und Reichsgründung in Deutschland

a) Erläutern Sie, warum und wie sich in Deutschland Anfang des 19. Jhs eine nationale und liberale Öffentlichkeit herausbildete. Erläutern Sie dabei die Begriffe „Nationalismus" und „Liberalismus".

b) Benennen Sie zentrale Ereignisse, die im Zusammenhang mit der deutschen Reichsgründung 1870/71 stehen. Begründen Sie Ihre Auswahl. Gehen Sie dabei auch auf die Frage ein, warum im Falle Deutschlands häufig von einer Nationalstaatsgründung „von oben" gesprochen wird.

c) Fertigen Sie eine Übersicht zur deutschen Nationalstaatsbewegung im 19. Jh. an. Welche Gruppen und Ziele dominierten in den einzelnen Epochen?

d) Benennen Sie Merkmale der Nationalstaatsbildung in vier nicht-deutschen Ländern Europas.

e) Vergleichen Sie die Auffassungen von Nation und Nationalstaat in Deutschland und Frankreich im 19. Jh.

2. Parlamentarismus und Wahlrechtsfrage

a) Erstellen Sie eine Übersicht über die Verfassungsentwicklung in Deutschland, England und Frankreich: Halten Sie sich dabei im Wesentlichen an die Beschreibung der Rolle des Parlamentes und des Wahlrechts.

b) Erläutern Sie den Unterschied zwischen den Begriffen „Parlamentarisierung" und „Demokratisierung".

c) Bereitschaft zu Anpassung und Kompromiss werden von der historischen Forschung häufig als entscheidende Fähigkeiten der politischen Eliten in Großbritannien benannt. Vergleichen Sie unter diesem Aspekt den Parlamentarismus in England und Deutschland im „langen" 19. Jh.

3. Technischer, wirtschaftlicher, sozialer Wandel und Imperialismus

a) Entwerfen Sie ein Phasenmodell für die Industrialisierung in Deutschland.

b) GrenzenSie die industrielle Entwicklung Deutschlands im 19. Jh. von derjenigen Großbritanniens ab.

c) Die USA um 1900 – eine Massenkonsumgesellschaft? Setzen Sie sich mit der Frage auseinander.

d) Fassen Sie die wesentlichen Merkmale der Industrialisierung zusammen (technische, soziale, wirtschaftliche Faktoren). Erörtern Sie anschließend, welche Rolle der Staat in diesem Prozess gespielt hat.

e) Erläutern Sie anhand von Beispielen den Begriff der „sozialen Frage".

f) Warum, wie und mit welchen Zielen hat sich die Arbeiterschaft im Zuge der Industrialisierung organisiert? Vergleichen Sie anschließend Merkmale der deutschen und britischen Arbeiterbewegung.

g) Schildern Sie geschlechterhistorische Probleme des sozioökonomischen Wandels im 19. Jh. Welche Probleme von damals dauern heute noch an bzw. sind heute gelöst?

h) Grenzen Sie die Begriffe „Imperialismus" und „Kolonialismus" voneinander ab und bestimmen Sie die Ursachen der imperialistischen Expansion seit den 1880er-Jahren.

i) Charakterisieren Sie die deutsche Weltmachtpolitik unter Kaiser Wilhelm II. im Vergleich zur imperialistischen Politik Großbritanniens und der USA.

4. Der Erste Weltkrieg

a) Fassen Sie die Gründe zusammen, die zum Ersten Weltkrieg geführt haben. Unterscheiden Sie zwischen (kurzfristigen) Anlässen und (längerfristigen) Ursachen.

b) Bestimmen Sie die Begriffe „Ententemächte" und „Mittelmächte".

c) Der Erste Weltkrieg war ein „moderner" Krieg. Erläutern Sie dies anhand von Beispielen.

d) Markiert das „Epochenjahr 1917" Ihrer Meinung nach das Ende des „langen" 19. Jhs oder den Beginn des „kurzen" 20. Jhs? Erörtern Sie die Frage.

e) Skizzieren Sie die zentralen Inhalte der Pariser Friedensverträge von 1919/20. Setzen Sie sich anschließend mit langfristigen Folgen des Ausgangs des Ersten Weltkriegs, insbesondere für Deutschland, auseinander.

Ergänzungsmaterial zum Schwerpunkt 2: Das „kurze" 20. Jahrhundert

1 Die Revolutionen in Osteuropa am Ende der 1980er-Jahre

„Völkerfrühling" in Osteuropa 1989

„Dass Europa in der Gleichrangigkeit seiner großen und kleinen Völker leben kann und muss, das ist das Europäische an Europa … Aber diese Struktur Europas als Gemeinschaft großer und kleiner Nationen war von dem Staatensystem der ‚Großen Mächte' bis an die Schwelle unserer Tage verstellt. Erst das Jahr 1989 hat sie wieder an den Tag gebracht." Mit diesen Sätzen charakterisierte der Historiker Klaus Zernack einmal die Bedeutung des Jahres 1989 für die osteuropäischen Staaten. Seit dem Ende des Zweiten Weltkriegs besaßen sie tatsächlich kaum Handlungsspielraum für eine eigenständige Politik, sondern mussten ihre Entscheidungen weit gehend an den Interessen der östlichen Führungsmacht, der Sowjetunion, ausrichten. Diese hatte ihnen außerdem ihr politisches und soziales System aufgezwungen. Dessen zentrale Merkmale waren die Diktatur der kommunistischen Partei, Planwirtschaft und die „Gleichschaltung" aller politischen und gesellschaftlichen Organisationen.
Das Jahr 1989 brachte für die Staaten Osteuropas in zweifacher Weise einen „Völkerfrühling" . Es bedeutete, erstens, die **Befreiung Osteuropas aus der Herrschaft der Sowjetunion.** Die Länder konnten endlich eine eigenständige Außenpolitik betreiben und entschieden sich dabei alle für eine enge Anlehnung an den Westen, d. h. die USA und die Europäische Union. Dieser Prozess der **Verwestlichung** prägte, zweitens, die Innenpolitik. An erster Stelle stand die **Demokratisierung** des politischen Systems. Aber auch die Übernahme der **Marktwirtschaft** und die **Liberalisierung** des öffentlichen Lebens brachten der Bevölkerung Osteuropas Freiheiten, die bisher nur die Bürger der westlichen Nationen kannten, wie die Meinungs- oder Versammlungsfreiheit.

1989 – Epochenjahr der Weltgeschichte

Das Jahr 1989 bzw. die Jahre 1989/90 bildeten einen entscheidenden Wendepunkt nicht nur für Europa, sondern für die gesamte Welt. Die Historiker betrachten daher diese Geschehnisse als **Ende des „kurzen" 20. Jahrhunderts,** das mit dem Ersten Weltkrieg 1914–1918 begann. Viele Völker feierten 1989/90 als große Jahre in der Geschichte von Freiheit und Demokratie. In der Sowjetunion brach die kommunistische Diktatur zusammen. Weil die Sowjetunion seither das Prinzip „Freiheit der Völker und Staaten" befolgte, konnten die osteuropäischen und andere Völker die kommunistische Herrschaft abschütteln und ihren eigenen Weg bestimmen. Dabei orientierten sie sich an den marktwirtschaftlichen, offenen Gesellschaften des Westens. Die kommunistische Utopie war diskreditiert (M 7 a–c).
Der Zusammenbruch des Sowjetsystems und das Ende der sowjetischen Hegemonie in Osteuropa bedeuteten auch das **Ende des Ost-West-Konflikts.** Der Systemkonflikt zwischen den westlichen Demokratien mit ihrer Führungsmacht USA auf der einen Seite und den kommunistischen Diktaturen unter der Herrschaft der Sowjetunion auf der anderen Seite, der sich über Jahrzehnte zum Kalten Krieg zugespitzt hatte, bestimmte nicht länger die internationale Politik.
Auch für Deutschland bedeutete „1989" eine tiefe Zäsur, die sich im **Fall der Berliner Mauer** am 9. November 1989 symbolhaft verdichtete. Seit dem Beitritt der in der DDR wieder gegründeten Länder am 3. Oktober 1990 zur Bundesrepublik gibt es erneut einen deutschen Nationalstaat. Dieser unterscheidet sich grundlegend von dem 1870/71 gegründeten Deutschen Reich, das ein autoritärer Obrigkeits- und Machtstaat war. Der 1989/90 entstandene Nationalstaat ist dagegen eine moderne parlamentarische Demokratie mit einer freiheitlich-liberalen Verfassung und fester Verankerung in der westlichen Staats- und Wertegemeinschaft.

Definition „Revolution“

Revolutionen sind Veränderungen, die vollständig mit der Vergangenheit brechen und einen radikalen Neuanfang markieren. Drei Merkmale von Revolutionen sind hervorzuheben: Erstens sind Revolutionen bewusst angestrebte und erfahrene Umwälzungen, die auf umfassenden politischen und gesellschaftlichen Wandel zielen. Zweitens werden sie von dem Bewusstsein getragen, dass die Umgestaltung der Verhältnisse zu einem Fortschritt der Menschheit führt. Und drittens werden sie häufig durch gewaltsame Aktionen ausgelöst, die offen Widerstand gegen die bestehende Ordnung leisten.
Diese Definition lässt sich auch auf die Veränderungen in den osteuropäischen Staaten von 1989 anwenden. Zwar vertraten die oppositionellen Gruppierungen keine neuen, utopischen Ideen, sondern orientierten sich an den bürgerlich-liberalen Werten und Normen, die sich in den westlichen Staaten bewährt hatten. Aber genau die Durchsetzung dieser Grundsätze bedeutete in Osteuropa einen radikalen Bruch mit dem alten kommunistischen System. Mit Recht hat der Historiker Timothy Garton Ash die Revolutionen in Osteuropa als **„Bürgerfrühling“** bezeichnet.

Merkmale der Revolutionen 1989

Fünf Merkmale charakterisierten nach Ash den Aufbruch 1989:
1. Die große Bedeutung der **politischen Moral:** In allen kommunistischen Diktaturen führten die Menschen ein Doppelleben. Offen und ehrlich konnten sich viele nur im engsten privaten Kreis äußern, wollten sie vor staatlicher Verfolgung sicher sein. Aus dieser Situation heraus erklären sich die moralischen Forderungen der Opposition nach Wahrhaftigkeit und Aufrichtigkeit, aber auch die nach Meinungsfreiheit und Öffentlichkeit.
2. Der hohe Grad an **Gewaltlosigkeit:** Das Fehlen von Gewalt beim Übergang von der kommunistischen Parteidiktatur zur liberalen Demokratie hat der Revolution in der DDR sogar den Namen verliehen – die „friedliche Revolution“. Friedlich verliefen auch die Umwälzungen in Polen, Ungarn, der Tschechoslowakei und Bulgarien. Zu gewaltsamen Auseinandersetzungen kam es hingegen in Rumänien; ebenso in Jugoslawien, wo Kriege das Auseinanderbrechen des Vielvölkerstaates begleiteten.
3. Das weit gehende **Fehlen gegenrevolutionärer Maßnahmen** auf Seiten der ehemaligen kommunistischen Machthaber: Abgesehen von Rumänien und dem früheren Jugoslawien gab es in Leipzig oder Prag anfangs zwar massive Polizeieinsätze. In Polen riefen die kommunistischen Machthaber von 1981 bis 1989 das Kriegsrecht aus, um die Opposition zu unterdrücken. Doch kaum hatten 1989 die Revolutionen wirklich begonnen, schreckten die kommunistischen Eliten vor Gewaltanwendung zurück. Sie wussten, dass ihre Herrschaft jede Legitimität verloren hatte und dass ihnen dieses Mal die Truppen Moskaus nicht zur Hilfe eilen würden.
4. Die **Wiederbelebung nationaler Traditionen und Identitäten:** Es ist bekannt, dass in der DDR die Menschen erst riefen: „Wir sind das Volk“, um nach wenigen Wochen die Parole „Wir sind ein Volk“ zu verkünden. Aber auch in Polen, Ungarn, der Tschechoslowakei und in Rumänien erinnerten sich die Menschen an das nationale Selbstbestimmungsrecht. Sie sangen alte Nationalhymnen oder schnitten die kommunistischen Embleme Hammer und Sichel aus ihren Nationalflaggen. Der wieder entdeckte Nationalstolz bedeutete keine Feindschaft gegen andere Nationen, sondern sollte den eigenen Freiheitsdrang unterstreichen.
5. Alle Revolutionen in Osteuropa verband die Forderung nach der **Schaffung einer modernen Zivilgesellschaft:** Die Bürger wollten sich von der kommunistischen Parteidiktatur befreien. Deswegen forderte die Opposition die Gründung freiwilliger und demokratischer Vereinigungen von der nationalen Ebene in der Hauptstadt bis hinein in die Kommunen. Die Aufgabe dieser Vereinigungen bestand darin, das Projekt einer selbst bestimmten bürgerlich-liberalen Ordnung zu diskutieren, zu planen und durchzusetzen. Das alles sollte möglichst zivilisiert, d. h. höflich, tolerant und ohne Gewalt, geschehen.

Die längerfristigen Ursachen der Revolutionen

Der Triumph der bürgerlich-liberalen Demokratie über den Kommunismus war das Ergebnis eines tief greifenden Wandels im Ostblock.

1. Zu den wichtigsten längerfristigen Veränderungen gehört der KSZE-Prozess, d. h. die Arbeit der Konferenz für Sicherheit und Zusammenarbeit in Europa. Die KSZE begann 1972 ihre Tätigkeit mit Vorgesprächen und verabschiedete 1975 die **„KSZE-Schlussakte von Helsinki"** (M 1). 35 Staaten Europas und Nordamerikas unterzeichneten dieses Dokument, das zwei Ziele miteinander verband: Der politische Status quo in Europa wurde garantiert und die Unterzeichnerländer verpflichteten sich zur Einhaltung der Menschenrechte – so auch die Regierungen der Ostblockländer. Das war vor allem für die Oppositionsgruppen in Osteuropa bedeutsam. Sie besaßen damit eine von ihren eigenen Regierungen anerkannte Grundlage, auf die sie ihre Forderungen nach Freiheit stützen konnten (M 2).

2. Die Reformpolitik in der Sowjetunion unter **Michail Gorbatschow** (geb. 1931), der ab 1985 die Politik seines Landes maßgeblich prägte, verlieh der Opposition in den osteuropäischen „Bruderstaaten" großen Auftrieb und Legitimation. Einer der Gründe für die Veränderungen in der Sowjetunion war die amerikanische Politik der Stärke, wie sie seit 1981 vor allem US-Präsident Ronald Reagan (Reg. 1981–1989) betrieb. Diese Politik brachte einen Rüstungswettlauf in Gang, der für die Volkswirtschaft der Sowjetunion ruinös war. Gorbatschow ging davon aus, dass die Erhaltung der sowjetischen Macht nur durch einen innenpolitischen Umbau zu erreichen sei, der außenpolitisch von einem Kurs der Entspannung begleitet werden müsse. Seine populär gewordenen Leitbegriffe lauteten **„Perestroika"** (= Umbau), **„Glasnost"** (= Öffentlichkeit) und **„Neues Denken"**. Die beiden ersten Begriffe bezogen sich vornehmlich auf die Innenpolitik und meinten die marktwirtschaftliche und demokratische Öffnung der sowjetischen Gesellschaft – allerdings immer zentral gelenkt durch die kommunistische Partei. Im Begriff des „Neuen Denkens" wurde eine neue Konzeption der sowjetischen Außen- und Sicherheitspolitik erkennbar. Eine defensive Militärdoktrin sollte das Streben nach militärischer Dominanz ablösen. Gorbatschow betonte die Einheit der Welt und die globale Geltung des Prinzips der „friedlichen Koexistenz". Seit 1987 baute Gorbatschow auch das weltpolitische Engagement der Sowjetunion ab, indem er z. B. die Truppen aus Afghanistan zurückzog (M 3).

3. Die Neuorientierung der sowjetischen Politik eröffnete Ende der 1980er-Jahre allen Staaten des Ostblocks **Freiräume,** die vor allem in Osteuropa genutzt wurden. Die Reformkräfte in Polen und Ungarn beriefen sich auf das sowjetische Vorbild und öffneten sich nach Westen.

4. Seit den 1970er-, vor allem aber in den 1980er-Jahren wuchsen in der Sowjetunion und den osteuropäischen Staaten die **Wirtschaftsprobleme** der kommunistischen Planwirtschaften (M 4). Der allgemeine Lebensstandard sank, die Versorgung mit Konsumgütern verschlechterte sich und der Abstand zum Westen wurde größer. Der Anspruch der Kommunisten, mehr Wohlstand und Gleichheit zu schaffen, geriet immer mehr in Widerspruch zur Realität.

5. Mit dem ökonomischen Niedergang verloren die kommunistischen Eliten und die Partei rapide und nachhaltig **Ansehen und Legitimität.** Partei- und Staatsführungen trugen immer weniger zur Lösung der Schwierigkeiten bei und isolierten sich zunehmend von Bevölkerungen und Realitäten.

All diese Entwicklungen verliefen in den osteuropäischen Staaten jedoch nicht gleichmäßig und gleichförmig, sondern unterschieden sich vor allem im Tempo des Wandels. Der Historiker Timothy Garton Ash hat dabei eine **Beschleunigung der Veränderungen** festgestellt: Was in Polen zehn Jahre, in Ungarn zehn Monate und in der DDR zehn Wochen dauerte, geschah in Prag in zehn Tagen, nämlich die Entmachtung der kommunistischen Parteien. Und das kommunistische Regime in Rumänien fiel in nur wenigen Stunden.

B 1 Der polnische Arbeiterführer Lech Walesa spricht in Danzig vor Anhängern der Gewerkschaft „Solidarnośc", Foto, Herbst 1988. – Übersetzung des Textes auf dem Transparent: „Keine Freiheit ohne Gott und Solidarnośc"

Polen

Am 24. Oktober 1980 wurde in Polen die unabhängige Gewerkschaft **„Solidarnośc"** (= Solidarität) offiziell registriert. Diese Organisation, der sich nicht nur Arbeiter, sondern auch viele Intellektuelle anschlossen, entwickelte sich zur entscheidenden Kraft des antikommunistischen Widerstands. Starken Auftrieb und internationale Unterstützung erhielt die Opposition durch mehrere Ereignisse. 1978 wurde der polnische Kardinal Karol Wojtyla (1920–2005) zum Papst gewählt und besuchte ein Jahr später seine noch von den Kommunisten regierte Heimat. In Polen, wo die katholische Kirche auch zu kommunistischen Zeiten immer eine relativ starke Stellung gegenüber der Staatsmacht innehatte, empfanden viele den Papstbesuch als Bestätigung ihrer oppositionellen Haltung. Nach einer großen Streikwelle von Juli bis September 1980 geriet das kommunistische Regime immer weiter in die Defensive und verhängte 1981 das **Kriegsrecht.** Die Solidarnośc wurde wenige Wochen später, Anfang 1982, verboten. Aber die stalinistischen Unterdrückungsmethoden, die im Oktober/November 1984 in der Entführung und Ermordung des gewerkschaftsfreundlichen Priesters Jerzy Popieluszko gipfelten, konnten das Anwachsen der Opposition nicht stoppen (B 1).
Im Februar 1989 begannen an einem **„Runden Tisch"** Gespräche zwischen der Regierung und der verbotenen Solidarnośc. Das Machtmonopol der kommunistischen Partei war gebrochen. Im August 1989 wurde Tadeusz Mazowiecki (geb. 1927), Chefredakteur der unabhängigen Gewerkschaftszeitung, nach freien Wahlen erster nicht-kommunistischer Ministerpräsident im Ostblock. Die Polen wählten Lech Walesa (geb. 1943), einen Elektriker von der Lenin-Werft in Danzig und Mitbegründer der Solidarnośc, Ende 1990 zum Staatspräsidenten. Die neue politische Führung begann mit der Einführung der Marktwirtschaft und setzte die Umgestaltung des politischen Systems in einen demokratischen Rechts- und Verfassungsstaat zügig fort (M 5, M 6, B 5).

Ungarn

Die Revolution in Ungarn 1989 ist ein eindrucksvolles Beispiel dafür, dass die Veränderungen in der Sowjetunion unter Gorbatschow die Handlungsspielräume der Opposition in Osteuropa nachhaltig erweiterten. Im Jahre 1956 hatten sowjetische Truppen den Volksaufstand der Ungarn für die Liberalisierung von Politik und Gesellschaft noch niedergeschlagen. Die Mehrheit der Ungarn sah keine andere Möglichkeit, als sich mit dem Regime zu arrangieren, das allerdings im Gegensatz zu anderen Ostblockstaaten einen relativ liberalen Kurs steuerte und bereits 1982 einen kleinen Sektor der Marktwirtschaft öffnete.

B 2 Ungarn: Demonstration in Budapest zum Jahrestag der Revolution 1848, Fotografie, 15. März 1988

Ungarn stand in dem Ruf, die „fröhlichste Baracke des sozialistischen Lagers“ zu sein. Eine Wirtschaftskrise und die sowjetische Reformpolitik unter Gorbatschow gaben der Oppositionsbewegung Ende der 1980er-Jahre neuen Auftrieb und leiteten einen grundlegenden Systemwandel ein (B 2): Im Mai 1988 erfolgte der Rücktritt **János Kádárs** (1912–1989) als Parteichef der Ungarischen Sozialistischen Arbeiterpartei (USAP). Im September 1988 riefen Reformkräfte das Ungarische Demokratische Forum ins Leben. Weitere Parteigründungen folgten. Damit und mit dem offiziellen **Verzicht der USAP auf die Führungsrolle** im Januar 1989, die ihr bis dahin die Verfassung eingeräumt hatte, verloren die Kommunisten ihr Machtmonopol. Die Gespräche am „Runden Tisch“ mit der Opposition führten 1989 zur Verfassungsreform, zum Aufbau eines Mehrparteiensystems und einer freien Marktwirtschaft. Der **Abbau der Grenzbefestigungen zu Österreich** seit 1989 öffnete nicht nur den Ungarn den Weg in den Westen: DDR-Bürger reisten zu Tausenden nach Ungarn, um von dort über Österreich in die Bundesrepublik zu gelangen.

Tschechoslowakei

Die Niederschlagung des „Prager Frühlings“ im August 1968 durch Truppen des Warschauer Paktes hatte der Bevölkerung in der Tschechoslowakei den Glauben an die Reformierbarkeit des sozialistischen Systems zu einem „Sozialismus mit menschlichem Antlitz“ zunächst geraubt. Aber nach der Unterzeichnung der KSZE-Schlussakte von Helsinki (1975) gründeten Oppositionelle die **Bürgerrechtsbewegung „Charta 77“.** Sie forderte die in Helsinki zugesagte Verwirklichung der Menschenrechte in der Tschechoslowakei (M 1, M 2). Der Dichter und Regimekritiker **Vaclav Havel** (geb. 1936) stieg zum führenden Vertreter der bürgerlich-liberalen Opposition auf. Wegen seines mutigen Auftretens gegen das Regime erhielt er Publikationsverbot und wurde wiederholt zu Gefängnisstrafen verurteilt.

Zeitgleich mit den Reformen in der Sowjetunion, Polen und Ungarn gelang in der Tschechoslowakei im Herbst 1989 eine **„samtene Revolution“.** Sie führte durch Massendemonstrationen und Generalstreik eine rasche Wende zu Demokratie und Marktwirtschaft herbei (B 3). Im Dezember 1989 wurde Vaclav Havel Staatspräsident.

Die Forderung der slowakischen Nationalbewegung nach einem eigenen Staat führte 1992 zur Aufhebung der Föderation mit der Tschechischen Republik, wie sie seit 1990 bestanden hatte. Die **friedliche Trennung zwischen Tschechien und der Slowakei** ist in der europäischen Geschichte der Nationalstaatsbildung eine bemerkenswerte Ausnahme.

Rumänien

Im Gegensatz zu den friedlichen Veränderungen in Polen, Ungarn, der Tschechoslowakei, der DDR und Bulgarien verlief der Umsturz in Rumänien gewaltsam. Der stalinistische Diktator **Nicolae Ceaucescu** (1908–1989) hatte jahrzehntelang das rumänische Volk mithilfe der Geheimpolizei **„Securitate"** brutal unterdrückt. Am 20. Dezember 1989 löste die Verhaftung eines regimekritischen Pfarrers den **Aufstand von Temesvar** aus, der sich zu einem landesweiten Volksaufstand ausweitete. Ceaucescu ließ Tausende von Regimegegnern ermorden. Als Teile der Armee sich auf die Seite der Aufständischen stellten, kam die Wende. Am 22. Dezember 1989 wurde Ceaucescu gestürzt. Nach einem Fluchtversuch mit seiner Frau wurden beide verhaftet. Ein Militärgericht verkündete am 25. Dezember das Todesurteil und ließ beide erschießen. Eine **„Front zur Nationalen Rettung"** aus ehemaligen Kommunisten und Teilen der Oppositionsbewegung, die bei den Parlamentswahlen im Mai 1990 siegte, leitete den Regimewandel ein. Eine 1991 verabschiedete Verfassung begründete das Mehrparteiensystem. Mithilfe marktwirtschaftlicher Strukturveränderungen versuchten die Reformer die Sanierung der maroden Wirtschaft, was ansatzweise bis 1997 gelang.

B 3 Tschechoslowakei: Demonstration vor dem Denkmal König Wenzels in Prag, Fotografie, Dezember 1989. – Am Sockel Bilder von T. Masaryk, dem ersten Präsidenten der Republik (Reg. 1918–1935), und A. Dubček, Reformpolitiker aus dem „Prager Frühling" 1968.

Bulgarien und Albanien

Den Fall der Berliner Mauer sowie die Revolutionen in Polen, Ungarn, der Tschechoslowakei und Rumänien im Jahre 1989 betrachteten weitere Völker als Signale für einen umfassenden Aufbruch in ein neues Zeitalter der Freiheit und Demokratie. Allerdings benötigte Bulgarien dafür eine längere Übergangszeit, während der erste Reformen eingeleitet wurden: So gab die Bulgarische Kommunistische Partei 1989 ihren Führungsanspruch auf, die alte kommunistische Elite behielt jedoch zentrale Machtpositionen. Erst 1996 beendeten Massenproteste, die nicht zuletzt das Ergebnis der sich dramatisch verschlechternden Wirtschaftslage waren, die kommunistische Herrschaft endgültig. Seitdem leiteten antikommunistische Regierungen die Verwestlichung des Landes ein.
Albanien versank nach dem Tod des langjährigen kommunistischen Diktators **Enver Hoxha** (1908–1985) in Chaos und Terror, die besonders in den 1990er-Jahren die inneren Verhältnisse prägten. Internationale Truppenkontingente mussten im Auftrag der UNO eingreifen, damit 1997 die ersten freien Wahlen stattfinden konnten.

Jugoslawien

Nach 1989/90 entwickelten die **Nationalitätenkonflikte** im ehemaligen Vielvölkerstaat Jugoslawien eine solche Kraft, dass die vormalige Sozialistische Föderative Republik 1991/92 auseinander brach. Seit 1989 versuchte Serbien die Selbstständigkeitsbestrebungen einzelner Teilstaaten und Völker zu unterdrücken. Die serbische Regierung schränkte die Selbstverwaltung im Kosovo und in der Vojvodina zunächst ein und beseitigte sie schließlich. Darüber hinaus bekämpfte der serbische Präsident **Slobodan Milosevic** (Reg. 1989–2000) die Pläne **Sloweniens** und **Kroatiens**, Jugoslawien in einen losen Staatenbund umzuwandeln. Beide verkündeten daraufhin im Juni 1991 ihre Unabhängigkeit. **Mazedonien** und **Bosnien-Herzegowina** folgten wenige Monate später. 1992 schlossen sich die verbliebenen Teilrepubliken **Serbien** und **Montenegro** zur Bundesrepublik Jugoslawien zusammen.
In Slowenien und Kroatien kam es 1991 zu schweren Kämpfen zwischen der jugoslawischen, d. h. serbischen Armee und militärischen Verbänden dieser neuen Staaten, die erst durch die Vermittlung der heutigen Europäischen Union beendet werden konnten. Danach verlagerten die Serben den Krieg nach Bosnien-Herzegowina. Die Kämpfe in diesem multiethnischen Staat dauerten über drei Jahre und waren sehr grausam. Erst das militärische Eingreifen der NATO unter US-amerikanischer Führung konnte 1995 den Krieg beenden (Frieden von Dayton). In den neuen Staaten Slowenien, Kroatien und Bosnien-Herzegowina entstanden allmählich demokratische Strukturen. In Serbien zwang eine friedliche Revolution Präsident Milosevic 2000 zum Rücktritt.

Die baltischen Staaten: Estland, Lettland, Litauen

1940/41 und erneut nach 1944, d. h. nach dem Ende der deutschen Besetzung im Zweiten Weltkrieg, gehörten die drei baltischen Staaten zur Sowjetunion. Ähnlich wie in den osteuropäischen Ländern begehrten auch in den Sozialistischen Sowjetrepubliken Estland, Lettland und Litauen Ende der 1980er-Jahre nationale Freiheitsbewegungen auf (B4). Im August 1989 organisierten die baltischen **Unabhängigkeitsbewegungen** eine Menschenkette zwischen den Hauptstädten Tallinn, Riga und Vilnius. Im Frühjahr 1990 erklärten die Parlamente der drei Länder die Ungültigkeit ihres erzwungenen Beitrittes zur Sowjetunion im Jahre 1940. Das wollte Moskau nicht hinnehmen und reagierte im Januar 1991 mit Gewalt. Doch der Angriff sowjetischer Sicherheitskräfte auf das lettische Innenministerium in Riga scheiterte ebenso wie der Putschversuch des von Moskau gesteuerten „Komitees zur nationalen Errettung Litauens“. In Volksabstimmungen entschieden sich alle drei Staaten 1991 für ihre Unabhängigkeit. Mit der Anerkennung durch die EG-Staaten im August und durch die Sowjetunion im September 1991 sind die baltischen Länder souveräne Staaten. Sie haben seitdem konsequent die Demokratisierung und die Einführung der Marktwirtschaft vorangetrieben.

B 4 Demonstration in Litauen, Fotografie, Dezember 1989

1 *Beschreiben Sie die Hoffnungen, Ziele und politischen Ideen, die in B 1 bis B 4 deutlich werden.*

2 *Erörtern Sie, warum die Menschen während des Umbruchs 1989 auf historische Vorbilder zurückgriffen.*

Zur Wiederholung:
Osteuropa in der ersten Hälfte des 20. Jh.

1 *Informieren Sie sich mithilfe eines historischen Atlasses oder Ihres Schülerbuches (z. B. Kursbuch Geschichte, S. 399) über den Wandel der politischen Grenzen in Mittel- und Osteuropa vor und nach dem Ersten Weltkrieg (1914 bzw. 1919/20). Welche Staaten sind neu entstanden?*

2 *Erstellen Sie mithilfe eines historischen Handbuches eine kurze Zeittafel a) zur Geschichte Polens und b) zur Geschichte eines weiteren osteuropäischen Staates zwischen 1914 und 1945.*

M1 Aus der Helsinki-Schlussakte der Konferenz über Sicherheit und Zusammenarbeit in Europa/KSZE vom 1. August 1975

VII. Achtung der Menschenrechte und Grundfreiheiten, einschließlich der Gedanken-, Gewissens-, Religions- oder Überzeugungsfreiheit

Die Teilnehmerstaaten werden die Menschenrechte und Grundfreiheiten einschließlich der Gedanken-, Gewissens-, Religions- oder Überzeugungsfreiheit für alle ohne Unterschied der Rasse, des Geschlechts, der Sprache oder der Religion achten. Sie werden die wirksame Ausübung der zivilen, politischen, wirtschaftlichen, sozialen, kulturellen sowie anderen Rechte und Freiheiten, die sich alle aus der dem Menschen innewohnenden Würde ergeben und für seine freie und volle Entfaltung wesentlich sind, fördern und ermutigen.
In diesem Rahmen werden die Teilnehmerstaaten die Freiheit des Individuums anerkennen und achten, sich allein oder in Gemeinschaft mit anderen zu einer Religion oder einer Überzeugung in Übereinstimmung mit dem, was sein Gewissen ihm bietet, zu bekennen und auszuüben.

(Europa-Archiv, Jg. 30, 1975, S. D 441)

M2 Aus der tschechoslowakischen „Charta '77" (1977)

„Charta '77" ist eine freie, informelle und offene Gemeinschaft von Menschen verschiedener Überzeugungen, verschiedener Religionen und verschiedener Berufe, verbunden durch den Willen, sich einzeln und gemeinsam für die Respektierung der Bürger- und Menschenrechte in unserem Land und in der Welt einzusetzen – jener Rechte, die dem Menschen von beiden kodifizierten internationalen Pakten, von der Abschlussakte der Konferenz in Helsinki, von zahlreichen weiteren internationalen Dokumenten gegen Krieg, Gewaltanwendung und soziale und geistige Unterdrückung zugestanden werden und die zusammenfassend von der „Allgemeinen Erklärung der Menschenrechte" der UN zum Ausdruck gebracht werden. „Charta '77" fußt auf dem Boden der Solidarität und Freundschaft von Menschen, die von der gemeinsamen Sorge um das Geschick der Ideale bewegt werden, mit denen sie ihr Leben und ihre Arbeit verbunden haben und verbinden. „Charta '77" ist keine Organisation, hat keine Statuten, keine ständigen Organe und keine organisatorisch bedingte Mitgliedschaft. Ihr gehört jeder an, der ihrer Idee zustimmt, an ihrer Arbeit teilnimmt und sie unterstützt. „Charta '77" ist keine Basis für oppositionelle politische Tätigkeit. Sie will dem Gemeininteresse dienen wie viele ähnliche Bürgerinitiativen in verschiedenen Ländern des Westens und des Ostens. Sie will also nicht eigene Programme politischer oder gesellschaftlicher Reformen oder Veränderungen aufstellen, sondern in ihrem Wirkungsbereich einen konstruktiven Dialog mit der politischen und staatlichen Macht führen, insbesondere dadurch, dass sie auf verschiedene konkrete Fälle von Verletzungen der Menschen- und Bürgerrechte hinweist, deren Dokumentation vorbereitet, Lösungen vorschlägt, verschiedene allgemeine Vorschläge unterbreitet, die auf Vertiefung dieser Rechte und ihrer Garantien abzielen, und als Vermittler in anfallenden Konfliktsituationen wirken, die durch Widerrechtlichkeit verursacht werden können.

(Ladislav Hejdánek, Wahrheit und Widerstand. Prager Briefe, Übers. Eva Bauer/Milan Walter, P. Kirchheim Verlag, München 1988, S. 274 f.)

1 *Ordnen Sie die KSZE-Schlussakte in den historischen Kontext ein (M 1).*

2 *Charakterisieren Sie die Ziele und Mittel der tschechoslowakischen Bürgerrechtsbewegung (M 2).*

3 *Erläutern Sie die Bedeutung der Helsinki-Akte für die Opposition in den früheren Ostblockstaaten und die Entspannungspolitik (M 1, M 2).*

M3 Aus der Rede Michail Gorbatschows anlässlich seines Rücktritts als Präsident der Sowjetunion vom 25. Dezember 1991

Verehrte Landsleute! Mitbürger!
Angesichts der Situation, die nach der Gründung der Gemeinschaft Unabhängiger Staaten entstanden ist, beende ich meine Tätigkeit als Präsident der UdSSR. Diese Entscheidung treffe ich aufgrund meiner Prinzipien. Ich trat immer fest ein für die Selbstständigkeit und Unabhängigkeit der Völker, die Souveränität der Republiken. Aber gleichzeitig war ich auch für die Erhaltung des Unionsstaates

und des ganzen Landes. Die Ereignisse haben sich in eine andere Richtung entwickelt.
Ich spreche zu Ihnen das letzte Mal als Präsident der UdSSR. Deshalb halte ich es für notwendig, meinen seit 1985 gegangenen Weg einzuschätzen. Und dies umso mehr, da es darüber nicht wenige oberflächliche, widersprüchliche und nicht objektive Wertungen gibt.
Das Schicksal hat es so gefügt, dass es sich bereits bei meiner Amtsübernahme zeigte, dass es im Land Probleme gab. [...] Der Prozess der Erneuerung des Landes und der grundlegenden Veränderungen in der Weltgemeinschaft hat sich als komplizierter erwiesen, als man voraussagen konnte. Trotzdem muss man das Vollbrachte gebührend einschätzen. Die Gesellschaft wurde frei. Und das in politischer und geistiger Hinsicht. Und das ist die größte Errungenschaft. Sie wird bei uns jedoch noch nicht gebührend gewürdigt. Und wahrscheinlich deshalb, weil wir es immer noch nicht gelernt haben, die Freiheit richtig zu nutzen. Trotzdem wurde eine Arbeit von historischer Bedeutung geleistet. Es wurde ein totalitäres System beseitigt, das ein weiteres Aufblühen und Wohlergehen des Landes verhinderte. Es wurde der Durchbruch zu demokratischen Veränderungen vollzogen. Freie Wahlen, eine freie Presse, Religionsfreiheit, wirkliche Machtorgane und ein Mehrparteiensystem wurden zur Realität. Die Menschenrechte wurden als oberstes Prinzip anerkannt. [...]
Wir leben in einer anderen Welt: Der „Kalte Krieg" ist vorbei. Das Wettrüsten wurde gestoppt. Die wahnsinnige Militarisierung unseres Landes, die unsere Wirtschaft, das gesellschaftliche Bewusstsein und die Moral zugrunde richtete, wurde beendet. Die Gefahr eines Weltkrieges wurde beseitigt. Ich möchte noch einmal betonen, dass von meiner Seite in der Übergangsperiode alles für eine zuverlässige Kontrolle der Kernwaffen getan wurde. Wir öffneten uns der Welt und verzichteten auf die Einmischung in fremde Angelegenheiten sowie auf den Einsatz von Truppen außerhalb unseres Landes. Und man antwortete uns mit Vertrauen, Solidarität und Respekt. Wir wurden zu einer der wichtigsten Stützen bei der Umgestaltung der modernen Zivilisation auf friedlicher und demokratischer Basis. Die Völker und Nationen haben die reale Freiheit erhalten, den Weg ihrer Entwicklung selbst zu bestimmen. Die Suche nach einer demokratischen Reformierung unseres Vielvölkerstaates führte uns an die Schwelle eines neuen Unionsvertrages. Ich möchte von ganzem Herzen all jenen danken, die in all diesen Jahren mit mir für die gerechte und gute Sache eingetreten sind. Sicherlich war eine Reihe von Fehlern vermeidbar. Vieles hätte man besser machen können. Aber ich bin überzeugt, dass unsere Völker in einer aufblühenden und demokratischen Gesellschaft leben werden. Ich wünsche Ihnen alles Gute.

(Michail Gorbatschow, Ansprache des ehemaligen Staatspräsidenten der Sowjetunion vom 25. Dezember 1991, in: Sowjetunion heute/Wostok, Nr. 1, Februar 1992)

1 *a) Erläutern Sie, wodurch es dem ehemaligen sowjetischen Präsidenten Michail Gorbatschow gelang, den Kalten Krieg zu überwinden (M 3).*
b) Untersuchen Sie die Kritik Gorbatschows an der früheren Innen- und Außenpolitik der UdSSR (M 3).

2 *Welche Interpretationen lässt die Statistik M 4 im Hinblick auf den Wandel im Ostblock zu?*

3 *Beurteilen Sie die Bedeutung Gorbatschows für den Wandel im Ostblock (M 3, M 4).*

M4 Wirtschaftsentwicklung in der Sowjetunion zwischen 1985 und 1990

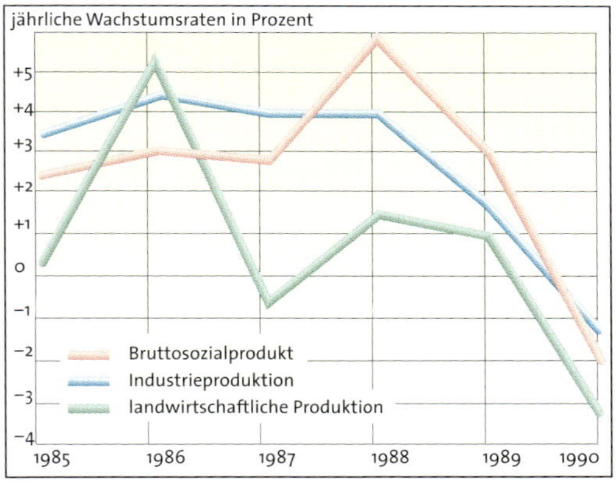

M5 Umbruch in Osteuropa in zeitgenössischen Quellen: das Beispiel Polen

a) Aus den Forderungen des Danziger „Überbetrieblichen Streikkomitees", August 1980

1. Akzeptierung von der Partei und den Arbeitgebern unabhängiger freier Gewerkschaften [...].
2. Garantie des Rechts auf Streiks [...].
3. Einhaltung der von der Verfassung der Volksrepublik Polen garantierten Freiheit des Worts, des Drucks und der Publikation, somit auch Duldung unabhängiger Zeitschriften und Zugang für Vertreter aller Glaubensbekenntnisse zu den Massenmedien. [...]

5. Bekanntmachung der Gründung des überbetrieblichen Streikkomitees und Veröffentlichung seiner Forderungen in den Massenmedien.

6. Einleitung von wirkungsvollen Maßnahmen mit dem Ziel, das Land aus der Krisensituation herauszuführen, durch:

a) volle Information der Öffentlichkeit über die wirtschaftliche und gesellschaftliche Situation des Landes und

b) Ermöglichung der Teilnahme an der Diskussion über das Reformprogramm für alle Gesellschaftskreise und alle Schichten. [...]

10. Sicherstellung völlig ausreichender Versorgung des Marktes mit Lebensmitteln und Beschränkung des Exports auf Überschüsse.

12. Einstellung von Führungskräften nach dem Prinzip der Qualifikation und nicht nach Parteizugehörigkeit sowie Abschaffung von Privilegien für Polizei, Sicherheitsdienst und Parteiapparat.

(Osteuropa-Archiv, 31. Jg., 1981, A 1, S. 1 f.)

b) Der polnische Regimekritiker Jacek Kuroń über die Streikbewegung in seinem Land, August 1980

Der Lebensstandard sinkt schon seit langem. [...] Allenthalben fehlt es an Waren und Gütern, und die Waren, die vorübergehend einmal vorhanden sind, werden immer teurer. [...] Im Bereich des Gesundheitswesens, der Versorgung mit Medikamenten, ja in allen Lebensbereichen ist durch die fortschreitende Planlosigkeit und Inkompetenz ein solches Desaster entstanden, dass dem Durchschnittspolen seine Verhältnisse unerträglich erscheinen. [...] Die Führung hat total versag. [...] Der einzige Ausweg, den ich sehe, ist, schnellstens die Möglichkeit zu schaffen, dass sich die Arbeiter aus freiem Willen organisieren können. [...] Die jetzige Protestbewegung ist eben deshalb so wichtig, weil sie der Anfang einer Neuorientierung der Arbeiter ist. Deshalb sage ich, dass wir heute in Polen schon in einem anderen Land sind. Dies ist der einzige Weg zur Rettung für unser Land, ein Weg zu Demokratie und zur Überwindung der Krise zugleich: Nur eine in freien Wahlen organisierte Gesellschaft ist in der Lage, ein vernünftiges Programm anzunehmen.

(Zit. nach: Der Spiegel, 4. August 1980, S. 98 ff.)

c) Aus dem Programm der polnischen Gewerkschaft „Solidarność", Oktober 1981

Die „Solidarność" vereint viele gesellschaftliche Strömungen, vereint Menschen mit unterschiedlichen politischen und religiösen Überzeugungen und Menschen unterschiedlicher Nationalität. Uns verbindet der Protest gegen die Ungerechtigkeit, gegen den Missbrauch der Macht und die Monopolisierung des Rechts, im Namen der gesamten Nation zu sprechen und zu handeln. Uns verbindet der Protest gegen den Staat, der die Bürger wie sein Eigentum behandelt. Wir lehnen es ab, dass die arbeitende Bevölkerung im Konflikt mit dem Staat der authentischen Interessenvertretung beraubt ist, dass es keinen Schutz gibt gegen den „guten Willen" der Machthaber, die allein über den Grad der Freiheit entscheiden, den sie ihren Bürgern zugestehen. Wir verurteilen, dass unbedingter politischer Gehorsam anstelle von Eigeninitiative und Selbstständigkeit belohnt wird. Uns verbindet die Ablehnung der Lüge im öffentlichen Leben, die Verschwendung der Ergebnisse der harten Arbeit des Volkes. [...] Grundlage des Handelns muss die Achtung des Menschen sein. Der Staat

B 5 „Jungfernflug. Kapitän Mazowiecki begrüßt Sie zur Reise in die Marktwirtschaft", Karikatur, 1989

muss dem Menschen dienen und darf nicht über ihn herrschen, die Organisierung des Staates muss der Gesellschaft dienen und darf nicht von einer einzigen politischen Partei monopolisiert werden. Der Staat muss so organisiert sein, dass er das Wohl des gesamten Volkes zum Ausdruck bringt.
(Barbara Büscher u. a. [Hg.], Solidarność, Bund-Verlag, Köln 1983, S. 297)

M6 Timothy Garton Ash, Historiker, schreibt über die Parlamentswahlen in Polen am 4. Juni 1989

[Die Kommunisten] hatten nicht an Macht verloren. Noch immer gehörten ihnen die Armee, die Polizei, der Parteiapparat und die Nomenklatura. Aber sie hatten die Wahl verloren. Während [...] alle Solidarność-Kandidaten bereits bei der ersten Runde durchgekommen waren, mussten die Partei-Koalitions-Kandidaten [= Kandidaten der Regierung] am 18. Juni durch eine Stichwahl gehen. Und am erniedrigendsten von allem war, dass nur zwei der fünfunddreißig Kandidaten [...] die erforderlichen 50 Prozent der gültigen Stimmen für Sitze ohne Gegenkandidaten erhielten. [...] Mehr als die Hälfte der Wähler hatte auf der Liste Namen für Namen ausgekreuzt, darunter mit einem großen Strich auch den Innenminister, den Verteidigungsminister [...].
Nur eine Regierung mit jenem eindeutigen Auftrag, wie ihn die Solidarność bekommen hatte, konnte nach den Wahlen genug Glaubwürdigkeit aufbringen, um all die schmerzhaften Maßnahmen, die jedes ernsthafte Wirtschaftsreformprogramm begleiten mussten, einzuleiten. Die Präsidenten Bush [USA], Mitterrand [Frankreich] und Mrs. Thatcher [Großbritannien] machten eindeutig klar, dass der Westen [...] dem privaten Sektor bescheidene Direkthilfe zukommen lassen würde, dass sie jedoch größere [...] Weltbankmaßnahmen nur einer ordnungsgemäß konstituierten Regierung mit einer glaubwürdigen Wirtschaftspolitik anbieten würden.
(Timothy G. Ash, Ein Jahrhundert wird abgewählt, Übers. Yvonne Badal, Hanser, München 1990, S. 354 f. und 362 f.)

1 *a) Erläutern Sie die Ziele der polnischen Solidarność im August 1980 anhand von M 5a.*
b) Vergleichen Sie die Ziele mit Quelle M 5c.
2 *a) Skizzieren Sie die Ziele der Solidarność im Jahr 1981 (M 5 c) und erörtern Sie, ob diese eher den Zielen in M 5 a oder b entsprechen.*
b) Begründen Sie, inwieweit die Gewerkschaft eine Entwicklung durchgemacht hat (M 5 a–c).
3 *Analysieren Sie Unterschiede und Gemeinsamkeiten zwischen der polnischen Gewerkschaft Solidarność und der tschechoslowakischen Bewegung „Charta 77" (M 5 a, c und M 2).*
4 *Erörtern Sie am Beispiel Polen (M 6, B 5), vor welchen Aufgaben und Problemen die ersten nichtkommunistischen Regierungen in Osteuropa bei der Umgestaltung ihrer Gesellschaften standen.*
5 *Bestimmen Sie anhand von B 1, B 5, M 5, M 6, den Darstellungen S. 68 ff. die besonderen Merkmale der polnischen Revolution 1989 in Abgrenzung zu den anderen Revolutionen Osteuropas.*

M7 Die Revolutionen in Osteuropa Ende der 1980er-Jahre und ihre Ursachen: einmütiges Urteil oder kontroverse Positionen?

a) Der deutsche Journalist Theo Sommer schrieb in „Die Zeit" im Dezember 1989

Freiheit, Gleichheit, Brüderlichkeit – 200 Jahre nach der Französischen Revolution haben deren aufrüttelnde Parolen nichts von ihrer geschichtsmächtigen Wucht verloren. Während Westeuropa Jubiläum feierte, sprengte Osteuropa seine Fesseln. Die Wirklichkeit übertrumpfte die Vorstellung. So wurde 1989 zu einem Jahr der Umwälzung, das in einer Reihe steht mit 1789, 1848 und 1918: ein Scharnier- und Schicksalsjahr. [...]
Warum der plötzliche Ausbruch? Warum gerade jetzt? Oder: jetzt erst?
Auch hier floss vieles zusammen. Die Verschlechterung der Lebensbedingungen und damit der Lebenschancen. Die Unmöglichkeit, in der Wahrheit zu leben. Die ewige Gängelung, Bevormundung, Schurigelei. Die Freiheit – auch die Freiheit zu Wohlstand und materiellem Lebensglück – lässt sich den Menschen nicht ewig abschnüren. Es kommt der Punkt, an dem sich ihre Hoffnungslosigkeit zur Verzweiflung verdichtet, zum Mut der Verzweiflung auch; dann schaffen sie sich im Aufbegehren Luft. Die Kraft dazu strömt aus der schmerzlichen Einsicht in all die verlorenen Jahre: 33 in Ungarn seit dem Novemberaufstand; 28 in der DDR seit dem Bau der Mauer; 20 in der Tschechoslowakei seit der Niederschlagung des Prager Frühlings; sieben in Polen von der Ausrufung des Kriegsrechts bis zur Anberaumung des Runden Tisches. Urplötzlich entdeckten die Machtlosen ihre Macht. Die Massen begaben sich auf die Suche nach der verlorenen Zeit. [...]
Es leidet keinen Zweifel: Die langen Jahre der Konfrontation und der Stagnation in Europa wären noch nicht vorüber, gäbe es nicht Michail Gorbat-

schow. [...] Die Sache hat eine ironische Pointe. Vor einem Jahr noch war der Erneuerer Gorbatschow, der Erfinder von Glasnost und Perestroika, dem übrigen Osteuropa in seinem Reformwillen um Längen voraus. In Polen und Ungarn kamen die Reformatoren nur zäh voran; überall sonst herrschte finstere Orthodoxie. Mittlerweile hat sich das Bild völlig verändert. Anfang 1990 sind alle Osteuropäer auf dem Weg der politischen Reform weiter in Richtung Mehrparteiensystem und freie Wahlen vorangeschritten als der Große Bruder.
(Theo Sommer, Nach der langen Nacht der Barbarei, in: Die Zeit, 29. Dezember 1989)

b) Der französische Historiker François Furet schrieb 1995

Der Auflösungsprozess der Sowjetunion und nachfolgend ihres Imperiums bleibt ein Rätsel. Inwiefern eine erklärte Absicht dahinter stand, ist am schwierigsten auszumachen. Leichter lässt sich der Anteil objektiver Faktoren bestimmen. Der für die Aufrechterhaltung der Weltmacht zu zahlende Preis und vor allen Dingen der Rüstungswettlauf haben die Sowjetwirtschaft letztlich ausgebrannt; sie musste neu belebt werden. [...]
Jedenfalls hatte der innere Verfall der Sowjetunion am Ende der Breschnew-Ära ein solches Ausmaß erreicht, dass nicht nur die Regierungsgewalt des Landes, sondern auch ihre physische und moralische Gesundheit, ihre Versorgung, ihr Wohnungswesen, ihre medizinische Betreuung – kurzum, die Fähigkeit der öffentlichen Seite, elementare gesellschaftliche Bedürfnisse zu befriedigen – nicht länger gewährleistet war. [...] Den Menschen geht es ein wenig besser als in der Vergangenheit, was noch nicht viel heißt; das Regime ist am Ende, die Partei durch Korruption verdorben, Zynismus, Trunksucht und Trägheit sind allgegenwärtig. Dieser allgemeine Zusammenbruch, der sich aus dem Zusammenbruch der Partei ergibt, zeigt die besondere Anfälligkeit eines Systems mit einer über die Gesellschaft herrschenden allmächtigen Einheitspartei. [...]
Gorbatschow gibt vor, ein kommunistisches Regime erneuern zu wollen, wozu ihm nichts Besseres einfällt, als Anleihen bei der westlichen Tradition zu machen, keine anderen Mittel also als jene, die er sich von den großen kapitalistischen Demokratien erbettelt. [...] So bleibt von der kommunistischen Idee nur mehr, was durch sie zerstört wurde.
(François Furet, Das Ende der Illusion. Der Kommunismus im 20. Jahrhundert, Übers. Karola Bartsch u. a., Piper, München 1996, S. 619 ff.)

c) Eric Hobsbawm, britischer Historiker, 1995:

Vor allem im Hinblick auf das zweihundertjährige Jubiläum von 1789 schien es ganz selbstverständlich, die Umbrüche in den Jahren 1989 und 1990 als osteuropäische Revolution darzustellen. Zwar wirkt dieser Begriff durchaus angemessen, da Ereignisse, die zum endgültigen Sturz von Regimen führen, revolutionär sind, aber er ist irreführend. Denn keines der osteuropäischen Regime wurde gestürzt. Außer in Polen hatte es in keinem Land eine organisierte oder auch nur nicht-organisierte interne Kraft gegeben, die eine ernsthafte Bedrohung dargestellt hätte. [...] Die unmittelbarste Bedrohung der Regime [...] war Moskau selbst, nachdem von dort der klare Bescheid gekommen war, dass man nicht mehr wie 1956 und 1968 mit einer militärischen Rettungsaktion herbeieilen würde. [...]
Der Kommunismus basierte nicht auf Massenkonversion[1], sondern war der Glaube von Kadern oder (in Lenins Worten) der „Vorhut". [...] Die Massen stimmten dem Kommunismus nicht aus ideologischer oder anders begründeter Überzeugung zu, sondern weil sie von ihm ein besseres Leben erwarteten und ihre eigene Situation mit der von anderen verglichen. Sobald es unmöglich geworden war, ganze Völker vom Kontakt mit anderen oder auch nur vom Wissen über andere zu isolieren, gerieten solche Vergleiche zunehmend skeptisch. [...] Sogar die Kader der kommunistischen Parteien begannen sich auf die Befriedigung alltäglicher Bedürfnisse zu konzentrieren, als die Jahrtausendhoffnung der Erlösung auf Erden, der sie ihr Leben geweiht hatten, in die unbekannte Zukunft zu entschwinden begann.
(Eric Hobsbawm, Das Zeitalter der Extreme, Hanser, München 1995, S. 603 f. und 613 f.)

1 Konversion: Wechsel der Konfession, des Glaubens

1 *Arbeiten Sie die zentralen Thesen von Sommer, Furet und Hobsbawm (M 7 a–c) heraus.*
2 *Erörtern Sie die Unterschiede und Gemeinsamkeiten zwischen den Interpretationen. Wie beurteilen die Autoren die Rolle Gorbatschows?*
3 *Diskutieren Sie ihre Vorzüge und Nachteile bei der Erklärung der Revolutionen in Osteuropa 1989.*
4 *Der britische Historiker Mark Mazower hat einmal folgende These vertreten: „Die bloße Tatsache eines wirtschaftlichen Rückgangs stellte keine Bedrohung für Regime dar, die in langen Jahren verlässliche Methoden der Selbstverteidigung entwickelt und vervollkommnet hatten. Sehr wohl allerdings unterminierte sie die Herrschaftsansprüche der Kommunisten." Diskutieren Sie diese Auffassung.*

2 Menschenrechte in historischer Perspektive

„1989": Ende des utopischen Zeitalters?

Mit dem Zusammenbruch der Sowjetunion und dem **Ende des diktatorischen Staatssozialismus** nach den Revolutionen 1989 in Osteuropa zerplatzte auch der kommunistische Traum von einem „neuen Menschen" und einem irdischen Paradies. Diese Utopie, die erstmals mit der Russischen Oktoberrevolution 1917 umgesetzt werden sollte, hatte den Menschen Gleichheit und Wohlstand versprochen. Stattdessen herrschte für die große Mehrheit Mangelwirtschaft, während eine kleine Schicht materielle Privilegien genoss. Statt sozialer Harmonie und Freiheit prägten die Wirklichkeit Unterdrückung und zum Teil barbarische Gewalt. Unter Josef Stalin in der Sowjetunion oder unter Mao Zedong in China kostete sie Mitte des 20. Jahrhunderts Millionen Menschen das Leben.
Bedeutete aber das Ende des Kommunismus in weiten Teilen der Welt auch das Ende des utopischen Zeitalters, wie einige Wissenschaftler und Publizisten nach 1989 voraussagten? Muss vernünftige Politik seitdem auf Gesamtentwürfe einer besseren und friedlicheren Welt verzichten? Muss sie sich auf pragmatischen Konfliktausgleich und „Stückwerk"-Reformen beschränken?

Bürgerliches Politikideal und Menschenrechte

Der These vom Ende der Utopien haben einige Wissenschaftler und Publizisten widersprochen. Sie bestehen darauf, dass nach wie vor das **Ideal einer bürgerlichen Gesellschaft** politisch-soziales Denken und Handeln anleiten könne, so wie es sich mit der Aufklärung im 17./18. Jahrhundert und der Amerikanischen und Französischen Revolution seit Ende des 18. Jahrhunderts herausgebildet habe. Der gesamtgesellschaftliche Wandel, der mit den Revolutionen seit 1989 in Osteuropa angestoßen wurde, orientiere sich ja in weiten Teilen am Ideal der bürgerlichen Gesellschaft mit ihrer Gewährleistung der Menschen- und Bürgerrechte. Und diese Utopie, für die es sich zu kämpfen lohne, sei heute weder überall auf der Welt noch in vollem Umfange realisiert.
Das bürgerliche Politikideal war und ist die moderne Demokratie. Sie beruht in der Regel auf einer geschriebenen **Verfassung.** Diese garantiert den Staatsbürgern die **Gleichheit** vor dem Gesetz, parlamentarisch-demokratische Formen der politischen **Mitsprache** auf der Grundlage freier und geheimer **Wahlen** sowie die unbedingte Einhaltung der **Menschen- und Bürgerrechte.** Der liberale Rechts- und Verfassungsstaat gewährleistet dabei seinen Bürgern nicht nur Freiheitsrechte und die Würde des Einzelnen. Er legt dem Staat auch die Verpflichtung auf, dafür zu sorgen, dass jeder sie wahrnehmen und gegebenenfalls einklagen kann.

Was sind Menschenrechte?

Menschenrechte sind individuelle Freiheitsrechte. Als unverletzliche und unveräußerliche Rechte gelten sie für alle Menschen, unabhängig von äußerlichen Merkmalen, Geschlecht, Sprache, Religion, politischer und moralischer Überzeugung, nationaler und sozialer Herkunft. Jeder Einzelne erwirbt sie mit der Geburt.
Die Menschenrechte können aus unterschiedlichen Denktraditionen hergeleitet werden: Einige betrachten sie als Ausfluss der menschlichen Natur, was insbesondere auf die Aufklärung und ihre Vorstellung von einem von Natur aus freien Menschen zurückgeht. Andere sehen die Menschenrechte als Baustein einer göttlichen Weltordnung (M 1 a–c, B 3).
Es gibt auch Rechte, die dem Menschen nicht „angeboren" sind, sondern die ihm vom Staat verliehen werden, zum Beispiel das Wahlrecht oder das Recht auf Eigentum. Weil solche Rechte nur Staatsangehörigen zustehen, werden sie auch als **Bürgerrechte** bezeichnet. Die in der Verfassung eines Staates verankerten Menschen- und Bürgerrechte werden auch übergreifend als **Grundrechte** bezeichnet.

Grundzüge der Geschichte der Menschenrechte

Umfassende Menschenrechtskataloge als zentrale Bestandteile des Staats- und Verfassungsrechts sind eine Errungenschaft der **Neuzeit,** also der Epoche seit um 1500. Die Einsicht, dass es Rechte gibt, die von Natur aus zum Wesen des Menschen gehören und die schützenswert sind, gibt es zwar schon seit der Antike. Auch prägte sie von Anfang an das christliche Denken. Aber erst die **Aufklärung** verhalf der Forderung zum Durchbruch, dass sich alle Herrschaftsverhältnisse an der „natürlichen Vernunft" und damit an Menschenrechten auszurichten haben. Die **politischen Revolutionen Ende des 18. Jahrhunderts,** d.h. die Amerikanische Revolution 1775–1783 und die Französische Revolution 1789, wurden zu Marksteinen bei der Bindung staatlich-politischen Handelns an die Menschenrechte. Dabei ging es zunächst um den Schutz der Menschen vor willkürlicher politischer Gewalt und um die Beschränkung staatlicher Macht: um Meinungs-, Vereinigungs- und Bekenntnisfreiheit.
Seit dem 19. Jahrhundert, dem **Zeitalter der Industrialisierung,** nimmt der Schutz vor nichtstaatlichen Bedrohungen einen immer breiteren Raum ein. Das zeigt sich deutlich in dem Anspruch der Menschen auf eine soziale Sicherung ihres Lebens in Menschenwürde.
Die bitteren Erfahrungen mit den totalitären **Diktaturen des 20. Jahrhunderts,** dem Nationalsozialismus, dem italienischen Faschismus und den kommunistischen Regimes, die Millionen Menschen aufgrund ihrer politischen, religiösen und moralischen Überzeugungen oder ihrer „Rasse" ermordet haben, verdeutlicht, wie wichtig aktives Bemühen um die Menschenrechte ist.

Station I: Menschenrechtserklärungen des 18. Jh.

Die weltpolitische Bedeutung der Amerikanischen Revolution bestand nicht nur darin, dass sich die USA in einem langwierigen Unabhängigkeitskrieg von kolonialer Abhängigkeit befreiten und zu einer souveränen Nation erklärten. Darüber hinaus garantierte dieser neue Staat in einer geschriebenen Verfassung seinen Bürgern Freiheits- und Gleichheitsrechte: Gewaltenteilung, Menschen- und Bürgerrechte, strikte Trennung von Staat und Kirche, religiöse Toleranz. Einen umfangreichen Grundrechtekatalog enthielt die **Unabhängigkeitserklärung der USA 1776.** Dieser war bereits vorher in den einzelstaatlichen Verfassungen zu finden, zuerst in der ***Bill of Rights* von Virginia** (M 2). Den schwarzen Sklaven und den Ureinwohnern, den Indianern, wurden diese Rechte jedoch nicht zugestanden. Die Abschaffung der Sklaverei erfolgte in den USA erst 1865.
Die Idee der Menschenrechte war lange vor den ersten Verfassungsentwürfen von Philosophen entwickelt worden. Der Wichtigste war der Engländer **John Locke** (1632–1704; M 3). Andere führten seine Gedanken fort, so die Franzosen **Charles de Montesquieu** (1689–1755) und **Jean-Jacques Rousseau** (1712–1778).
Die Französische Revolution 1789 bedeutete zweierlei: das Ende des Absolutismus und der feudal-ständischen Gesellschaft bzw. den Beginn der parlamentarischen Demokratie und der bürgerlichen Sozialordnung. Diese Modernisierung ist ohne die **Erklärung der Menschen- und Bürgerrechte durch die französische Nationalversammlung 1789** nicht denkbar. Mit ihr gehörte die adelige Privilegiengesellschaft der Vergangenheit an. Die Menschenrechtserklärung sicherte den Bürgern die zivile Gleichberechtigung, Steuergleichheit, die Meinungs-, Presse- und Glaubensfreiheit sowie das Privateigentum zu. Sie bestätigte den Zugang für alle zu den staatlichen Ämtern und schützte die Bürger vor staatlicher Willkür.
Der Verlauf der Revolution verdeutlicht jedoch, dass Menschen- und Bürgerrechte aktiv geschützt werden müssen. Obwohl die Verfassung der Jakobiner von 1793 einen umfangreichen Menschenrechtskatalog enthielt, übten sie eine Terrorherrschaft aus (M 4). Die 1794 abgeschaffte Sklaverei in den französischen Kolonien führte Napoleon 1802 wieder ein (B 5). Auch wurden die Frauen in der Menschen- und Bürgerrechtserklärung nicht ausreichend berücksichtigt, was die **Erklärung der Rechte der Frau und Bürgerin 1791** von Marie Olympe de Gouges zeigt.

B 1 René Magritte (1898–1967), Die Menschenrechte, Ölgemälde, 1948. – Das Gemälde Magrittes gehört zu den surrealistischen Kunstwerken. Ziel der Surrealisten war es, eine bislang unsichtbare Innenwelt äußerlich sichtbar zu machen. Magritte sagte: „Die Malkunst – die wahrhaft Kunst der Ähnlichkeit genannt zu werden verdient – erlaubt es, im Malen ein Denken zu beschreiben, das sichtbar werden kann.“ Dafür sei es möglich, auch Dinge zu kombinieren, die scheinbar nichts miteinander zu tun hätten.

1 *Beschreiben Sie die Elemente, die Farben und den Bildaufbau in B 1.*
2 *Erörtern Sie, warum die Menschenrechte auf dem Bild von Magritte gesichtslos sind.*
3 *Magritte sagte einmal, dass es ihm bei seinen Werken um „Träume ging, die nicht einschläfern, sondern aufwecken wollen“. Formulieren Sie, hiervon ausgehend, eine Gesamtaussage von B 1.*

Station II: UNO-Menschenrechtsdeklaration (1948)

Mit der Gründung der UNO am Ende des Zweiten Weltkriegs beginnt eine neue Phase der Menschenrechtsgeschichte. Menschenrechtsfragen gelten seither nicht länger als „innere“ Angelegenheit der Staaten, sondern als eine Sache der internationalen Staatengemeinschaft. Der Prozess lässt sich als „Universalisierung der Menschenrechte“ charakterisieren: Überall auf der Welt (Grundsatz der Allgemeinheit) sollen die Menschenrechte fest in Verfassung und Recht (Prinzip der Institutionalisierung) verankert werden.
Die Garantie der Menschenrechte ist eines der Hauptziele der UNO. Ihr Gründungsdokument, die Charta der Vereinten Nationen, die im Juni 1945 in San Francisco unterzeichnet wurde und im Oktober 1945 in Kraft trat, formulierte aber noch keinen Menschenrechtskatalog. Das Dokument enthält lediglich eine Absichtserklärung. Alle Mitglieder, damals 51 Staaten einschließlich der Großmächte USA und UdSSR, verpflichten sich, diese Ziele zu verwirklichen.
Erst die „Allgemeine Erklärung der Menschenrechte“ der UNO vom Dezember 1948 enthält einen umfangreichen Menschenrechtskatalog (M 5, B 1). Hier sind persönliche Freiheiten, politische Rechte und soziale Rechte verankert. Allerdings ist das Dokument eine völkerrechtlich nicht verbindliche Resolution der Generalversammlung. Dennoch darf es nicht abgewertet werden. Im Gegenteil: Die internationale Staatengemeinschaft legte zum ersten Mal die Rechte fest, die die einzelnen Staaten zu gewährleisten haben. Außerdem erhielt der Menschenrechtsgedanke eine bis dahin nicht erreichte internationale Aufmerksamkeit. Die Idee von der Notwendigkeit eines universalen Menschenrechtsschutzes kann seit der Erklärung nicht mehr unterdrückt werden. Internationale Politik muss sich seither immer auch an den Menschenrechten messen lassen.

Station III: Menschenrechte im Grundgesetz (1949)

Die Erfahrungen mit dem menschenverachtenden Regime des Nationalsozialismus liegen auch dem Grundgesetz für die Bundesrepublik Deutschland zugrunde, das im Mai 1949 verabschiedet wurde. Es beginnt nicht nur mit einem umfangreichen **Menschen- und Grundrechtskatalog (Art. 1–20)**, sondern es erklärt ihn auch in Artikel 79 in seinem Wesensgehalt ein für allemal als unabänderbar. Darin spiegeln sich die Erfahrungen aus der Weimarer Republik: Die NS-Regierung hatte die Grundrechte der Weimarer Verfassung in der „Reichstagsbrandverordnung" vom 28. Februar 1933 „per Verordnung" außer Kraft gesetzt.
Die Verankerung der **allgemeinen rechtlichen Gleichstellung von Mann und Frau** (also nicht nur der politischen wie in der Weimarer Verfassung) gelang im Parlamentarischen Rat, insbesondere Elisabeth Selbert, erst nach massiver Mobilisierung der Öffentlichkeit (M 6).

Station IV: KSZE-Schlussakte von Helsinki (1975)

Im Zeitalter des Kalten Krieges (1946–1990) war der Konflikt zwischen den Supermächten USA und UdSSR immer auch eine Auseinandersetzung über die Menschenrechte. In den Ländern des sowjetischen Einflussgebietes schränkten die Regierungen die Individualrechte ihrer Bürgerinnen und Bürger ein und verfolgten ihre Gegner. Erst im Rahmen der **Konferenz für Sicherheit und Zusammenarbeit in Europa,** bei der Ost und West an einem Tisch saßen, erklärten sich auch die Sowjetunion und die von ihr abhängigen Staaten in der „KSZE-Schlussakte" von Helsinki bereit, einen Menschenrechtskatalog zu unterzeichnen (1975). Menschen- und Bürgerrechtsbewegungen Osteuropas versuchten seither dieses Dokument zu nutzen, um gegen ihre Regierungen zu protestieren (B 6, M 7; s. auch S. 67).

Station V: Die Sowjetunion seit Gorbatschow (1985)

1985 wurde Michail Gorbatschow zum Generalsekretär der Kommunistischen Partei der Sowjetunion ernannt. Seither gehörte die Demokratisierung der politischen Entscheidungsprozesse ebenso zu den zentralen Zielen seiner Reformpolitik wie rechtliche Garantien für den Schutz und die Freiheiten der Bürger sowie eine unabhängige Gerichtsbarkeit. Diese Forderungen sollten in einer neuen Verfassung verankert werden, die seit 1989 von einer Verfassungskommission ausgearbeitet wurde.
Zur Verabschiedung einer modernen Verfassung kam es aber erst nach dem Untergang der Sowjetunion, und zwar für Russland. 1993 trat die „Verfassung der Russischen Föderation" in Kraft, die einen umfangreichen Menschenrechtskatalog enthielt (M 9). Gleich zu Beginn des Verfassungstextes bekräftigte „das multinationale Volk der Russischen Föderation" die Menschenrechte und Freiheiten in einem „demokratischen Rechtsstaat". Als oberster Wert gilt der Mensch mit seinen Rechten und Freiheiten. Daher bestehe die „Pflicht des Staates" darin, „die Rechte und Freiheiten des Menschen und des Bürgers anzuerkennen, zu achten und zu schützen".

Station VI: Menschenrechte in Osteuropa seit 1989

Die Umgestaltung der ehemaligen kommunistischen Staaten Osteuropas in Demokratien nach westlichem Vorbild seit den Revolutionen 1989 führte überall zur Aufnahme umfangreicher Menschenrechtskataloge in die Verfassungen. In der slowenischen Verfassung von 1991/92 nehmen Menschenrechte und Grundfreiheiten sogar fast ein Drittel des Textes ein. Der neue Staat Slowenien verdient aber noch aus einem anderen Grund Beachtung. Seine Verfassung gewährt den italienischen und ungarischen Gruppen nicht nur ausdrücklich **Minderheitenschutz,** sondern auch besondere **Volksgruppenrechte.**
Ein weiteres Land mit nationalen Minderheiten, darunter auch Deutschen, ist Rumänien. In der Verfassung vom November 1991 heißt es in Artikel 6 zum „Recht auf Identität": „Der Staat anerkennt und gewährleistet Mitgliedern nationaler Minderheiten das Recht, ihre ethnische, kulturelle, sprachliche und religiöse Identität zu wahren, zu entwickeln und auszudrücken."

B 2 „Göttin der Demokratie", aufgestellt von demonstrierenden Studenten vor dem Kaiserpalast in Peking, Fotografie, Mai 1989. – Über Lautsprecher ließ die chinesische Regierung zur „Göttin der Demokratie" am 30. Mai 1989 erklären: „Dies ist China, nicht Amerika! Auch in den USA würde irgendeine Statue vor dem Weißen Haus nicht geduldet. Es ist ungesund. Wir sind ernsthaft gegen das, was einige getan haben, und werden dieses Problem bald lösen."

1 *a) Beschreiben Sie das in B 2 Abgebildete und ordnen Sie es mithilfe der Darstellung historisch ein.*
b) Erörtern Sie, in welche politische Tradition sich die Demonstranten mit der Aufstellung der „Göttin der Demokratie" stellten und welche Forderungen damit verbunden waren.

2 *Bewerten Sie die Stellungnahme der chinesischen Regierung (Legende zu B 2). Welche Ziele verfolgte sie?*

Viele osteuropäische Länder, die sich nach 1989 zu Demokratien gewandelt haben, vertrauten den Schutz der Menschenrechte nicht nur dem Staat an. Aus ihrer Erfahrung mit den kommunistischen Diktaturen wussten sie, dass Macht missbraucht werden konnte. Über die Einhaltung der Menschen- und Bürgerrechte wachen seit der Wende von 1989 daher auch **Verfassungsgerichte.** Zwar haben nicht in allen Ländern die Staatsbürger selbst das Recht, die Geltung der Menschen- und Bürgerrechte vor ihrem Verfassungsgericht individuell einzuklagen. Aber die Tatsache, dass von Litauen über Polen, Russland, Rumänien, Bulgarien bis nach Albanien Verfassungsgerichte die Gesetzgebung kontrollieren, ist ein großer Fortschritt auch für die Menschenrechte.

Station VII: China – Scheitern der Demokratiebewegung

Nach dem Tode Mao Zedongs leitete das kommunistische China Ende der 1970er-Jahre Reformen ein. Der Schwerpunkt lag auf einer militärischen und ökonomischen Modernisierung. Ziel war eine marktorientierte sozialistische Wirtschaft. Eine politische Modernisierung, d. h. ein Weg zu mehr Demokratie, wurde nicht eröffnet. Die uneingeschränkte Macht der Kommunistischen Partei Chinas (KPC) durfte nicht angetastet werden.
Doch die Forderungen nach Freiheit und Demokratie wurden lauter. Am 4. Mai 1989 demonstrierten in Peking etwa 500 000 Menschen. Prominente Mitglieder der KPC mussten sich öffentlich Kritik anhören. In der politischen Führung entbrannte ein heftiger Streit, wie die Partei reagieren sollte. Am 3./4. Juni ging das Militär gegen die Demonstranten auf dem Tiananmen-Platz vor. Über 1400 Zivilisten starben (B 2).
Mit dem **Massaker auf dem Platz des „Himmlischen Friedens"** 1989 wollten die Machthaber verhindern, dass nach dem Wandel in der Sowjetunion und in Osteuropa auch in China demokratische Bewegungen an Einfluss gewannen. Seither steckt die Führung Chinas in einem Zwiespalt: Sie kann und will den wirtschaftlichen Reformkurs nicht aufgeben. Zugleich will sie aber ihre politische Macht behalten und in Menschenrechtsfragen keine Konzessionen machen.

B 3 Karikatur, Deutschland, um 2000

M1 Was sind „Menschenrechte"?

a) K. Peter Fritzsche, Professor für Menschenrechtserziehung, schrieb 2004

Die Qualifizierung der Menschenrechte als angeborene Rechte bedeutet, dass sie weder erworben noch verdient oder verliehen werden können, sondern dass sie eine Berechtigung allein aufgrund des Menschseins sind. [...] Einmal als angeboren anerkannt, können sie auch nicht wieder genommen oder verwirkt werden. Sie bleiben eine Berechtigung, die an keine Leistungen, Verdienste oder Pflichterfüllung gebunden ist. Zwar ist mit den Rechten auch die Pflicht verbunden, die Rechte der anderen zu achten, aber die Nichtachtung kann nur zu unterschiedlichen Arten der Kritik oder Sanktion führen, aber nicht zum Verlust der Menschenrechte. Selbst ein Terrorist kann seine Menschenrechte nicht verwirken. Es ist genau dies, was den zivilisatorischen Fortschritt am radikalsten ausdrückt. Menschen sind und bleiben Menschen, auch in extremen Fällen: Sie stehen nicht irgendeiner Strategie der De-Humanisierung zur Disposition. Gleichwohl gibt es Ausnahme- und Notstandssituationen, in denen Menschenrechte für eine bestimmte Zeit begrenzt werden können, aber auch unter den extremsten Bedingungen bleibt ein Kern von Menschenrechten wie das Recht auf Leben oder das Folterverbot „notstandsfest" und ist in keiner Weise einzuschränken.

(K. Peter Fritzsche, Menschenrechte. Eine Einführung mit Dokumenten, Schöningh, Paderborn 2004, S. 16 ff.)

b) Aus einer Rede des stellvertretenden chinesischen Außenministers Liu Huaqiu vor der Wiener Menschenrechtskonferenz (Juni 1993)

Unterschiedliche historische Entwicklungsstufen stellen an die Menschenrechte unterschiedliche Anforderungen. Länder auf verschiedenen Entwicklungsstufen oder mit anderen historischen und kulturellen Traditionen verstehen und handhaben Menschenrechte anders. Darum sollte man nicht den Standard gewisser Länder für allein angemessen halten und von allen Ländern fordern, dass sie sich ihm anpassen.

(Liu Huaqiu, Wer sich einmischt, betreibt Machtpolitik, in: Zeit-Punkte, Zeit-Verlag, Nr. 2, 1993, S. 93)

c) Aus der „Allgemeinen Erklärung der Menschenrechte im Islam" der „Organisation der Islamischen Konferenz" (1981)

Im Namen des Gottes des Erbarmers und des Barmherzigen

Präambel

Vor 14 Jahren legte der Islam die „Menschenrechte" umfassend und tiefgründig als Gesetz fest. [...]

Artikel 1

Das Recht auf Leben

a) Das Leben des Menschen ist geheiligt. Niemand darf es verletzen: „Wenn einer jemanden tötet, (und zwar) nicht (etwa zur Rache) für jemand (anders, der von diesem getötet wurde) oder zur Strafe für) Unheil (das er) auf der Erde (angerichtet hat), so soll es so sein, als ob er die Menschen alle getötet hätte, und wenn einer jemanden am Leben erhält, soll es so sein, als ob er die Menschen alle am Leben erhalten hätte" (Koran 5, 32).

Diese Heiligkeit kann nur durch die Macht der Scharia[1] und durch die von ihr zugestandenen Verfahrensweisen angetastet werden.

(Zit. nach: Menschenrechte, hg. von der Bundeszentrale für politische Bildung, Bonn ^{2}1999, S. 619)

1 Scharia: System von Idealen und Rechtsbestimmungen der islamischen Gemeinschaft, die auf Gottes Gebote gründen und die verschiedene Rechtsschulen unterschiedlich auslegen. Die Scharia ist kein kodifizierter Rechtskorpus wie z. B. das Grundgesetz, das Strafgesetzbuch oder das Bürgerliche Gesetzbuch.

1 *a) Erläutern Sie, was die Autoren von M 1 a–c jeweils unter „Menschenrechten" verstehen.*
b) Welche Argumente führen sie jeweils an?
c) Erklären Sie, welche Position naturrechtlich und welche religiös abgeleitet ist (s. auch Darstellung S. 77 f.).

2 *Ordnen Sie die Positionen in M 1 a–c historisch ein.*

3 *Begründen Sie, welche Auffassung in M 1 a–c Ihrer Meinung nach der französischen Menschenrechtserklärung von 1789 (s. im Schülerbuch) am nächsten kommt.*

B 4 Straßenplakate in Teheran/Iran zur Folter an irakischen Insassen im US-Militärgefängnis in Abu Ghraib/Irak, Fotografie, 2004

M2 Aus der „Virginia Bill of Rights" vom 12. Juni 1776

Im Mai 1776 forderte der Zweite Kontinentalkongress der 13 Neuenglandkolonien die Kolonien, die sich vom englischen Mutterland trennen wollten, auf, sich eine eigene Verfassung zu geben. Virginia stellte seiner Konstitution eine „Bill of Rights" voran; die Kerninhalte fanden 1791 als Zusatzartikel 1 bis 10 Eingang in die US-Verfassung.

I. Dass alle Menschen von Natur aus gleich frei und unabhängig sind und bestimmte angeborene Rechte besitzen, die sie ihrer Nachkommenschaft durch keinen Vertrag rauben oder entziehen können, wenn sie eine staatliche Verbindung eingehen, nämlich das Recht auf den Genuss des Lebens und der Freiheit, auf die Mittel zum Erwerb und Besitz von Eigentum, das Streben nach Glück und Sicherheit und das Erlangen beider.

II. Dass alle Gewalt im Volke ruht und folglich von ihm abgeleitet ist, dass die Behörden seine Bevollmächtigten und Diener sind und ihm zu aller Zeit verantwortlich.

III. Dass eine Regierung eingesetzt ist oder eingesetzt sein sollte zum allgemeinen Wohle, zum Schutz und zur Sicherheit des Volkes, der Nation oder der Gemeinde; dass von all den verschiedenen Regierungsformen diejenige die beste ist, die fähig ist, den höchsten Grad von Glück und Sicherheit hervorzurufen, und die am wirksamsten gegen die Gefahr schlechter Verwaltung gesichert ist; und dass die Mehrheit einer Staatsgemeinde ein unzweifelhaftes, unveräußerliches und unverletzliches Recht hat, eine Regierung zu reformieren, zu verändern oder abzuschaffen, wenn sie diesen Zwecken unangemessen oder entgegengesetzt befunden wird, und zwar in einer Weise, die für das Allgemeinwohl am dienlichsten scheint. [...]

V. Dass die gesetzgebenden und vollziehenden Gewalten eines Staates getrennt und von der richterlichen unterschieden werden sollen [...].

VI. Dass die Wahlen der Mitglieder, die als Vertreter des Volkes in der Versammlung dienen sollen, frei sein sollten, und dass alle Menschen, die genügend ihr dauerndes Interesse an der Allgemeinheit und ihre Bindung an die Staatsgemeinde nachweisen können, das Recht zur Wahl haben, dass ihnen ihr Eigentum nicht zu öffentlichen Zwecken besteuert oder genommen werden kann ohne ihre eigene Einwilligung oder die der so gewählten Volksvertreter. [...]

VIII. Dass bei allen hochnotpeinlichen oder peinlichen Prozessen jedermann das Recht hat, nach Ursache und Natur seiner Anklage zu fragen, seinen Anklägern und deren Zeugen gegenübergestellt zu werden, Zeugen zu seinen Gunsten herbeizurufen und eine sofortige Untersuchung durch einen unparteiischen Gerichtshof aus zwölf Leuten seiner Nachbarschaft zu verlangen, ohne deren einmütige Zustimmung er nicht schuldig befunden werden kann; dass er ferner nicht zum Zeugnis gegen sich selbst gezwungen werden kann [...].

IX. Dass keine übermäßige Bürgschaft verlangt werden, keine übermäßigen Geldbußen und auch keine grausamen oder ungewöhnlichen Strafen auferlegt werden sollten. [...]

XII. Dass die Pressefreiheit eins der stärksten Bollwerke der Freiheit ist und nur durch despotische Regierungen beschränkt werden kann.

XIII. Dass eine wohl geordnete Miliz, die aus dem Volke gebildet und im Waffendienst geübt ist, die natürliche und sichere Verteidigung eines freien Staates ist; dass man stehende Heere in Friedenszeiten, als für die Freiheit gefährlich, vermeiden sollte; und dass auf alle Fälle die militärische Gewalt in strenger Unterordnung unter der zivilen stehen und von dieser geleitet werden sollte. [...]

XVI. Dass die Religion oder die Ehrfurcht, die wir unserem Schöpfer schulden, und die Art, wie wir uns dieser Pflicht entledigen, nur durch unsere Vernunft und Überzeugung bestimmt werden kann, nicht durch Machtspruch oder Gewalt; und dass daher alle Menschen zur freien Religionsausübung gleicherweise berechtigt sind, entsprechend der Stimme ihres Gewissens, und dass es die gegenseitige Pflicht aller ist, christliche Milde, Liebe und Barmherzigkeit aneinander zu üben.

(Zit. nach: Wolfgang Lautemann [Hg.], Geschichte in Quellen, Bd. 4, bsv, München 1981, S. 107 ff.)

1 *a) Benennen Sie die zentralen politischen Prinzipien der Virginia „Bill of Rights" (M 2).*
b) Erläutern Sie die Prinzipien der „Bill" (M 2), die für moderne Demokratien prägend wurden.

2 *Arbeiten Sie heraus, welche Menschenrechte die „Bill of Rights" von Virginia (M 2) garantiert.*

3 *Informieren Sie sich mithilfe des Internets über die in B 4 dargestellten Ereignisse. Gegen welche Artikel der „Virginia Bill of Rights" verstoßen damit die USA? Begründen Sie Ihre Position.*

M3 Philosophische Grundlagen der Menschenrechte: John Locke (1632–1704)

a) Aus John Lockes Werk „Zwei Abhandlungen über die Regierung" (1689/90)

Um politische Gewalt richtig zu verstehen und sie von ihrem Ursprung abzuleiten, müssen wir erwägen, in welchem Zustand sich die Menschen von Natur aus befinden. Es ist ein Zustand vollkommener Freiheit, innerhalb der Grenzen des Gesetzes der Natur ihre Handlungen zu regeln und über ihren Besitz und ihre Persönlichkeit so zu verfügen, wie es ihnen am besten scheint, ohne dabei jemanden um Erlaubnis zu bitten oder vom Willen eines anderen abhängig zu sein.

Es ist darüber hinaus ein Zustand der Gleichheit, in dem alle Macht und Rechtsprechung wechselseitig sind, da niemand mehr besitzt als ein anderer: Nichts ist einleuchtender, als dass Geschöpfe von gleicher Gattung und von gleichem Rang, die ohne Unterschied zum Genuss derselben Vorteile der Natur und zum Gebrauch derselben Fähigkeiten geboren sind, ohne Unterordnung und Unterwerfung einander gleichgestellt leben sollen. [...]

Gott, der die Welt den Menschen gemeinsam übertragen hat, hat ihnen auch die Vernunft verliehen, sie zum größten Vorteil und zur Annehmlichkeit ihres Lebens zu nutzen. Die Erde und alles, was auf ihr ist, ist den Menschen zum Genuss ihres Daseins gegeben. Alle Früchte, die sie natürlich hervorbringt, und alle Tiere, die sie ernährt, gehören den Menschen gemeinsam. [...]

So viel Land ein Mensch bepflügt, bepflanzt, bebaut, kultiviert und so viel er von dem Ertrag verwerten kann, so viel ist sein Eigentum. Durch seine Arbeit hebt er es gleichsam vom Gemeingut ab. [...]

Da die Menschen [...] von Natur aus alle frei, gleich und unabhängig sind, kann niemand ohne seine Einwilligung aus diesem Zustand verstoßen und der politischen Gewalt eines anderen unterworfen werden. Die einzige Möglichkeit, mit der jemand diese natürliche Freiheit aufgibt und die Fesseln bürgerlicher Gesellschaft anlegt, liegt in der Übereinkunft mit anderen, sich zusammenzuschließen und in einer Gemeinschaft zu vereinigen, mit dem Ziel eines behaglichen, sicheren und friedlichen Miteinanderlebens, in dem sicheren Genuss ihres Eigentums und in größerer Sicherheit gegenüber allen, die nicht zur Gemeinschaft gehören. [...]

Wenn eine Anzahl von Menschen darin eingewilligt hat, eine einzige Gemeinschaft oder eine Regierung zu bilden, so haben sie sich ihr damit gleichzeitig einverleibt, und sie bilden einen einzigen politischen Körper, in dem die Mehrheit das Recht hat, zu handeln und die Übrigen mitzuverpflichten.

(John Locke, Zwei Abhandlungen über die Regierung, hg. v. Walter Euchner, Suhrkamp, Frankfurt/Main 1977, S. 201 f., 216, 219, 260)

b) Der Historiker Wolfgang Jäger zur Biografie von John Locke (2005)

John Locke, Sohn eines englischen Gerichtsbeamten, studierte in Oxford Philosophie, Naturwissenschaften und Medizin. Er wählte jedoch nicht die Universitätslaufbahn, sondern interessierte sich für praktische Politik. In den 1660er-Jahren sammelte er politische Erfahrungen auf diplomatischen Missionen. 1667 trat er in die Dienste des späteren Lordkanzlers Earl of Shaftesbury, dem er bis zu dessen Tod 1683 freundschaftlich verbunden blieb. Wegen seiner Beteiligung an einer Verschwörung gegen die geplante Thronfolge der Stuarts floh Shaftesbury 1682 ins niederländische Exil. Weil Locke um seine persönliche Sicherheit bangen musste, ging er 1683 ebenfalls in die Niederlande. Mit Wilhelm von Oranien, der 1689 den englischen

Thron bestieg, kehrte Locke nach England zurück. In den letzten 14 Jahren seines Lebens veröffentlichte er ein umfangreiches Werk, das nachhaltig das Denken des Liberalismus geprägt hat. Locke hatte die Verabschiedung der englischen *Bill of Rights* im Jahre 1689 begrüßt. Dabei handelte es sich um einen der ersten Kataloge der Menschenrechte in der modernen Geschichte. Diese *Bill of Rights* garantierten den Menschen persönliche Freiheit und den Bürgern das Eigentum.
Darüber hinaus gehörte Locke zu den prominentesten Anhängern der „Glorreichen Revolution" in England 1688/89. Worum ging es in dieser Revolution? Im 16. und 17. Jahrhundert bestimmte in England die Krone, ob das Parlament zusammentrat. Das änderte sich im Gefolge der „Glorreichen Revolution". Als der englische König Jacob II. (1685–1688) versuchte, den Katholiken im Staat die Gleichberechtigung zu sichern, traf seine Rekatholisierungspolitik auf den Widerstand des ganzen Landes. Mit der Berufung Wilhelms III. von Oranien zum englischen König und mit der Flucht Jacobs nach Frankreich wurde die Revolution unblutig beendet. Sie legte den Grundstein für die Umwandlung Englands in eine vom Parlament geschaffene und kontrollierte Monarchie, weil die Krone ihr Initiativrecht zur Einberufung des Parlaments verlor. Die Souveränität des Parlaments bestimmte fortan das politische System Englands.
(Originalbeitrag des Autors)

1 *Erarbeiten Sie die Kerngedanken Lockes (M 3 a).*

2 Ordnen Sie die Gedanken mithilfe der Biografie (M 3 b) historisch ein.

3 *Der englische Philosoph Locke gilt als einer der ersten Denker, der zentrale Forderungen der bürgerlichen Freiheitsbewegung formuliert hat. Und er wird immer dann genannt, wenn die ideengeschichtlichen Wurzeln der Amerikanischen Revolution dargestellt werden. Vergleichen Sie die „Bill of Rights" von Virginia (M 2) mit dem Text von Locke (M 3 a). Untersuchen Sie dabei, welche Gedanken des englischen Philosophen in Virginia aufgegriffen wurden.*

M4 Aus der Verfassung Frankreichs von 1793

1. Der Zweck der Gesellschaft ist das allgemeine Glück.
Die Regierung ist eingesetzt, um dem Menschen den Genuss seiner natürlichen und unablässigen Rechte zu verbürgen.
2. Diese Rechte sind Gleichheit, Freiheit, Sicherheit, Eigentum.
3. Alle Menschen sind von Natur und vor dem Gesetz gleich.
4. Das Gesetz ist der freie und feierliche Ausdruck des allgemeinen Willens. [...]
5. Alle Bürger haben in gleicher Weise Zugang zu öffentlichen Ämtern. Die freien Völker kennen bei ihren Wahlen keine anderen Maßstäbe als die der Tugenden und der Talente.
6. Die Freiheit ist eine Ermächtigung, die jedem Menschen alles zugesteht, was den Rechten anderer nicht schadet; ihre Grundlage ist die Natur, ihre Regel die Gerechtigkeit, ihr Schutz ist das Gesetz, ihre moralische Schranke der Grundsatz: Tue keinem an, was du nicht willst, dass es dir selbst zugefügt werde.
7. Das Recht, seine Gedanken und Meinungen mitzuteilen, sei es durch die Presse oder auf jede andere Weise, das Recht, sich friedlich zu versammeln, und die freie Ausübung des Gottesdienstes können nicht verwehrt werden. [...]
9. Das Gesetz soll die allgemeine und individuelle Freiheit gegen die Unterdrückung durch die in Schutz nehmen, welche regieren. [...]
11. Jede Maßnahme gegen einen Menschen in den vom Gesetz nicht vorgesehenen Fällen und Formen ist willkürlich und tyrannisch; demjenigen, gegen den man eine solche mit Gewalt vollstrecken will, steht das Recht zu, sie mit Gewalt zurückzuweisen. [...]
14. Niemand soll verurteilt und bestraft werden, bevor er nicht vernommen oder rechtmäßig vorgeladen worden ist, und nur nach einem vor dem Vergehen verkündeten Gesetz. [...]
16. Das Eigentumsrecht ist das, wonach jedem Bürger zusteht, seine Güter und seine Einkünfte, die Früchte seiner Arbeit und seines Fleißes zu genießen und nach eigenem Gutdünken darüber zu verfügen. [...]
18. Jeder Mensch kann über seine Dienste und seine Zeit frei verfügen; aber er kann weder sich verkaufen noch verkauft werden. Seine Person ist kein veräußerliches Eigentum. Das Gesetz erkennt keinen Stand der Dienstbarkeit an; es gibt lediglich eine Vereinbarung über Dienstleistungen und Entschädigung zwischen dem, der arbeitet, und jenem, der ihn beschäftigt. [...]
20. Es darf keine Steuer auferlegt werden, außer für das gemeine Wohl. Alle Bürger haben das Recht, bei Festsetzung der Besteuerung zusammenzuwirken, über die Verwendung derselben zu wachen und sich darüber Rechnung legen zu lassen.
21. Die öffentliche Unterstützung der Bedürftigen ist eine heilige Verpflichtung. Die Gesellschaft übernimmt den Unterhalt der ins Unglück gerate-

B 5 Medaillon aus einem französischen Kolonialgebiet, 1789

nen Bürger, sei es nun, dass sie ihnen Arbeit gibt oder denjenigen, welche arbeitsunfähig sind, die Mittel ihres Unterhalts zusichert. […]

25. Die Souveränität ruht im Volke. Sie ist eines und unteilbar, unabdingbar und unveräußerlich.

26. Kein Teil des Volkes kann die Macht des gesamten Volkes ausüben; aber jeder versammelte Teil des souveränen Volkes genießt das Recht, in voller Freiheit seinen Willen auszudrücken.

27. Jeder Einzelne, welcher sich die Souveränität anmaßen will, soll sogleich durch die freien Männer zu Tode gebracht werden. […]

33. Der Widerstand gegen Unterdrückung ist Folgerung aus den übrigen Menschenrechten.

(Zit. nach: Wolfgang Heidelmeyer [Hg.], Die Menschenrechte, Schöningh, Paderborn 1974, S. 59 ff.)

1 *a) Informieren Sie sich anhand Ihres Schülerbuches über die zentralen Bestimmungen der Erklärung der Menschen- und Bürgerrechte durch die französische Nationalversammlung vom 26. August 1789.*
b) Erfassen Sie in Stichworten die wesentlichen Inhalte der Verfassung Frankreichs von 1793 (M 4).
c) Vergleichen Sie die Menschenrechte in der Verfassung 1793 (M 4) mit der Menschenrechtserklärung 1789 (s. Schülerbuch): Welche Neuerungen können Sie in der Verfassung von 1793 feststellen?

2 *Informieren Sie sich anhand Ihres Schülerbuches oder eines historischen Handbuches über die Verfassung der Jakobiner von 1794 und die Ausübung der Jakobinerherrschaft 1793/94. Erörtern Sie das Verhältnis von Verfassungsanspruch und Wirklichkeit während dieser Phase der Französischen Revolution.*

M5 Die Allgemeine Erklärung der Menschenrechte vom 10. Dezember 1948

a) Auszug aus der Präambel

Da die Anerkennung der allen Mitgliedern der menschlichen Familie innewohnenden Würde und ihrer gleichen und unveräußerlichen Rechte die Grundlage der Freiheit, der Gerechtigkeit und des Friedens in der Welt bildet, da Verkennung und Missachtung der Menschenrechte zu Akten der Barbarei führten, die das Gewissen der Menschheit tief verletzt haben, und da die Schaffung einer Welt, in der den Menschen, frei von Furcht und Not, Rede- und Glaubensfreiheit zuteil wird, als das höchste Bestreben der Menschheit verkündet worden ist, da es wesentlich ist, die Menschenrechte durch die Herrschaft des Rechtes zu schützen, damit der Mensch nicht zum Aufstand gegen Tyrannei und Unterdrückung als letztem Mittel gezwungen wird, da es wesentlich ist, die Entwicklung freundschaftlicher Beziehungen zwischen den Nationen zu fördern, da die Völker der Vereinten Nationen in der Satzung ihren Glauben an die grundlegenden Menschenrechte, an die Würde und den Wert der menschlichen Person und an die Gleichberechtigung von Mann und Frau erneut bekräftigt und beschlossen haben, den sozialen Fortschritt und bessere Lebensbedingungen bei größerer Freiheit zu fördern, da die Mitgliedstaaten sich verpflichtet haben, in Zusammenarbeit mit den Vereinten Nationen die allgemeine Achtung und Verwirklichung der Menschenrechte und Grundfreiheiten durchzusetzen, da eine gemeinsame Auffassung über diese Rechte und Freiheiten von größter Wichtigkeit für die volle Erfüllung dieser Verpflichtung ist, proklamiert die Generalversammlung diese Allgemeine Erklärung der Menschenrechte.

b) Auszug aus den 30 Artikeln

Art. 1 Alle Menschen sind frei und gleich an Würde und Rechten geboren. Sie sind mit Vernunft und Gewissen begabt und sollen einander im Geiste der Brüderlichkeit begegnen.

Art. 2 Jedermann hat Anspruch auf die in dieser Erklärung proklamierten Rechte und Freiheiten ohne irgendeine Unterscheidung, wie etwa nach Rasse, Farbe, Geschlecht, Sprache, Religion, politischer oder sonstiger Überzeugung, nationaler oder sozialer Herkunft, nach Vermögen, Geburt oder sonstigem Status. Weiter darf keine Unterscheidung gemacht werden auf Grund der politischen, rechtlichen oder internationalen Stellung des Landes oder Gebietes, dem eine Person angehört […].

Art. 3 Jedermann hat das Recht auf Leben, Freiheit und Sicherheit der Person. [...]

Art. 4 Niemand darf in Sklaverei oder Leibeigenschaft gehalten werden [...].

Art. 5 Niemand darf der Folter oder grausamer, unmenschlicher oder erniedrigender Behandlung oder Strafe unterworfen werden.

Art. 6 Jedermann hat das Recht, überall als rechtsfähig anerkannt zu werden.

Art. 7 Alle Menschen sind vor dem Gesetz gleich und haben ohne Diskriminierung Anspruch auf gleichen Schutz durch das Gesetz. [...]

Art. 8 Jedermann hat Anspruch auf einen wirksamen Rechtsbehelf [...].

Art. 9 Niemand darf willkürlich festgenommen, in Haft gehalten oder des Landes verwiesen werden.

Art. 10 Jedermann hat in voller Gleichberechtigung Anspruch darauf, dass über seine Ansprüche und Verpflichtungen und über jede gegen ihn erhobene strafrechtliche Anklage durch ein unabhängiges und unparteiisches Gericht in billiger Weise und öffentlich verhandelt wird.

Art. 11 (1) Jeder wegen einer strafbaren Handlung Angeklagte hat Anspruch darauf, als unschuldig zu gelten, bis seine Schuld in einem öffentlichen Verfahren, in dem er alle für seine Verteidigung notwendigen Garantien gehabt hat, gemäß dem Gesetz nachgewiesen ist.

(2) Niemand darf wegen einer Handlung oder Unterlassung verurteilt werden, die zur Zeit ihrer Begehung nach inländischem oder nach internationalem Recht nicht strafbar war. Ebenso darf keine schwerere Strafe als die im Zeitpunkt der Begehung der strafbaren Handlung angedrohte Strafe verhängt werden.

Art. 12 Niemand darf willkürlichen Eingriffen in sein Privatleben, seine Familie, seine Wohnung und seinen Schriftverkehr oder rechtswidrigen Beeinträchtigungen seiner Ehre und seines Rufes ausgesetzt werden. [...]

Art. 13 (1) Jedermann hat das Recht, sich innerhalb eines Staates frei zu bewegen und seinen Wohnsitz frei zu wählen.

(2) Jedermann hat das Recht, jedes Land einschließlich seines eigenen zu verlassen und in sein Land zurückzukehren.

Art. 14 (1) Jedermann hat das Recht, in anderen Ländern vor Verfolgung Asyl zu suchen und zu genießen.

(2) Dieses Recht kann im Fall einer Verfolgung wegen echter nicht-politischer Verbrechen oder wegen Handlungen, die gegen die Ziele und Grundsätze der Vereinten Nationen verstoßen, nicht in Anspruch genommen werden.

Art. 15 [...] (2) Niemandem darf seine Staatsangehörigkeit willkürlich entzogen noch ihm das Recht versagt werden, seine Staatsangehörigkeit zu wechseln.

Art. 16 (1) Männer und Frauen im heiratsfähigen Alter haben ohne Beschränkung aufgrund der Rasse, der Staatsangehörigkeit oder der Religion das Recht, eine Ehe einzugehen und eine Familie zu gründen. Sie haben gleiche Rechte bei der Eheschließung, während der Ehe und bei Auflösung der Ehe.

(2) Eine Ehe darf nur im freien und vollen Einverständnis der künftigen Ehegatten geschlossen werden.

Art. 17 (1) Jedermann hat das Recht, allein oder in Gemeinschaft mit anderen Eigentum zu haben.

[...]

Art. 18 Jedermann hat das Recht auf Gedanken-, Gewissens- und Religionsfreiheit; dieses Recht umfasst die Freiheit, seine Religion oder seine Weltanschauung zu wechseln, sowie die Freiheit, seine Religion oder seine Weltanschauung allein oder in Gemeinschaft mit anderen, öffentlich oder privat durch Unterricht, Ausübung, Gottesdienst und Beachtung religiöser Bräuche zu bekunden.

Art. 19 Jedermann hat das Recht auf Freiheit der Meinung und der Meinungsäußerung; dieses Recht umfasst die unbehinderte Meinungsfreiheit und die Freiheit, ohne Rücksicht auf Staatsgrenzen Informationen und Gedankengut durch Mittel jeder Art sich zu beschaffen, zu empfangen und weiterzugeben.

Art. 20 (1) Jedermann hat das Recht auf Versammlungs- und Vereinigungsfreiheit zu friedlichen Zwecken. [...]

Art. 21 (1) Jedermann hat das Recht, an der Gestaltung der öffentlichen Angelegenheiten seines Landes unmittelbar oder durch frei gewählte Vertreter teilzunehmen.

(2) Jedermann hat unter gleichen Bedingungen das Recht auf Zugang zu öffentlichen Ämtern in seinem Lande.

(3) Der Wille des Volkes bildet die Grundlage für die Autorität der öffentlichen Gewalt; dieser Wille muss durch wiederkehrende, echte, allgemeine und gleiche Wahlen zum Ausdruck kommen [...].

Art. 22 Jedermann hat als Mitglied der Gesellschaft Recht auf soziale Sicherheit und hat Anspruch darauf, durch innerstaatliche Maßnahmen und internationale Zusammenarbeit unter Berücksichtigung der Organisation und der Hilfsmittel jedes Staates in den Genuss der für seine Würde und die freie Entwicklung seiner Persönlichkeit unentbehrlichen wirtschaftlichen, sozialen und kulturellen Rechte zu gelangen.

Art. 23 (1) Jedermann hat das Recht auf Arbeit, auf freie Berufswahl, auf angemessene und befriedigende Arbeitsbedingungen sowie auf Schutz gegen Arbeitslosigkeit.

(2) Alle Menschen haben ohne jede Diskriminierung das Recht auf gleichen Lohn für gleiche Arbeit.

(3) Jedermann, der arbeitet, hat das Recht auf gerechte und günstige Entlohnung, die ihm und seiner Familie eine der menschlichen Würde entsprechende Existenz sichert und die, wenn nötig, durch andere soziale Schutzmaßnahmen zu ergänzen ist.

(4) Jedermann hat das Recht, zum Schutze seiner Interessen Gewerkschaften zu bilden und solchen beizutreten.

Art. 24 Jedermann hat Recht auf Arbeitspausen und Freizeit einschließlich einer angemessenen Begrenzung der Arbeitszeit sowie auf regelmäßigen bezahlten Urlaub.

Art. 25 (1) Jedermann hat das Recht auf einen für die Gesundheit und das Wohlergehen von sich und seiner Familie angemessenen Lebensstandard, einschließlich ausreichender Ernährung, Bekleidung, Wohnung, ärztlicher Versorgung und notwendiger sozialer Leistungen, sowie ferner das Recht auf Sicherheit im Falle von Arbeitslosigkeit, Krankheit, Invalidität, Verwitwung, Alter oder von anderweitigem Verlust seiner Unterhaltsmittel durch unverschuldete Umstände.

(2) Mütter und Kinder haben Anspruch auf besondere Hilfe und Unterstützung. Alle Kinder, eheliche und außereheliche, genießen den gleichen sozialen Schutz.

Art. 26 (1) Jedermann hat das Recht auf Bildung. Der Unterricht muss zum mindesten in der Elementar- und Grundstufe unentgeltlich sein. [...]

(2) Die Bildung muss auf die volle Entfaltung der menschlichen Persönlichkeit und auf die Stärkung der Achtung vor den Menschenrechten und Grundfreiheiten gerichtet sein. Sie muss Verständnis, Toleranz und Freundschaft zwischen allen Völkern und allen rassischen oder religiösen Gruppen fördern und die Tätigkeit der Vereinten Nationen zur Aufrechterhaltung des Friedens unterstützen. [...]

Art. 29 (1) Jedermann hat Pflichten gegenüber der Gemeinschaft, in der allein die freie und volle Entwicklung seiner Persönlichkeit möglich ist. [...]

Art. 30 Nichts in dieser Erklärung darf dahin ausgelegt werden, dass es für einen Staat, eine Gruppe oder eine Person das Recht begründet, eine Tätigkeit auszuüben oder eine Handlung zu begehen, die auf die Abschaffung der in dieser Erklärung ausgesprochenen Rechte und Freiheiten hinzielt.

(Zit. nach: Menschenrechte, hg. von der Bundeszentrale für politische Bildung, 2. Aufl., Bonn 1999, S. 52 ff.)

1 *Lesen Sie die Menschenrechtsdeklaration (M 5 b) und benennen Sie anhand konkreter Beispiele, inwieweit Artikel der Deklaration in Ihrem Leben oder Umfeld eine Rolle spielen oder gespielt haben.*

2 *a) Informieren Sie sich anhand eines historischen Handbuches über die Gründung der UNO und ihre Menschenrechtspolitik in den ersten Jahren ihres Bestehens (als Einstieg s. Darstellung S. 79).*
b) Erklären Sie vor dem geschichtlichen Hintergrund die besondere Bedeutung des Menschenrechtsschutzes für die UNO.

3 *Erläutern Sie anhand der Präambel der UNO-Menschenrechtserklärung von 1948 (M 5 a) die Motive und Ziele des Dokumentes.*

4 *a) Der Philosoph Norbert Brieskorn hat 1997 die Menschenrechte untergliedert in*
– Abwehrrechte,
– Gestaltungsrechte,
– Leistungs- und Versorgungsrechte,
– kollektive Menschenrechte (Rechte für Gruppen).
Ordnen Sie die Artikel in M 5 b den Typen von Brieskorn zu.
b) Interpretieren Sie, von der Gliederung ausgehend, die UN-Menschenrechtserklärung: Wo liegen die Schwerpunkte, was wird vernachlässigt oder fehlt?

5 *Nehmen Sie Stellung zu der These der Darstellung S. 79 („Allerdings ist das Dokument eine völkerrechtlich nicht verbindliche Resolution ...").*

M6 Menschenrechte = Frauenrechte? Die Debatte um Artikel 3 Abs. 2 Grundgesetz

a) Brief des Gewerkschaftsbundes Württemberg-Baden, Frauensekretariat, an den Gewerkschaftsrat in Frankfurt vom 23. Dez. 1948

Die im Gewerkschaftsbund Württemberg-Baden organisierten über 90 000 erwerbstätigen Frauen haben mit großem Befremden davon Kenntnis genommen, dass ein Teil der Mitglieder im Hauptausschuss des Parlamentarischen Rates gegen den Passus „Männer und Frauen sind gleichberechtigt" gestimmt haben und somit eine Ablehnung erfolgte. Nachdem die Frauen zu einem bedeutenden Faktor im Erwerbsleben geworden sind und sie auch am jetzigen Produktionsaufschwung einen großen Anteil haben, verlangen sie mit vollem Recht die volle Gleichberechtigung auf allen Rechtsgebieten, so in der Wirtschaft, im sozialen

B 6 In der Erlöserkirche in Ostberlin nach einem Friedensgebet, Fotografie, November 1985

Leben und vor allem im bürgerlichen Recht. [...] Die erwerbstätigen Frauen sind nicht gewillt, tatenlos zuzusehen, wie man der Frau gegenüber die in Deutschland traditionelle Untertanenrolle weiterhin festigen will, sie werden zu dem großen Werk der neuen Verfassung als Wählerinnen nur dann „Ja" sagen, wenn sie in dieser Verfassung gleichberechtigt anerkannt werden. Die erwerbstätigen Frauen protestieren ganz entschieden gegen die eingenommene Haltung und richten an den Gewerkschaftsrat die Bitte, diesen Protest – eventuell im Namen aller erwerbstätigen Frauen der vereinten Zonen – an den Vorsitzenden des Parlamentarischen Rates weiterzuleiten, um zu erreichen, dass der Beschluss revidiert wird.

b) Albert Fink (CDU) im Hauptausschuss des Parlamentarischen Rates am 3. Dezember 1948
Im Übrigen wären [...] noch andere Formulierungen zu erwähnen, die in dem Grundgesetz bereits enthalten sind. Da heißt es u. a. „Alle Menschen sind vor dem Gesetz gleich. Das Gesetz muss Gleiches gleich und kann Verschiedenes nach seiner Eigenart behandeln." Hier ist der Gleichberechtigung und der Eigenart der Frau in vollem Maße Rechnung getragen. Später heißt es: „Niemand darf seines Geschlechtes wegen benachteiligt oder bevorzugt werden." Auch das ist eine grundlegende Betonung der Gleichberechtigung der Frau. Dazu kommt noch, dass in einigen Artikeln Schwangerschaft und Mutterschaft in besonderen Schutz genommen werden.

(M 6 a und b zit. nach: Barbara Böttger, Das Recht auf Gleichheit und Differenz, Verlag Westfälisches Dampfboot, Münster 1990, S. 184 und 209)

c) Artikel 3 Absatz 2 des Grundgesetzes der Bundesrepublik in der Fassung von 1949
Männer und Frauen sind gleichberechtigt.

d) Artikel 3 Absatz 2 des Grundgesetzes der Bundesrepublik in der Fassung von 1994
Männer und Frauen sind gleichberechtigt. Der Staat fördert die tatsächliche Durchsetzung der Gleichberechtigung von Frauen und Männern und wirkt auf die Beseitigung bestehender Nachteile hin.

1 *a) Vergleichen Sie (M 6 a und b) die zeitgenössischen Argumente aus der Debatte um Art. 3 Abs. 2, Grundgesetz.*
2 *Erläutern Sie, welche historischen Veränderungen sich in der Neufassung von Art. 3 Abs. 2, Grundgesetz von 1994 spiegeln (M 6 c und d).*
3 *Bewerten Sie die Positionen M 6 a und b vor dem Hintergrund der Gesetzfassung von 1994 (M 6 d).*

M7 Grundrechte in der DDR
Kommentar eines Juristen aus der DDR zum Entwurf der neuen DDR-Verfassung von 1968
Die Verfassungskonzeption wendet sich entschieden gegen die verlogene bürgerliche Fiktion von einer angeblich staatsfreien Sphäre, die durch die Bürgerrechte gesichert sein soll. Der sozialistische

Staat ist das Machtinstrument der Werktätigen; sie brauchen nicht vor der Macht geschützt zu werden, die sie selbst revolutionär geschaffen haben und nach ihrem Willen und Interesse ausüben. Die Inanspruchnahme und Verwirklichung der Grundrechte durch die Bürger führt nicht zu ihrer Isolierung von der Gesellschaft, sondern lässt sie als Glieder der sozialistischen Menschengemeinschaft bewusst handeln. [...]

Eine wesentliche Erkenntnis, die sich im Entwurf der Verfassung durchgängig widerspiegelt, besteht darin, dass die sozialistischen Grundrechte aus den gesellschaftlichen Verhältnissen des Sozialismus selbst erwachsen, keine bloße Weiterentwicklung bürgerlicher Grundrechte sind. Das ist ohnehin evident für die Freiheit von Ausbeutung, Unterdrückung und wirtschaftlicher Abhängigkeit (Art. 18 Abs. 3), die keine bürgerliche Verfassung zu regeln und zu sichern vermag. Sie ist erst in der sozialistischen Gesellschaft mit der Überwindung des Privateigentums an Produktionsmitteln möglich und bildet überhaupt die entscheidende Voraussetzung für die Freiheits- und Persönlichkeitsentfaltung aller Bürger, für die Gleichheit ihrer Grundrechte, für die sozialistische Qualität und Sicherung dieser Rechte. [...]

Einschränkungen, die es bei einigen von ihnen gibt, liegen im objektiv begründeten Interesse der Gemeinschaft und der Bürger selbst. Niemand kann daran interessiert sein, dass beispielsweise unter Vortäuschung freier Meinungsäußerung nach Art. 23, anstatt konstruktive Meinungen über die Lösung der gesellschaftlichen und staatlichen Aufgaben und Probleme auszutauschen oder selbst Lösungen zu finden, anstatt sachliche Kritik an auftretenden Mängeln zu üben, destruktiv und absichtlich die sozialistische Demokratie, der Aufbau des Sozialismus geschädigt wird.

(Zit. nach: Matthias Judt [Hg.], DDR-Geschichte in Dokumenten, Links, Bonn 1998, S. 80 f.)

1 *Untersuchen Sie das sozialistische Konzept der Menschenrechte, das sich in dem Kommentar in M 7 spiegelt.*

2 *Prüfen Sie, ob das Konzept in M 7 den Zielen der Menschenrechtserklärung von 1948 entspricht, wie sie in der Präambel (M 5 a) dargelegt sind.*

3 *a) Erläutern Sie den historischen Kontext zu dem Bild B 6.*

b) Welche Haltung zu dem Konzept in M 7 drückt sich in Bild 6 aus?

4 *Stellen Sie mithilfe Ihres Schülerbuches („Kursbuch Geschichte" oder „Geschichtsbuch Oberstufe Bd. 2") das Menschenrechtskonzept aus M 7 der Lebenssituation der Menschen in der DDR gegenüber.*

M8 Menschenrechte in Russland

Der Schriftsteller und Friedensnobelpreisträger Andrej Sacharov (geb. 1921) schreibt in seinen Lebenserinnerungen über das Strafverfahren im Frühjahr 1978 gegen Jurij Orlov, den Begründer der Helsinki-Gruppe in der Sowjetunion (1991):

Die Verhandlung gegen Orlov fand in Ljublino statt. Zu ihr kamen sehr viele Freunde des Angeklagten, zahlreiche ausländische Korrespondenten und Vertreter einiger ausländischer Botschaften. Aber diesmal wurde keiner von uns auch nur bis zum Verhandlungsgebäude vorgelassen; durch spezielle Absperrungen und Milizstreifen gehindert, konnten wir uns ihm nur auf fünfzehn bis zwanzig Meter nähern. Während der Verhandlung durchsuchte man Orlovs Frau und seine Söhne zweimal unter Anwendung grober physischer Gewalt und zerriss ihnen die Kleidung: Man suchte Tonbandgeräte mit Aufnahmen dieses formal öffentlichen Prozesses. Sogar gegen den Verteidiger wandten die entfesselten KGB-Leute[1] Gewalt an; sie sperrten ihn während der Verhandlung einige Zeit in ein Zimmer neben dem Sitzungssaal. Am letzten Tag des Prozesses, vor der Urteilsverkündung, als ich laut verlangte, dass die anwesenden Freunde des Angeklagten in den Saal gelassen werden sollten, und mich durch die Menge zu drängen begann, kam es, ähnlich wie in Omsk, zu Handgreiflichkeiten. Man zog mich und dann auch andere in nebenan stehende Milizwagen; ich schlug einen der KGB-Männer, einer von ihnen versetzte Ljusja[2] einen sehr kräftigen und professionellen Hieb gegen die Kehle und sie setzte sich zur Wehr. Während wir in den Wagen gestoßen wurden, traf Ljusja den Chef der örtlichen Milizabteilung rein mechanisch und unabsichtlich mit einem Schlag. Man ließ uns bald frei, schickte uns dann aber eine schriftliche Vorladung vor Gericht. Die Anklage lautete: rowdyhafte Ausrufe während der Gerichtsverhandlung. Ich wurde mit fünfzig, Ljusja mit vierzig Rubeln Geldstrafe belegt.

(Andrej Sacharov, Mein Leben, Übers. Annelore Nitschke u. a., Piper, München u. a. 1991, S. 567 f.)

1 KGB: Geheimdienst der Sowjetunion
2 Jelena Bonner, die Frau Andrej Sacharovs

M9 Aus der Verfassung der Russischen Föderation vom 12. Dezember 1993

Kapitel 2. Rechte und Freiheiten des Menschen und des Bürgers

Art. 17 (2) Die grundlegenden Rechte und Freiheiten eines menschlichen Wesens sind unveräußerlich und stehen jedem von Geburt an zu. [...]

B 7 Arbeitslager in der Sowjetunion, Fotografie, undatiert (ca. 1970er-Jahre)

Art. 19 (1) Alle Personen sind vor dem Gesetz und vor Gericht gleich.

(2) Der Staat garantiert die Gleichheit der Rechte und Freiheiten, unabhängig von Geschlecht, Rasse, Nationalität, Sprache, Herkunft, Vermögen oder Stellung, Wohnsitz, Haltung gegenüber der Religion, Überzeugung, Mitgliedschaft in öffentlichen Vereinigungen oder anderen Umständen. [...]

(3) Männer und Frauen haben die gleichen Rechte und Freiheiten [...].

Art. 20 (1) Jedermann hat das Recht auf Leben.

Art. 21 (1) Die Würde der Person wird durch den Staat geschützt. Keinerlei Umstand darf als Vorwand benutzt werden, sie gering zu schätzen.

(2) Niemand darf der Folter, gewaltsamer Behandlung oder einer anderen scharfen oder demütigenden Behandlung oder Bestrafung unterworfen werden. Niemand darf ohne seine oder ihre freie Zustimmung medizinischen, wissenschaftlichen oder anderen Versuchen unterzogen werden.

Art. 22 (1) Jedermann hat das Recht auf Freiheit und persönliche Unverletzlichkeit. [...]

Art. 23 (1) Jeder hat das Recht auf Privatsphäre, auf persönliche und familiäre Geheimnisse und auf den Schutz seiner Ehre und seines guten Rufs.

(2) Jeder hat das Recht auf das Geheimnis der Korrespondenz, der telefonischen Verbindungen, der Post, der Telegramme und sonstiger Mitteilungen. Jede Einschränkung dieses Rechtes ist nur auf Anordnung eines Gerichtes erlaubt. [...]

Art. 28 Jedermann ist das Recht der Gewissensfreiheit, der Freiheit der religiösen Überzeugung [...].

Art. 29 (1) Jeder hat das Recht auf Freiheit des Gedankens und der Rede. [...]

(5) Die Freiheit der Massenmedien ist garantiert. Die Zensur ist verboten. [...]

Art. 35 (1) Das Recht auf Privateigentum wird vom Gesetz geschützt. [...]

Art. 37 (2) Zwangsarbeit ist verboten.

Art. 45 (1) Der staatliche Schutz für Menschenrechte und menschliche Freiheiten wird in der Russischen Föderation garantiert. [...]

Art. 55 (3) Menschliche und bürgerliche Rechte und Freiheiten dürfen durch Bundesrecht nur in dem Maße eingeschränkt werden, das zum Schutz der Grundlagen der Verfassungsordnung, der Moral, der Gesundheit, der Rechte und berechtigten Interessen anderer Personen, zur Sicherung der Landesverteidigung und der Sicherheit des Staates erforderlich ist.

(Zit. nach: Wolfgang Heidelmeyer [Hg.], Die Menschenrechte, Schöningh, 4. Aufl., Paderborn 1997, S. 122 ff.)

1 *Welche Informationen lassen sich aus M 8 und B 7 über die Situation der Menschenrechte in der Sowjetunion in den 1970er-Jahren entnehmen?*

2 *Erörtern Sie die Schwerpunktsetzung im russischen Menschenrechtskatalog von 1993 (M 9). Gehen Sie dabei von der Anordnung der Rechte aus.*

3 *a) Vergleichen Sie die Menschenrechtssituation in den 1970er-Jahren mit der Situation, wie sie sich im Spiegel der Verfassung der Russischen Föderation von 1993 darstellt (M 9).*

b) Erläutern Sie die Hintergründe des Wandels.

4 *Informieren Sie sich mithilfe des Internets (z. B. über die Seite von „amnesty international") über den Stand der Menschenrechtssituation in Russland seit Verabschiedung der Verfassung aus dem Jahr 1993 (M 9).*

Das „kurze“ 20. Jahrhundert – Zeittafeln

Die nationalsozialistische Diktatur

1919/20	Gründung der NSDAP und der Parteikampfgruppe SA.
1923	Hitler-Putsch in München (Nov.) scheitert. Die NS-Bewegung bleibt bedeutungslos.
1925	Gründung der SS als Parteischutztruppe der NSDAP (seit 1929 unter Heinrich Himmler).
1930	„Erdrutschsieg“ der NSDAP bei den Reichstagswahlen: NSDAP zweitstärkste Partei.
1930–1933	Präsidialkabinette (Brüning, von Papen, Schleicher) regieren mithilfe des Notverordnungsartikels 48 der Weimarer Reichsverfassung und unter Duldung der SPD.
1932	Bei der Reichstagswahl im Nov. verliert die NSDAP Stimmen.
1933	
30. Jan.	Reichspräsident Hindenburg ernennt **Adolf Hitler zum Reichskanzler.** Nur zwei Minister gehören der NSDAP an, diese verfügen aber über die Polizeigewalt.
28. Febr.	Nach dem Reichstagsbrand (27. Febr.) Erlass der „Verordnung zum Schutz von Volk und Staat“ (**„Reichstagsbrandverordnung“):** Sie setzt die Grundrechte außer Kraft.
März	Josef Goebbels Reichsminister für Volksaufklärung und Propaganda (bis 1945).
5. März	**Reichstagswahlen** (unter Repressionen und Terror): Die NSDAP erlangt 44 Prozent.
20. März	Himmler gibt die Einrichtung eines ständigen Konzentrationslagers (Dachau) bekannt (stehen seit 1934 unter Aufsicht der SS).
21. März	**„Tag von Potsdam“:** Feierliche Eröffnung des Reichstags, Vereidigung Hitlers; Hindenburg und Hitler treten gemeinsam am Grabe Friedrichs des Großen auf.
23. März	**„Ermächtigungsgesetz“:** Die Reichsregierung kann Gesetze, auch verfassungsändernden Inhalts, ohne Reichstag und Reichspräsident durch Beschluss in Kraft setzen; das Gesetz wird gegen die Stimmen allein der SPD angenommen.
April	Die politische Polizei wird der neu gebildeten Geheimen Staatspolizei/**Gestapo** unterstellt.
1.–3. April	**Boykott jüdischer Geschäfte,** Waren, Arztpraxen u. a. auf Anordnung Hitlers.
7. April	„Gesetz zur Wiederherstellung des Berufsbeamtentums“: Jüdische und politisch unliebsame Beamte können entlassen werden.
2. Mai	Auflösung der Gewerkschaften und Gründung der Deutschen Arbeitsfront/DAF (10. Mai).
Juni/Juli	Selbstauflösung der bürgerlichen Parteien unter Druck; Verbot der SPD.
Juli	Gesetz zum Verbot der Neubildung von Parteien, **NSDAP als einzige Partei** zugelassen.
Okt.	Deutschland verlässt die internationale Abrüstungskonferenz, Austritt aus dem Völkerbund.
Dez.	„Gesetz zur Sicherung der Einheit von Partei und Staat“, NSDAP wird Staatspartei.
1934	Dt.-poln. Nichtangriffspakt (Jan.). – Vor dem Hintergrund des sich verschärfenden Gegensatzes zwischen SA und Wehrmacht lässt Hitler **SA-Stabschef Ernst Röhm ermorden** (Juni), die SS kann ihre Macht auf Kosten der SA ausbauen. – Tod Hindenburgs (Aug.).
1935	Deutschland sagt sich von den Rüstungsvereinbarungen des Versailler Vertrages los und führt die allgemeine Wehrpflicht wieder ein (März). – Die **„Nürnberger Gesetze“** (Sept.) diskriminieren und entrechten die Juden: Beginn der staatlich organisierten Verdrängung der Juden aus dem öffentlichen Leben in Deutschland.
1936	Dt. Truppen besetzen das entmilitarisierte Rheinland (März). – Himmler wird Chef der SS und der allgemeinen Polizei (Juni). – Hitler ordnet in einer Denkschrift die Kriegsfähigkeit der dt. Armee und der dt. Wirtschaft in vier Jahren an (Aug.). – Vertrag zwischen NS-Deutschland und dem (seit 1922) faschistischen Italien unter Benito Mussolini: **„Achse Berlin – Rom“** (Okt.). – Antikominternpakt zwischen Deutschland und Japan (Nov.).
1937	Italien tritt dem Antikominternpakt zwischen Deutschland und Japan bei (Nov.).

1938 **Dt. Einmarsch in Österreich,** das Deutschland angegliedert wird (März). – Der Chef des Generalstabes des Heeres, Ludwig Beck, tritt wegen der Kriegspolitik Hitlers zurück (Aug.). – **Münchner Konferenz** (Sept.): Mussolini (Italien), Neville Chamberlain (Großbritannien) und Edouard Daladier (Frankreich) gestehen Hitler die Abtretung der sudetendt. Gebiete an Deutschland zu („*Appeasement*-Politik"); Einmarsch im Okt. – Novemberpogrom: staatlich verordnete Ausschreitungen gegen Juden (9./10. Nov.).

1939 **Dt. Einmarsch in Tschechien** („Protektorat Böhmen und Mähren"; März). – Dt. Besetzung des Memelgebietes (März). – **Hitler-Stalin-Pakt:** Ein geheimes Zusatzprotokoll sieht die Aufteilung Polens vor (Aug.). – Brit.-poln. Bündnisvertrag (Aug.). – **Dt. Angriff auf Polen: Beginn des Zweiten Weltkriegs (1. Sept.).** In den Deutschland „eingegliederten Gebieten" Polens werden Polen vertrieben und Deutsche angesiedelt. Ostpolen fällt an die Sowjetunion. „Restpolen" wird als „Generalgouvernement" unter Hans Frank Deutschland angegliedert: Ausrottung der poln. Elite, Zusammenlegung der poln. Juden in Gettos; Beginn der auf Dezimierung und Verschleppung zielenden dt. Besatzungspolitik in Osteuropa; poln. Exilregierung in Paris (später London). – Attentat Georg Elsers auf Hitler im Münchner Bürgerbräukeller (8. Nov.) missglückt.

1939–1941 Zeit der dt. „Blitzkriege".

1940 Beginn der Tötung Behinderter („Euthanasie"; Jan.). – Dt. Truppen besetzen Dänemark und Norwegen (April); Beginn der u. a. auf Kollaboration setzenden dt. Besatzungspolitik in Nord- und Westeuropa. – Dt. Westoffensive gegen die neutralen Länder Niederlande, Belgien und Luxemburg; Offensive gegen Frankreich, das nach der Niederlage geteilt wird: die Nordwestzone kommt unter dt. Besatzung, die „freie" Südzone unter die autoritäre frz. Regierung von Marschall Pétain mit Sitz in Vichy; frz. Exilregierung unter General de Gaulle in London. – **Dreimächtepakt Deutschland – Italien – Japan** („Achsenmächte"; Sept.).

1941 Dt. Truppen landen in Nordafrika (Febr.), dt. Angriffe auf Jugoslawien und Griechenland (April). – **Dt. Angriff auf die Sowjetunion** (Juni): Der Vormarsch muss wegen Erschöpfung der Truppen und des einbrechenden Winters vor Moskau im Dez. eingestellt werden. – „Ermächtigung" des SS-Obergruppenführers Heydrich zur „Endlösung der Judenfrage" (Juli), Bau der Vernichtungslager (Auschwitz, Maydanek, Chelmno, Belzec, Sobibor, Treblinka). – **Atlantik-Charta:** Theodore Roosevelt (USA) und Winston Churchill (Großbritannien) legen die Prinzipien der Nachkriegsordnung fest (keine Gebietsgewinne, Selbstbestimmungsrecht der Völker, freier Welthandel; Aug.). – Einführung des Judensterns in Deutschland (Sept.). – Kriegseintritt der USA nach dem jap. Überfall auf Pearl Harbor (Dez.): Beginn des Pazifikkriegs, Beginn der **„Anti-Hitler-Koalition"** (Großbritannien, USA, Sowjetunion).

1942 **Wannsee-Konferenz:** Koordinierungsplan zur Ermordung der Juden Europas (Jan.). – Amerik.-brit. Invasion in Nordafrika (Nov.). – Dt. Truppen besetzen Südfrankreich (Nov.).

1943 **Konferenz von Casablanca** (Jan.): Roosevelt und Churchill fordern die bedingungslose Kapitulation Deutschlands, Italiens, Japans. – Kapitulation der seit Nov. 1942 bei Stalingrad eingeschlossenen dt. Armee (Febr.): Symbol der Kriegswende. – Goebbels Rede vom „totalen Krieg" im Berliner Sportpalast (Febr.). – Hinrichtung der Mitglieder der studentischen Widerstandsgruppe „Weiße Rose" (Febr.). – Aufstand der Juden im Warschauer Getto (April/Mai) missglückt. – Amerik.-brit. Invasion in Süditalien; Sturz Mussolinis (Juli). – Beginn der alliierten Luftoffensive gegen dt. Städte (Juli). – **Konferenz von Teheran** (Nov./Dez.): Stalin, Roosevelt, Churchill stimmen der Abtretung Ostpolens an die UdSSR zu.

1944 Alliierte Invasion in der Normandie (Juni). – **Attentat auf Hitler durch Oberst von Stauffenberg (20. Juli)** missglückt; zahlreiche Hinrichtungen.

1945 **Konferenz von Jalta** (Febr.): Roosevelt, Churchill, Stalin beschließen Teilung Deutschlands in Besatzungszonen; Kompromiss über die zu gründende UNO (Einführung eines Vetorechts der Großmächte). – Alliierte Bombardierung Dresdens (13./14. Febr.). – Selbstmord Hitlers (30. April). – **Bedingungslose Kapitulation Deutschlands (7./9. Mai):** Kriegsende in Europa. – Die USA werfen Atombomben auf Hiroshima und Nagasaki (6./9. Aug.): Kriegsende im Pazifik (Sept.). – Umsiedlungen, Flucht und Vertreibungen aus Osteuropa.

Deutschland und Europa nach dem Zweiten Weltkrieg

1945	Ende des Zweiten Weltkriegs in Europa (7./9.Mai), Befreiung Deutschlands von der NS-Diktatur, Aufteilung in Besatzungszonen (amerik., brit., sowj., frz.), Kontrallrat als oberstes Kontrollorgan der vier Besatzungsmächte (gemeinsame Verwaltung Berlins). – **Alliierten-Konferenz von Potsdam (Juli/Aug.)**: Entmilitarisierung, Entnazifizierung, Dezentralisierung, Demokratisierung Deutschlands; Festhalten an der wirtschaftlichen Einheit Deutschlands.
1946	Beginn der zwangsweisen Errichtung von „Volksdemokratien" in Osteuropa durch die Sowjetunion. – Rede Churchills vom „Eisernen Vorhang" (März). – Zwangsvereinigung von SPD und KPD zur SED in der sowj. Besatzungszone/SBZ (April). – US-Außenminister Byrnes kündigt den Wiederaufbau Deutschlands an („Stuttgarter Rede"; Sept.)
1946–1990	Kalter Krieg zwischen USA und Sowjetunion: Systemgegensatz zwischen liberal-kapitalistischer Demokratie im Westen und kommunistischer, planwirtschaftlicher Diktatur im Osten.
1946/47	Verschärfung der wirtschaftlichen und sozialen Lage im „Hungerwinter".
1947	Amerik.-brit. **Bizone** gebildet (Jan.; Trizone mit Frankreich 1948/49). – **Truman-Doktrin:** Hilfsangebot der USA an alle westlich orientierten Staaten (März). – Scheitern der Moskauer Außenministerkonferenz: keine Einigung über die Einrichtung dt. Zentralbehörden, Reparationen u. a. (März/April). – Verbesserung der wirtschaftlichen Lage in der Bizone (seit Sommer). – **Marshall-Plan** für Europa (Juni); wird von der Sowjetunion abgelehnt, später auf ihren Druck hin auch von den Staaten Osteuropas. – Vorantreiben der Einrichtung von Zentralverwaltungen zur Steuerung der Wirtschaft in der SBZ durch die Sowjetunion (deutsche Wirtschaftskommissionen; Juni). – Gründung des „Kommunistischen Informationsbüros" **(Kominform):** Das Grundsatzreferat von Andrej A. Schdanow teilt die Welt in ein imperialistisches und ein sozialistisches Lager. – Mit der „Volkskongressbewegung" beginnt in der SBZ die Ausarbeitung einer Verfassung (Ende 1947). – Scheitern der Londoner Außenministerkonferenz; Westmächte forcieren die Weststaatenlösung (Nov./Dez.).
1948	Kommunistischer Staatsstreich der Sowjetunion in der Tschechoslowakei (Febr.). – *De-facto*-Ende der Kontrollratstätigkeit durch den Auszug des sowj. Vertreters, nachdem die Westmächte gemeinsam mit den Benelux-Ländern im März 1948 die föderative Struktur eines dt. Weststaates beschlossen haben. – **Währungsreform** in Westdeutschland und in der SBZ (Juni). – Beginn der Blockade Westberlins durch die UdSSR (bis Mai 1949). – **„Frankfurter Dokumente"** (Juli): Aufforderung der Westmächte an die westdt. Ministerpräsidenten, eine „Verfassunggebende Versammlung" für die Westzonen einzuberufen; nach Kritik der Ministerpräsidenten (wegen der Gefahr einer dt. Spaltung) Einigung auf die Errichtung eines **„Parlamentarischen Rates"** und die Ausarbeitung eines **„Grundgesetzes"**.
1949	Gründung des Rates für Gegenseitige Wirtschaftshilfe/RGW im Ostblock (Jan.). – Verabschiedung des Entwurfs einer Verfassung in der SBZ (März). – Gründung der NATO (April). – **Verkündung des Grundgesetzes für die Bundesrepublik Deutschland (23. Mai)**; das Besatzungsstatut bestimmt die Rechte der westlichen Alliierten, die Alliierte Hohe Kommission löst den Alliierten Kontrollrat ab. – Wahl zum ersten Bundestag (Aug.). – Gründung der DDR durch Inkraftsetzen des Verfassungsentwurfs für die SBZ (Okt.).
1949–1963	**Bundeskanzler Konrad Adenauer** (CDU): soziale Marktwirtschaft; „Wirtschaftswunder"; Westbindung; Hallstein-Doktrin (keine diplomatischen Beziehungen mit Staaten, die die DDR völkerrechtlich anerkennen; 1957); dt.-frz. Zusammenarbeit (Elysée-Vertrag 1963).
1949–1954	Theodor Heuss (FDP) erster Bundespräsident (Gegenkandidat: Kurt Schumacher, SPD).
1949–1971	**„Ära Ulbricht" in der DDR**: Walter Ulbricht Generalsekretär bzw. Erster Sekretär des Zentralkomitees der SED; Fortführung der Stalinisierung der SED; Unterdrückung der Opposition; Aufbau des Sozialismus durch Planwirtschaft, Kollektivierung der Landwirtschaft; Flüchtlingsströme in den Westen und Mauerbau (1961); das 1963 verkündete System der Planung und Leitung (NÖSPL) bringt vorübergehend ein Wachstum der Industrieproduktion und eine Steigerung des Lebensstandards. Wirtschaftsleistung und Lebensstandard sind die höchsten in den Ostblockstaaten, bleiben aber hinter der Bundesrepublik weit zurück.

1950–1953 Korea-Krieg: Die beiden Supermächte USA und Sowjetunion prallen militärisch aufeinander, was die Wiederbewaffnungsfrage in beiden deutschen Staaten in den Vordergrund rückt.

1951 Änderung des Besatzungsstatuts: Die Bundesrepublik nimmt diplomatische Beziehungen zu anderen Staaten auf. – Gründung der Europäischen Gemeinschaft für Kohle und Stahl (EGKS): „Europa der Sechs“ (Frankreich, Bundesrepublik, Italien, Benelux-Länder).

1951–1954 Der Aufbau einer europäischen Verteidigungsgemeinschaft (EVG) in Westeuropa scheitert; Gründung der Westeuropäischen Union (und Veflechtung mit der NATO).

1952 Stalin-Noten: Wiedervereinigungsangebot Stalins gegen eine Neutralität Deutschlands.

1953 **Aufstand des „17. Juni“ in der DDR** für wirtschaftliche Verbesserungen, freie Wahlen, Befreiung politischer Gefangener; mithilfe sowj. Truppen niedergeschlagen.

1955 **Volle Souveränität der Bundesrepublik** (nach Inkrafttreten der Pariser Verträge von 1954): Aufhebung des Besatzungsstatuts, Auflösung der Alliierten Hohen Kommission, Aufnahme der Bundesrepublik in die NATO. – **Volle Souveränität der DDR;** Gründung des Warschauer Paktes (Aufnahme der DDR 1956).

1956 Aufstand in Ungarn, von sowj. Truppen niedergeschlagen.

1958 Inkrafttreten der „Römischen Verträge“ über die Gründung der Europäischen Wirtschaftsgemeinschaft (EWG) und EURATOM (Frankreich, Bundesrepublik, Italien, Benelux-Länder).

1961 **Bau der Berliner Mauer** (13. Aug.) an der Demarkationslinie zwischen Ost- und Westberlin und Sperrung der Zugangswege nach Westberlin durch die DDR: beendet die Massenflucht aus der DDR in den Westen.

1963 Der SPD-Politiker Egon Bahr stellt in der Bundesrepublik erstmals ein neues Konzept der Ostpolitik vor, „Wandel durch Annäherung“, das auf Gespräche und Verhandlungen setzt.

1968 „Prager Frühling“ in der Tschechoslowakei, von sowj. Truppen niedergeschlagen; die Sowjetunion verkündet die **Breschnew-Doktrin:** mögliche Einschränkung der Souveränität sozialistischer Staaten, wenn das sozialistische System bedroht ist.

1969–1974 **Sozial-liberale Bundesregierung unter Willy Brandt** (SPD): „Mehr Demokratie wagen“; neue Ostpolitik.

1970–1972 **Ostverträge der Bundesrepublik:** Moskauer Vertrag mit der Sowjetunion über Gewaltverzicht und Normalisierung der Beziehungen (Aug. 1970). – Warschauer Vertrag mit Polen über die Normalisierung der Beziehungen (Dez. 1970). – Transitabkommen mit der DDR (Dez. 1971). – Grundlagenvertrag mit der DDR: Die Bundesrepublik akzeptiert den souveränen Status der DDR, vermeidet aber deren völkerrechtliche Anerkennung (Nov. 1972).

1971 Viermächteabkommen (USA, Frankreich, Großbritannien, Sowjetunion) über Berlin: bestätigt die enge Anbindung Westberlins an die Bundesrepublik.

1971–1989 „Ära Honecker“ in der DDR: Unter dem Ersten Sekretär des ZK der SED, Erich Honecker, sorgen die weltweite Anerkennung als souveräner Staat, eine verstärkte Sozialpolitik (Wohnungsbau, Kindergärten) und eine nachlassende Gängelung der Jugendlichen bis Mitte der 1970er-Jahre für eine gewisse Anerkennung der DDR. In den 1980er-Jahren wachsen die Auslandsschulden, die Unzufriedenheit über die Mangelwirtschaft und die Distanz der Bevölkerung zum Staat und führen in eine Krise. Während in der Sowjetunion Gorbatschow ab 1985 innenpolitische Reformen einleitet, hält die SED an ihrem Machtanspruch fest.

1972 Grundsatzerklärung der USA und der Sowjetunion über ihre Beziehungen: Verantwortung in der Weltpolitik, Konfliktregelung mit friedlichen Mitteln (Entspannungspolitik).

1973 Beitritt von Bundesrepublik und DDR zur UNO.

1973–1986 Erweiterung der Europäischen Gemeinschaft (EG) um Dänemark, Großbritannien, Irland, Griechenland, Portugal und Spanien („Europa der Zwölf“).

1982–1998 Christlich-liberale Bundesregierung unter Helmut Kohl (CDU).

1989/90 Friedliche Revolution in der DDR und Vereinigung des geteilten Deutschlands (3. Okt. 1990).

Epochenjahr 1989

1980er	Oppositionsgruppen in der Tschechoslowakei (Charta 77) berufen sich auf die KSZE-Schlussakte von 1975; Proteste zum Jahrestag der sowj. Invasion von 1968, neue Bürgerrechtsgruppen (1988). – In Polen Gründung der Gewerkschaftsbewegung „Solidarność" unter der Führung von Lech Walesa (1980); Kriegsrecht (1981); wilde Streiks (1988). – Oppositionsgruppen in Ungarn; die Regierung stärkt den marktwirtschaftlichen Sektor (ab 1982); Gründung neuer Parteien (1988). – In der UdSSR Reformpolitik unter Michail Gorbatschow *(Glasnost, Perestroika;* ab 1985). – Bulgarien: Reformen nach sowj. Muster (1986–1988). – China: Nach dem Tode Maos 1976 Anfänge einer Demokratiebewegung.
1989	**Sowjetunion:** Rückzug der letzten sowj. Truppen aus dem seit 1979 von der Sowjetunion besetzten Afghanistan (Febr.). – Gorbatschow erhält besondere Vollmachten (Mai). – Streiks in den Kohlerevieren (Juli). – Der Warschauer Pakt verkündet das **Ende der Breschnew-Doktrin** von 1968 (Juli). – Viele Sowjetrepubliken erklären ihre Selbstständigkeit und die nationalen Sprachen anstelle des Russischen zur Amtssprache.
	Ungarn: Die KP verzichtet auf ihre Führungsrolle, lässt ein Mehrparteiensystem zu und nimmt Reformer in das ZK der Partei auf (April). – Die Regierung verkündet den **Abbau des „Eisernen Vorhangs"** und entfernt Grenzanlagen zu Österreich, DDR-Bürger nutzen zunehmend den Weg über Ungarn für eine Flucht in den Westen (Mai/Juni). – Am Jahrestag des Aufstandes von 1956 wird das Ende des kommunistischen Staates verkündet (Okt.).
	Polen: Die Gewerkschaftsbewegung **Solidarność** wird legalisiert (April). – Bei den ersten freien Parlamentswahlen (Juni) erleidet die kommunistische Partei eine große Niederlage, Sieger ist das Bürgerkomitee Solidarność, Tadeusz Mazowiecki wird erster nicht-kommunistischer Regierungschef eines Warschauer-Pakt-Staates (Aug.). – Verkündung der Einführung der Marktwirtschaft und einer Verfassungsreform (Sept.).
	China: Die Regierung Chinas schlägt die Studenten-und Demokratiebewegung mit dem **Massaker auf dem „Platz des Himmlischen Friedens"** nieder (Juni); sie erhält eine Sympathiebekundung der DDR-Regierung. – Bis heute Verletzungen der Menschenrechte.
	Tschechoslowakei: Gründung des „Bürgerforums" aus zwölf Oppositionsgruppen. – Demonstration gegen den Einmarsch der UdSSR von 1968 (Aug.). – Massendemonstration in Prag, Rücktritt der Führung der KP, Generalstreik, Führungsrolle der KP wird aus der Verfassung gestrichen (Nov.). – Erstes mehrheitlich nicht-kommunistisches Kabinett; Alexander Dubček (Reformer im „Prager Frühling" 1968) wird Parlamentspräsident, der ehemalige Dissident Václav Havel (Schriftsteller) Staatspräsident (Dez.). – Beginn des Abzugs der sowj. Truppen (Febr. 1990). – Erste freie Parlamentswahlen, Sieg des Bürgerforums (Juni 1990). – Auflösung des Landes in zwei selbstständige Staaten (Tschechien, Slowakei; Jan. 1993).
	Rumänien: Demonstrationen in Temesvár gegen unzureichende Versorgung, Menschenrechtsverletzungen, Rumänisierungspolitik und massive Unterdrückung (Sicherheitspolizei „Securitate") weiten sich zum Volksaufstand aus, Sturz und **Hinrichtung des Diktators Nicolae Ceauşescu** und seiner Frau (Dez.). – Erste freie Parlamentswahlen (Mai 1990).
	Bulgarien: Die KP gibt nach Massendemonstrationen ihren Führungsanspruch auf.
1990–1992	**Estland, Litauen, Lettland** erklären ihre Unabhängigkeit von der Sowjetunion (März/Mai 1990). – Übergriffe sowj. Militärs in Litauen und Lettland werden abgewehrt (Jan. 1991).
	Sowjetunion: Der Radikalreformer Boris Jelzin wird in der ersten freien Wahl Russlands zum Präsidenten gewählt (Juni 1990). – Gorbatschow erhält den Friedensnobelpreis (Okt. 1990). – Ein Putsch gegen Gorbatschow wird unter Führung von Jelzin niedergeschlagen (Aug. 1991). – Gründung eines neuen Staatenbundes „Gemeinschaft Unabhängiger Staaten" (GUS), Rücktritt Gorbatschows und Selbstauflösung der Sowjetunion (Dez. 1991).
	Jugoslawien zerfällt: Kroatien, Slowenien und Mazedonien erklären ihre Unabhängigkeit (1991). – Bosnien-Herzogowina erklärt seine Unabhängigkeit (1992; Bürgerkrieg bis 1995). – Serbien und Montenegro vereinen sich zur „Föderativen Republik Jugoslawien" (1992).

„Friedliche Revolution" in der DDR und Vereinigung Deutschlands 1989/90

1980er	Umwelt-, Friedens- und Menschenrechtsgruppen in der DDR entwickeln sich in den „Nischen" der Kirche zur Opposition, zunächst in Berlin und Leipzig (Montagsgebete; „Schwerter zu Pflugscharen"); Ziele: Reform des Sozialismus. – Rockkonzerte vor dem Reichstag in Westberlin führen in Ostberlin zu Protesten Jugendlicher am nahe gelegenen Brandenburger Tor (1987/88). – Verstärkte Repressionen gegen Oppositionelle (1988).
1989	
Mai	Oppositionsgruppen decken **Wahlfälschungen bei den Kommunalwahlen** auf.
Juli–Sept.	Nachdem die ungar. Regierung seit Mai die Grenzbefestigungen zu Österreich abbaut, nutzen DDR-Bürger Sommerreisen nach Ungarn, Polen und in die Tschechoslowakei, um in den Westen zu flüchten bzw. um **Zuflucht in den Botschaften der Bundesrepublik** in Budapest, Warschau, Prag u. a. zu suchen (Juli/Aug.). – Beginn der Massenflucht aus der DDR über Ungarn (Sept.). – DDR-Botschaftsflüchtlinge in Prag dürfen ausreisen (30. Sept.).
Sept.	Beginn der **Montagsdemonstrationen in Leizpig** und der Friedensgebete in der Nicolaikirche. – Gründung des „Aufbruch 89 – Neues Forum" (nicht-kirchliche Oppositionsbewegung). – Gründung der kirchlichen Oppositionsbewegung „Demokratie jetzt".
Okt.	Gründung der sozial-ökologischen Oppositionsgruppe „Demokratischer Aufbruch". – Am 40. Jahrestag der DDR-Gründung bekräftigt Honecker den starren Kurs der SED, der Staatsgast Gorbatschow betont hingegen öffentlich die Notwendigkeit von Reformen (7. Okt.). – Gründung der „Sozialdemokratischen Partei in der DDR" (SDP; ab Jan. 1990: SPD). – Gegen die immer zahlreicheren friedlichen Demonstranten in Leipzig mobilisiert die Regierung am 9. Okt. Polizei, Militär und Betriebskampfgruppen, am 16. Okt. auch Krankenhäuser und Lazarette; es wird aber keine Gewalt angewendet **(„Friedliche Revolution").** – Sturz Erich Honeckers (17. Okt.); Nachfolger Erich Krenz ist umstritten (hält an der Macht der SED fest).
Nov.	Größte Massendemonstration der DDR in Ostberlin (4. Nov.). – **Öffnung der Berliner Mauer (9. Nov.).** – Kabinett unter Hans Modrow (SED; bis März 1990). – Bundeskanzler Kohl legt ein Zehnpunkteprogramm mit dem Ziel der Wiedervereinigung vor (28. Nov.).
Dez.	Der **„Runde Tisch"** (oppositionelle Bürgerbewegungen, Kirchenvertreter, SED-Vertreter) tritt erstmals zusammen, Ziel: neue Verfassung und freie Volkskammerwahl.
1990	
Jan.	Die Massendemonstrationen wenden sich von politischen Reformzielen ab („Wir sind das Volk") und bekunden mehrheitlich den Willen zur deutschen Einheit **(„Wir sind ein Volk").** – Sturm der Stasi-Zentrale in Berlin. – Gründung der „Deutschen Sozialen Union" (DSU) als Partei. – Umbenennung der SED in „Partei des Demokratischen Sozialismus" (PDS).
Febr.	Gründung der FDP. – Gründung „Bündnis 90" und „Grüne Partei" (ab Aug.: „Bündnis 90/Die Grünen").
März	Letzte Sitzung des „Runden Tisches", der sich (anders als die Parteien, außer der PDS) gegen einen Beitritt, sondern für eine Vereinigung beider Staaten ausspricht. – **Erste freie Volkskammerwahl:** CDU stärkste Partei; Große Koalition unter Lothar de Maizière (CDU).
Mai	Unterzeichnung der **Währungs-, Wirtschafts- und Sozialunion** (Beginn am 1. Juli 1990). – Auftakt der **„Zwei-plus-vier-Verhandlungen"** (DDR und Bundesrepublik; USA, Großbritannien, Frankreich und UdSSR) zur außenpolitischen Absicherung des Einigungsprozesses.
Juli	Beginn der Verhandlungen über den Einigungsvertrag. – Bundeskanzler Helmut Kohl und Bundesaußenminister Hans-Dietrich Genscher erreichen in persönlichen Gesprächen mit Gorbatschow die endgültige Zustimmung der UdSSR zur vollen Souveränität, zum sowj. Truppenabzug und zum NATO-Beitritt eines vereinigten Deutschlands.
Aug.	Ende der „Großen Koalition" in der DDR. – Unterzeichnung des **Einigungsvertrages.**
Sept.	„Zwei-plus-vier-Vertrag" unterzeichnet: Alle Alliierten-Vorbehaltsrechte entfallen.
Okt.	**Tag der Deutschen Einheit (3. Okt.).**

Menschenrechte in historischer Perspektive

17./18. Jh.	**Aufklärung:** europäische Reformbewegung für ein vernunftgeleitetes Denken; Menschenbild: das autonome, selbstbestimmte Individuum (Vertreter: Locke, Montesquieu, Voltaire, Rousseau, Lessing, Kant u. a.).
1628	England: *Petition of Rights* (Sicherheit vor willkürlicher Verhaftung).
1679	England: *Habeas-Corpus*-Akte (Sicherheit der persönlichen Freiheit).
1689	England: *Bill of Rights* (Gewaltenteilung zum Schutz der persönlichen Freiheit und des Eigentums; Redefreiheit).
1776	**USA:** Die ***Virgina Bill of Rights*** der engl. Nordamerikakolonie Virginia ist die erste Menschenrechtserklärung. – **Unabhängigkeitserklärung der USA mit Menschenrechtserklärung** in der Präambel. (Die Abschaffung der Sklaverei erfolgt in den USA aber erst 1865.)
1789	**Frankreich: Erklärung der Menschen- und Bürgerrechte.**
1791	Frankreich: Entwurf einer Erklärung der Rechte der Frau und Bürgerin von Marie Olympe de Gouges.
1849	Deutschland: Im Zuge der 1848er-Revolutionen in Europa verabschiedet die Nationalversammlung in Frankfurt/Main eine Reichsverfassung mit einem Menschenrechtskatalog (Nichtinkrafttreten der Verfassung nach Niederschlagung der Revolution).
1871	Deutschland: Die Bismarcksche Reichsverfassung enthält keine Grundrechte.
1919	Deutschland: Die Weimarer Reichsverfassung beinhaltet Grundrechte; diese sind aber nicht einklagbar und nicht unaufhebbar; Männer und Frauen sind politisch (Wahlrecht), aber nicht sozial gleichgestellt (z. B. im Familienrecht).
1933	Deutschland: Die „Reichstagsbrandverordnung" (28. Febr.) der NS-Regierung setzt die Grundrechte außer Kraft.
1935	Deutschland: „Nürnberger Gesetze" der NS-Regierung entrechten und diskriminieren Juden.
1948	**Allgemeine Erklärung der Menschenrechte durch die Vereinten Nationen** (UNO): erlaubt erstmals bei Menschenrechtsfragen die Einmischung der Staatengemeinschaft in die Souveränität eines Einzelstaates.
1949	**Grundgesetz für die Bundesrepublik Deutschland** (Mai): Die Menschenrechte und die Grundrechte (Art. 1–20) werden in Art. 79 **für unabänderbar** erklärt. Die Verankerung der **allgemeinen rechtlichen Gleichstellung von Mann und Frau** im Grundgesetz gelingt den vier weiblichen Vertretern im Parlamentarischen Rat, insbesondere Elisabeth Selbert, erst nach massiver Mobilisierung der Öffentlichkeit.
1950	Europarat-Konvention zum Schutz der Menschenrechte und Grundfreiheiten: ermöglicht es erstmals, Beschwerde über Menschenrechte zu führen (beim Europäischen Gerichtshof für Menschenrechte).
1953	UN-Übereinkommen über die politischen Rechte der Frau.
1961	In London Gründung von *amnesty international (ai)* als nicht-regierungsamtliche Organisation, die weltweit die Menschenrechtssituation beobachtet und Verstöße publik macht.
1966	UN-Pakte über wirtschaftliche, soziale, kulturelle, bürgerliche und politische Rechte.
1975	Schlussakte der Konferenz über Sicherheit und Zusammenarbeit in Europa (KSZE): auch die UdSSR und die Staaten Osteuropas erkennen darin die Menschenrechte an.
1979	UN-Übereinkommen zur Beseitigung jeder Form der Diskriminierung der Frau.
1981	Die Organisation der Islamischen Konferenz (OIK) verabschiedet die Allgemeine Erklärung der Menschenrechte im Islam.
2002/04	Die EU-Charta der Grundrechte der Unionsbürgerinnen und Unionsbürger von 2002 wird 2004 in die Verfassung für Europa übernommen.

Das „kurze“ 20. Jahrhundert – Zentrale Begriffe

Achsenmächte: im Zweiten Weltkrieg die seit Sept. 1940 im Dreimächtepakt verbundenen Länder Deutschland, Italien und Japan. Im Nov. 1940 Beitritt Ungarns, Rumäniens und der Slowakei. Im März 1941 Beitritt Bulgariens und Jugoslawiens (aber im April 1941 dt. Angriff auf Jugoslawien).

Anti-Hitler-Koalition/Alliierte: Die Anti-Hitler-Koalition war im Zweiten Weltkrieg seit 1941 ein informelles Zweckbündnis zwischen den USA, Großbritannien und der Sowjetunion mit dem Ziel, Hitler zu besiegen. Alternativ wird auch die allgemeine Bez. „Alliierte“ verwendet.

Antisemitismus: Ablehnung oder Bekämpfung von Juden aus „rassischen“, religiösen oder sozialen Gründen. In der zweiten Hälfte des 19. Jh. entwickelte sich (im Gegensatz zur mittelalterlichen Judenfeindschaft) der „rassisch“ begründete Antisemitismus, mit dem gesellschaftliche Konflikte auf die Juden als Feindbild übertragen wurden. In der NS-Ideologie bildete er ein zentrales Element. Das NS-Regime setzte seinen Rassenantisemitismus systematisch bis zum Völkermord um.

Appeasement (engl. = Beschwichtigung): ein polemischer Vorwurf an die brit. Außenpolitik von 1933 bis 1939, insbesondere für den Versuch der brit. Regierung Chamberlain, seit 1937 durch Zugeständnisse an die Diktaturen in Deutschland und Italien den Frieden zu erhalten. Höhepunkt und Ende der *Appeasement*-Politik war das Münchner Abkommen 1938 (siehe dort).

Besatzungszonen: Nach der dt. Kapitulation im Mai 1945 besetzten die Siegermächte USA, Großbritannien, UdSSR und Frankreich Deutschland und teilten es in vier Besatzungszonen. 1949 ging aus den drei westlichen Zonen die Bundesrepublik hervor, aus der sowj. Zone (SBZ) die DDR.

Besatzungsstatut (21. Sept. 1949 bis 5. Mai 1955): bestimmte die Rechte der westlichen Alliierten in der Bundesrepublik nach deren Gründung. Es bedeutete eine Einschränkung der Souveränität des neuen Staates durch übergeordnete Rechte der Alliierten; diese Rechte betrafen u. a. Fragen der deutschen Streitkräfte, Zivilluftverkehr, Industrieproduktion, Außenhandel, Außenpolitik, Reparationen, Sicherheit der Besatzungstruppen und Verfolgung von Kriegsverbrechern.

Blockparteien: Bez. für alle Parteien in der sowj. Besatzungszone bzw. in der DDR mit Ausnahme der SED. Es handelte sich dabei um ein Parteien- und Organisationsbündnis, das von der SED gelenkt wurde.

Demontage: im Potsdamer Abkommen (Aug. 1945) beschlossener Abbau von rd. 1800 Industriebetrieben und von Infrastruktur (z. B. Eisenbahngleisen) in Deutschland durch die Alliierten zur Befriedigung ihrer Reparationsansprüche und zur Verminderung der dt. Wirtschaftskraft. Rund die Hälfte der Demontagen erfolgte in der sowj. Besatzungszone (SBZ) bzw. in der DDR. In den Westzonen wurden sie 1948 eingestellt, weil sie sich negativ auf den Wiederaufbau auswirkten.

Deutsche Frage: Bez. für Probleme und Ereignisse, die sich aus der dt. Teilung nach der Niederlage des Deutschen Reiches im Zweiten Weltkrieg ergaben. Die Bundesrepublik bestand seit ihrer Gründung 1949 darauf, für das ganze dt. Volk zu sprechen (Alleinvertretungsanspruch gegenüber der DDR). Mit der Zustimmung der ehemaligen Siegermächte zur Wiedervereinigung und der Vereinigung am 3. Oktober 1990 ist die deutsche Frage gelöst.

Diktatur: Herrschaftssystem, das auf Gewalt beruht. Es herrscht ein Einzelner, eine Gruppe oder eine Partei. In modernen Diktaturen ist die Gewaltenteilung aufgehoben. Alle Lebensbereiche werden staatlich überwacht (z. B. Gestapo im NS-Staat, Stasi-Spitzelsystem in der DDR). Jede Opposition wird unterdrückt. Typische Merkmale moderner Diktaturen sind: staatliche Propaganda mit Aufbau von Feindbildern, Abschaffung der Meinungs- und Pressefreiheit. Politische Mittel: Androhung und/oder Ausübung von Terror und Gewalt. Beispiele: Nationalsozialismus in Deutschland (1933–1945), Stalinismus in der Sowjetunion, SED-Herrschaft in der DDR (1949–1989).

Entnazifizierung: Ausschaltung des NS-Einflusses in Staat, Wirtschaft und Kultur. Sie wurde von den Besatzungsmächten für Deutschland im Potsdamer Abkommen 1945 beschlossen und eingeleitet; später wurde sie von den Deutschen übernommen. Maßnahmen: Prozesse gegen Kriegsverbrecher, Internierung und Verurteilung von NS-Verantwortlichen, Überprüfung der Bevölkerung durch Fragebogen. In der sowj. Zone wurde sie 1948 formal beendet, in den Westzonen verlor sie nach der Gründung der Bundesrepublik 1949 rasch an Bedeutung.

Faschismus (lat. *fasces* = Rutenbündel: Symbol der Macht römischer Beamter): Ursprünglich bez. Faschismus die seit dem Ersten Weltkrieg in Italien aufkommende nationalistische, autoritäre und auf imperialistische Eroberungen zielenden Bewegung unter Benito Mussolini. Der Begriff wurde bald auf andere extrem nationalistische und totalitäre Parteien und Bewegungen in Europa ausgedehnt (Deutschland: Nationalsozialismus). Gemeinsam ist allen die Ablehnung von Demokratie, Parlamentarismus, Liberalismus und Marxismus. Kampf und Militär werden verherrlicht, Minderheiten ausgegrenzt. Ziel ist die Errichtung einer modernen Diktatur (siehe dort).

Glasnost (russ. = Offenheit, Öffentlichkeit, Transparenz): Schlüsselbegriff der Reformen Gorbatschows seit 1985 in der Sowjetunion.

Gewaltenteilung: Trennung der staatlichen Gewalt in Exekutive, Legislative und Jurisdiktion.

Gleichschaltung: verharmlosender Begriff für den von den Nationalsozialisten 1933 in Deutschland durchgesetzten Verlust der Selbstständigkeit von Reichsländern, Gemeinden, Parteien, Gewerkschaften, anderen Verbänden, Rundfunk und Presse zugunsten der NSDAP und des NS-Staates.

Holocaust: (griech. *holokauton* = Brandopfer, Ganzopfer): im Engl. Bez. für ein Opfer, das vollständig verbrannt wird. Der Begriff wurde übernommen als Steigerung des Begriffes Völkermord (Genozid) für die Verfolgung und Vernichtung des jüdischen Volkes durch den NS-Staat.

Ideologie: eine umfassende Deutung gesellschaftlicher und politischer Verhältnisse und deren historische Entwicklungen. Die Deutung ist durch bestimmte Interessen bedingt, einseitig und verzerrt.

Kalter Krieg: westlicher Epochenbegriff für die Zeit zwischen 1946 und 1990/91. Die Welt war in dieser Zeit weit gehend in zwei politische Lager geteilt, die durch unterschiedliche Herrschaftsformen und ideologische Gegensätze gekennzeichnet waren: die westlichen, liberal-kapitalistischen Demokratien unter Führung der USA auf der einen und die kommunistischen, planwirtschaftlichen Diktaturen unter der Führung der Sowjetunion auf der anderen Seite.

Menschen- und Bürgerrechte: Der durch die Aufklärung verbreitete und in der Amerikanischen und Französischen Revolution Ende des 18. Jh. mit Verfassungsrang ausgestattete Begriff besagt, dass jeder Mensch unantastbare Rechte besitzt, die der Staat achten muss. Diese sind: das Recht auf Leben, Glaubens- und Meinungsfreiheit, Versammlungs- und Vereinigungsfreiheit, Freizügigkeit, persönliche Sicherheit, Eigentum und Widerstand im Fall der Verletzung von Menschenrechten. Im 20. Jh. wurden auch soziale Menschenrechte, besonders von Sozialdemokraten und Sozialisten, formuliert (Recht auf Arbeit, soziale Sicherheit, Bildung).

Nationalsozialismus: Bez. für die nach dem Ersten Weltkrieg in Deutschland aufkommende rechtsradikale Bewegung, die auf einem extremen Nationalismus, Rassismus und Expansionismus beruhte und die dt. Ausprägung des Faschismus (siehe dort) darstellte. Der Nationalsozialismus bekämpfte alle individuellen und demokratischen Freiheiten, die seit der Französischen Revolution erkämpft worden waren. Die besondere ideologische Bedeutung der expansionistischen „Lebensraumpolitik" und der Rassenlehre mit der Übersteigerung des „germanischen Herrenmenschen", der Antisemitismus und der Aufbau eines umfassenden Propaganda- und Vernichtungsapparates heben ihn von anderen faschistischen Bewegungen ab.

West-/Ostintegration: Westintegration bezeichnet den Prozess, im Zuge dessen die Bundesrepublik seit den 1950er-Jahren durch Verträge in das westliche Bündnissystem eingebunden wurde (Europarat, EWG/EG, NATO). Ostintegration bezeichnetdie Einbindung der DDR in das von der Sowjetunion beherrschte östliche Bündnissystem (Warschauer Pakt, Rat für Gegenseitige Wirtschaftshilfe/RGW).

Neue Ostpolitik: Sammelbez. für eine Vertrags- und Gesprächspolitik der sozial-liberalen Koalitionsregierung 1969–1974 unter SPD-Bundeskanzler Willy Brandt. Ziel war es, „Wandel durch Annäherung" (Egon Bahr) zu erreichen. Konkreter Ausdruck waren der Moskauer Vertrag mit der Sowjetunion (1970), der Warschauer Vertrag mit Polen (1970), das Transitabkommen mit der DDR (1971) und der Grundlagenvertrag mit der DDR (1972).

Parlamentarischer Rat: Verfassunggebende Versammlung für die Bundesrepublik Deutschland (1. Sept. 1948 bis 8. Mai 1949), einberufen durch die drei Westalliierten („Frankfurter Dokumente"). Er wurde gebildet aus 65 von den Länderparlamenten in den Westzonen gewählten Abgeordneten (27 CDU/CSU, 27 SPD, 5 FDP, 2 Zentrum, 2 Deutsche Partei, 2 KPD; 61 Männer, 4 Frauen).

Perestroika (russ. = Umgestaltung): Schlüsselbegriff Gorbatschows zur Modernisierung der Sowjetunion seit 1985.

Planwirtschaft: Wirtschaftsordnung, in der das gesamte Wirtschaftsgeschehen zentral vom Staat gelenkt wird. Angebot, Preise und Güterverteilung richten sich nach gesamtwirtschaftlichen Plänen.

„Rassenlehre": bez. die pseudowissenschaftliche Anwendung der biologischen Unterscheidung von menschlichen Gruppen ähnlicher erblicher Merkmale (z. B. der Hautfarbe) auf das gesellschaftlich-politische Leben. Dabei wird die Höher- bzw. Minderwertigkeit verschiedener „Rassen" unterstellt.

Real existierender Sozialismus: Der Begriff diente nach 1945 zur Abgrenzung der kommunistischen Parteidiktaturen (in osteuropäischen Ländern und in der DDR) von demokratisch-freiheitlichen Sozialismusvorstellungen (wie sie seit der Spaltung der Arbeiterbewegung zu Beginn des 20. Jh. und im Ersten Weltkrieg von den sozialdemokratischen und den meisten sozialistischen Parteien der westlichen Demokratien vertreten wurden).

Reparationen: seit dem Ersten Weltkrieg Bez. für Wiedergutmachungsleistungen, die die Sieger dem Besiegten zum Ausgleich für im Krieg erlittene Schäden auferlegen; häufig auch mit dem Ziel der Schwächung der wirtschaftlichen und militärischen Leistungsfähigkeit. Formen: Zahlungen und Warenlieferungen, auch Demontagen (Abbau von Maschinen und Industrieanlagen).

Revolution: siehe S. 63.

„Runder Tisch": Im Gefolge der Revolutionen in Osteuropa um 1989 entstandene Einrichtung. Es handelte sich dabei um Gespräche zwischen der jeweiligen Regierung und der institutionell nicht vorgesehenen Opposition (die sich in Polen 1988 um einen runden Tisch versammelten). 1989/90 war der „Runde Tisch" in der DDR im Zuge des friedlichen Sturzes der SED-Diktatur auf vielen Ebenen eine Art Ersatzparlament oder Ersatzgemeinderat bis zu den jeweiligen freien Wahlen.

Soziale Marktwirtschaft: Wirtschaftsordnung, die ihrem Anspruch nach im Gegensatz zum frühliberalen (Laisser-faire-Kapitalismus) wie zum sozialistischen Wirtschaftssystem (Planwirtschaft) steht. Der Begriff entstand nach dem Zweiten Weltkrieg und wurde von Alfred Müller-Armack, einem engen Mitarbeiter des dt. Bundeswirtschaftsministers, Ludwig Erhard, geprägt.

„Totaler Krieg": Der Begriff wurde von General Ludendorff in der Endphase des Ersten Weltkriegs geprägt und meinte die Missachtung der völkerrechtlich bindenden Unterscheidung von Krieg führenden Truppen und nicht kämpfender Bevölkerung; ferner meinte er die Mobilisierung der gesamten eigenen Bevölkerung und Wirtschaft für den Krieg. Dieses Konzept wurde im Zweiten Weltkrieg erstmals in Deutschland, dann aber auch teilweise in anderen Staaten verwirklicht. Es umfasste die ökonomische und psychologische Mobilisierung der gesamten Bevölkerung für den Krieg, die vollständige Ausrichtung der Wirtschaft auf den Krieg und die Entwicklung und Anwendung von Massenvernichtungswaffen („Bombenkrieg").

Völkerbund: auf der Pariser Friedenskonferenz 1919 gegründete Organisation von zunächst 32 Staaten. Ziel war die Friedenswahrung durch Verpflichtung zur Konfliktaustragung im Bund. Dieser blieb aber schwach, da Großmächte wie Deutschland, die Sowjetunion, Italien und Japan nur zeitweise Mitglieder waren, die USA gar nicht beitrat und kaum Sanktionsmöglichkeiten bestanden.

Volksgemeinschaft: ideologischer Begriff des Nationalsozialismus. Nach dieser Ideologie bestimmten nicht Interessen- oder Klassengegensätze Staat und Gesellschaft, sondern die Gemeinschaft, die sich dem Willen des „Führers" unterordnet. Die Volksgemeinschaft wurde als einzige „natürliche" Lebensordnung im Staat ausgegeben. Sie diente dazu, Interessenorganisationen auszuschalten, Gegner und Minderheiten zu verfolgen.

Weltwirtschaftskrise: ein längerer Zeitraum mit weltweit stockender oder sogar zurückgehender Wirtschaftstätigkeit. Historiker betrachten die „Große Depression" 1873–1895 als erste große Weltwirtschaftskrise. Die zweite war die 1929 beginnende Weltwirtschaftskrise.

Zwei-plus-vier-Vertrag: nach der Revolution 1989 in der DDR im Zuge des dt. Vereinigungsprozesses in Moskau unterzeichneter Vertrag zwischen den vier Siegermächten des Zweiten Weltkriegs (USA, Großbritannien, UdSSR, Frankreich) und den beiden deutschen Staaten „über die abschließende Regelung in Bezug auf Deutschland" (1990).

Das „kurze“ 20. Jahrhundert – Wiederholungsaufgaben

1. Die nationalsozialistische Diktatur

a) Erläutern Sie die zentralen Merkmale der NS-Ideologie. Zeigen Sie an ausgewählten Beispielen deren Verwirklichung im NS-Staat.
b) Benennen Sie die zentralen Schritte bei der Errichtung der NS-Diktatur. Begründen Sie jeweils, inwieweit damit die Grundzüge demokratischer Herrschaft beseitigt wurden.
c) Erstellen Sie eine Übersicht mit den wichtigsten Methoden und Stationen der NS-Außenpolitik bis zum Kriegsausbruch im September 1939. Erläutern Sie anschließend die Begriffe „Risikokurs“ und „Kriegskurs“ und begründen Sie, welche Methoden und Schritte Sie den Begriffen jeweils zuordnen würden.
d) Welches Ereignis im Verlauf des Zweiten Weltkriegs würden Sie als einen „zentralen Wendepunkt“ bezeichnen? Erörtern Sie die Frage anhand mehrerer Beispiele.
e) Erstellen Sie eine Chronik der nationalsozialistischen Judenverfolgung und -vernichtung. Bestimmen Sie, welche Rolle die sog. Wannsee-Konferenz in diesem Prozess gespielt hat.
f) „Der Rassenkrieg der Nationalsozialisten war ein Krieg nach innen und außen.“ Erörtern Sie diese These an einem gesellschaftspolitischen Beispiel und an einem Beispiel aus der Besatzungspolitik während des Krieges.
g) Setzen Sie sich mit der Frage auseinander, inwieweit sich aus der NS-Vergangenheit für die nachfolgenden Generationen eine „historische Verantwortung“ ergibt.

2. Deutschland und Europa nach dem Zweiten Weltkrieg

a) Zeigen Sie, inwieweit die Teilung Deutschlands durch die ideologische und machtpolitische Blockbildung im Kalten Krieg sowie durch Weichenstellungen der Besatzungsmächte in ihren Zonen bestimmt wurde.
b) Der Weg zum Grundgesetz: Erläutern Sie die Hintergründe, die zur Ausarbeitung des Grundgesetzes führten. Diskutieren Sie, inwieweit sich im Grundgesetz die historische Erfahrung mit dem NS-Regime spiegelt.
c) Beschreiben Sie die Grundzüge der gesellschaftlichen Entwicklung in der DDR 1949 bis 1989.
d) „Der 13. August 1961 galt als ‚heimlicher Gründungstag‘ der DDR.“ Setzen Sie sich, von dieser These ausgehend, mit der historischen Bedeutung des Baus der Berliner Mauer auseinander.
e) Legen Sie die Bedingungen und Ziele der neuen Ostpolitik unter der Regierung Brandt dar. Berücksichtigen Sie dabei auch das Verhältnis der Supermächte untereinander in dieser Zeit.

3. Epochenjahr 1989

a) Bestimmen Sie Voraussetzungen und Stationen des Untergangs der Sowjetunion. Inwieweit markiert diese Entwicklung eine historische Zäsur in der Geschichte des 20. Jahrhunderts?
b) Zeigen Sie an zwei Beispielen, welche Wege die Revolutionen in den nicht-deutschen osteuropäischen Ländern im Epochenjahr 1989 nahmen.
c) Analysieren Sie die Ursachen des Zusammenbruchs der DDR; diskutieren Sie auch die Rolle der Opposition.
d) Beschreiben Sie die Stufen des Vereinigungsprozesses der beiden deutschen Staaten 1989/90 und erörtern Sie den Zusammenhang von Deutschland-, Europa- und Weltpolitik.

4. Menschenrechte in historischer Perspektive

a) Zeigen Sie, inwieweit dem 18. Jh. eine zentrale Bedeutung in der Menschenrechtsgeschichte zukommt.
b) Bestimmen Sie die Kerninhalte der UN-Menschenrechtserklärung von 1948. Ordnen Sie sie historisch ein.
c) Bestimmen Sie, welche Rolle die Menschenrechte in den Revolutionen 1989 spielten.
d) „Die Menschenrechte sind nicht von der Natur oder von Gott gegeben, sondern sie sind historisch gewachsen. Es bleibt daher jederzeit möglich, dass sie vergehen. Nur im Wissen darüber kann dies verhindert werden.“ Nehmen Sie, von dieser These ausgehend, Stellung zur historischen Bedeutung der Menschenrechte.

Klausurentraining

Anforderungen an die Interpretation schriftlicher Quellen

Die Aufgabenstellung im Abitur basiert häufig auf Materialien (Sekundärtexte, Quellen). Die Anforderungen an die Interpretation schriftlicher Quellen sind im Folgenden zusammengefasst:

Anforderungsbereich I: Erarbeitung der formalen und inhaltlichen Merkmale

A *Erarbeitung der formalen Merkmale („W-Fragen"):*
*– **WER?** Bestimmen Sie die Persönlichkeit **des Autors/der Autorin.** Bekleidete er/sie eine öffentliche Stellung, ein Amt? Aus welcher sozialen Schicht kam er/sie? In welchem Verhältnis stand er/sie zum Geschehen und zu den Beteiligten? Aus welcher Perspektive/Weltanschauung urteilt bzw. wertet er/sie?*
*– **WAS?** Bestimmen Sie das **Thema**, über das der Autor/die Autorin spricht.*
*– **WO und WANN?** Bestimmen Sie **Entstehungsort** und **Datierung** der Quelle.*
*– **WIE?** Bestimmen Sie die **Textart** (Urkunde, Gesetz, Memorandum, Protokoll, Presseerzeugnis, Inschrift, Parteiprogramm, Brief, Autobiografie, Tagebuch usw.; unterscheiden Sie zwischen internen und öffentlichen Texten). Bestimmen Sie den **Sprachstil** (polemisch, argumentativ, beschreibend usw.).*
*– **WARUM?** Bestimmen Sie **Anlass** und **Adressaten** (Freunde, Öffentlichkeit, Machtträger, Nachwelt).*

B *Erarbeitung der inhaltlichen Merkmale: Bei diesem Schritt sind **Kernaussagen, Hauptanliegen, Leitgedanken** und **zentrale Begriffe** zu erfassen. Dies soll mit eigenen Worten geschehen. Aussagen und Begriffe sind mit Zitaten aus der Textquelle zu belegen (An- und Abführungszeichen nicht vergessen).*

Anforderungsbereich II: Einordnung in den historischen Zusammenhang

C *Sie sollen einen Sachverhalt, der in einer Textquelle thematisiert wird, durch **zusätzliche historische Informationen** (Ereignisse, Personen, Prozesse, Begriffe) verständlich machen und sinnvoll zu Entwicklungen oder Strukturen verknüpfen. Erläutern Sie **Anlässe/Ursachen** und **Wirkungen;** unterscheiden Sie zwischen (kurzfristigen) Anlässen und (längerfristigen) Ursachen sowie kurz- und langfristigen Wirkungen. Vergleichen Sie ggf. mit anderen Quellen und Sichtweisen.*

Anforderungsbereich III: Beurteilung und Bewertung des Sachverhalts

D *Die Textquelle und der historische Sachverhalt sind zu problematisieren. Es soll eine strukturierte, verschiedene Standpunkte berücksichtigende **Argumentation vorgebracht** werden. Thesen können unterstützt, verworfen oder differenziert werden. Aus Vergleichen sind **Schlüsse zu ziehen.** Urteile und Wertungen können auch andere Epochen oder die Gegenwart einbeziehen.*

Übungen zur Interpretation schriftlicher Quellen

1 *Interpretieren Sie die Quelle S. 104 f. nach den o. g. Anforderungen: Erarbeiten Sie die formalen und inhaltlichen Merkmale (I), ordnen Sie den Text historisch ein (II), beurteilen Sie den Sachverhalt (III). Nutzen Sie die Randnotizen als inhaltliche Hilfe. Hinweise zur Abfassung der Klausur finden Sie S. 5.*
2 *Bereiten Sie weitere Quellen für eine Interpretation vor, indem Sie Randnotizen (vgl. S. 104 f.) erstellen.*
3 *Verfassen Sie die Übungsklausur S. 106 f. Bereiten Sie sich mithilfe Ihres Schülerbuches vor (vgl. die Hilfen S. 8 f.). Achten Sie noch nicht auf die Zeitvorgaben. Zur Leistungskontrolle: vgl. die Lösunghilfen S. 107 ff.*
4 *Verfassen Sie gemäß den Zeitvorgaben im schriftlichen Abitur die Testklausur S. 110 f.*

Eine Quelle erschließen: August Bebel über die Reichsgründung (1874)

Thema: Reichsgründung „von oben": Deutschland 1870/71 (Schwerpunktthema 1: Das „lange" 19. Jahrhundert)

Material: August Bebel über die Reichsgründung – Auszug aus einem Buch Bebels von 1874

Als am 3. März 1871 unter dem Glockengeläute und Kanonendonner für den Versailler Frieden dieser Reichstag gewählt wurde, gab es wohl viele, die hoffnungsselig ihm entgegensahen. War er doch, mit Ausschluss von Österreich, nach 23-jähriger Unterbrechung die erste deutsche Volksvertretung und sollte er doch nach dem Ausspruch seiner Gründer und dem Lobeshymnus fast der gesamten deutschen Presse bestimmt sein, „neben der Macht und Herrlichkeit des Reichs nach außen die Freiheit und Wohlfahrt der Nation nach innen" zu begründen.

Aber das durch „Blut und Eisen" mühsam zusammengeschweißte „Reich" ist kein Boden für die bürgerliche Freiheit, geschweige denn für die soziale Gleichheit. Staaten werden mit den Mitteln erhalten, durch die sie gegründet wurden. Der Säbel stand als Geburtshelfer dem „Reich" zur Seite, der Säbel wird es ins Grab begleiten. Toren sind, die von Schöpfungen der monarchischen Gewalt die „Freiheit" erwarten, noch größere Toren sind die, welche von der auf der Klassenherrschaft und dem Säbelregiment beruhenden Staatsgewalt die Pflege wirklicher Volkswohlfahrt erwarten. Es gibt in Deutschland nur eine Klasse, der die neue Reichsschöpfung zusagte und die sie auch mit berechtigtem Jubel begrüßte – die deutsche Bourgeoisie. Schutz und Freiheit des Handels und Verkehrs, Hinwegräumung der Hindernisse, welche der freien und beliebigen Ausbeutung der Arbeitskraft entgegenständen, mit einem Wort: Wahrung ihrer materiellen Interessen nach jeder Richtung hin, das war es, was sie wünschte, was ihr gewährt wurde und wofür sie sich dankbar erwies. Es gab zwar auch einst „ideale" Ziele, für die sie schwärmte, z. B. Preßfreiheit, Vereins- und Versammlungsfreiheit, absolute Religionsfreiheit usw., und alles das sollte verwirklicht werden im so genannten „Rechtsstaat", aber diese „Ideale" gehören jetzt unter die Kategorie der Jugendeseleien, sie waren in einer Zeit entsprungen, wo die Staatsgewalt sich ihr noch feindlich gegenüberstellte, ihre Ausbeutungsgelüste durch mittelalterliche Beschränkungen und patriarchalisch-polizeiliche Bevormundung zu hemmen suchte und wo vor allen Dingen

Thema: Gründung des dt. Kaiserreichs 1870/71, Bewertung eines Zeitgenossen
Autor: Sozialist, Reichstagsmitglied, Zeitgenosse (s. u.)
Textart: Buchpublikation
Entstehungsort: Deutschland
Datierung: 1874, enge zeitliche Nähe zum Ereignis
Adressat: Öffentlichkeit
Sprachstil: argumentativ; eindringlich, z. T. bildlich (gestrichelte Linien

Zentrale Begriffe:
- „Blut und Eisen" (Zitat von Bismarck), Säbelregiment
- Einheit, Freiheit, soziale Gleichheit
- Wahl, Volksvertretung
- die einst „idealen" Ziele der Bourgeoisie, Rechtsstaat
- Klassenherrschaft, Herrschaft der Bourgeoisie, Ausbeutung der Arbeiter, Klassenbewusstsein der Arbeiter (Begriffe marxistischer Gesellschaftsanalyse)

Historische Hintergründe:

Nationalismus, um 1800 in Dtl. ausgelöst durch:
- Frz. Revolution (Volkssouveränität; freie Staatsbürger)
- Ende des Heil. Röm. Reichs 1806; Befreiungskriege gegen Herrschaft Napoleons
- Wiener Kongress 1814/15, ließ die dt. nationale Frage offen, nur Gründung eines Dt. Bundes (1834 ökonom. Vereinigung im Zollverein) Ziele des dt. Frühnationalismus: **Einheit *und* Freiheit**

1848/49 Revolutionen:
- Paulskirchenparlament als erstes dt. Parlament
- erste dt. Verfassung; Menschenrechtskatalog
- Debatte um „kleindeutsche" oder „großdeutsche" Lösung der Nationalstaatsfrage (ohne/mit Österreich)
- Der preuß. König lehnt die dt. Kaiserkrone ab; Niederschlagung der Revolutionen

Wirtschaftl. Situation Deutschlands vor 1870/71:
Preußen war Kernland der Industriellen Revolution in Dtl., hatte eine modernere Industrie als Österreich (mehr Dampfmaschinen, Eisenbahnen, mod. Banken; dt. Schwerindustrie war in Preußen konzentriert: Schlesien, Sachsen, Saar, Ruhr; Mitglied im Dt. Zollverein).

Sozialpolitische Folgen des wirtschaftl. Wandels:
- ökonom. Aufschwung des Bürgertums, Parteiengründungen (1866: Nationalliberale Partei, unterstützte Bismarck, in den 1870er-Jahren stärkste Partei im Reichstag)
- Entstehung der Industriearbeiterschaft; Gewerkschaften, Arbeiterparteien

die von ihr Ausgebeuteten – die Arbeiter – noch nicht zum Bewusstsein ihrer Menschenwürde gekommen waren, sondern vielmehr als Schweif von ihr die Verwirklichung ihrer bürgerlichen Forderungen kräftig und nachhaltig unterstützten.

Mit der stetig zunehmenden ökonomischen Entwicklung erwachte auch das Klassenbewusstsein der Arbeiter, sie fingen an, als selbstständige Partei sich zu konstituieren, ihre weiter gehenden Forderungen den Forderungen der Bourgeoisie gegenüberzustellen. Da ging ihr „Idealismus" flöten. Die „Freiheit" war ein hübsche Sache, wenn man sie allein genießen konnte und sicher war, dass die unten sie gegen die oben nicht benutzen würden. Aber die aufstrebende Arbeiterpartei zeigte der Bourgeoisie zu deutlich, was sie von ihr zu erwarten hatte. So wurden die „idealen" Ziele fein säuberlich eingepackt und nur bei besonders feierlichen Gelegenheiten, wie Wahlen und dergleichen, aus der Rumpelkammer hervorgeholt, sauber abgestäubt und dem verdutzten Volk damit bewiesen, dass man noch immer wie früher denke und nur darauf warte, um, wenn erst die „Einheit" fertig, auch die „Freiheit" zu „erstreben".

Literaturangabe:
August Bebel, Die parlamentarische Tätigkeit des deutschen Reichstags und der Landtage und die Sozialdemokratie von 1871 bis 1874 (1874), Nachdruck, Berlin (Vorwärts) 1909.

Zum Autor: August Bebel (1840–1913), Drechsler, Politiker; 1866 Mitbegründer der „Sächsischen Volkspartei"; 1869 Mitbegründer der „Sozialdemokratischen Arbeiterpartei", auf Betreiben Bebels 1875 Vereinigung mit dem „Allgemeinen Dt. Arbeiterverein" zur „Sozialistischen Arbeiterpartei" (ab 1890: SPD); Reichstagsmitglied seit 1867; SPD-Vorsitzender 1892–1913.

Historische Hintergründe (Forts.):

Bismarck:

1862 Ernennung zum preuß. Ministerpräsidenten; preuß. Verfassungskonflikt 1862 bis 1866, (illegitime) Beilegung durch Bismarck nach außenpolit. Erfolgen:
- preuß. Sieg im **Krieg 1864** gegen Dänemark
- preuß. Sieg im **Krieg 1866** gegen Österreich

Norddeutscher Bund

(1866–1871): gegr. unter preuß. Führung (Bismarck) infolge des Krieges von 1866, Auflösung des Dt. Bundes, Abtrennung Österreichs von Dtl., Verfassung;
- wachsende dt.-frz. Konfrontation

1870/71 Dt.-Frz. Krieg:
- frz. Niederlage (hohe Reparationen, Verlust Elsass-Lothringens, Demütigung durch dt. Kaiserkrönung in Versailles bei Kriegsende)
- Jan. 1871: der preuß. König in Versailles zum dt. Kaiser gekrönt (Wilhelm I.)
- erste Wahl zum dt. Reichstag (allgemeines Männerwahlrecht)
- dt. Verfassung: konstitutionelle Monarchie; ohne Grundrechte; Regierung vom Vertrauen des Kaisers, nicht des Parlaments, abhängig

Kernaussagen:
- Einheit sei gewaltsam herbeigeführt: Einheit *ohne* Freiheit, ohne soziale Gleichheit.
- Herrschaft des neuen Kaiserreichs sei eine militärische Gewaltherrschaft („Säbelregiment") und eine Klassenherrschaft der wirtschaftlich Mächtigen („Bourgeoisie"), basierend auf der Ausbeutung der Arbeiterklasse.
- Reichsgründung bediene nicht die Interessen des dt. Volkes, sondern die Wirtschaftsinteressen des dt. Bürgertums, das die freiheitlichen Ziele des Frühnationalismus aufgegeben habe.
- Prophezeiung, dass das gewaltsam gegründete Reich gewaltsam enden werde.

Leitgedanken:
- Monarchien unterdrücken die Freiheit.
- Klassenherrschaften verhindern Volkswohlfahrt.

Zur Beurteilung:
- B. kritisiert Fehlen der freiheitlichen Ziele des Frühnationalismus; tatsächlich folgten Sozialistengesetze, Kulturkampf, Antisemitismus; Verfassung ohne Grundrechte.
- B. kritisiert Stärkung vormoderner politischer und sozialer Strukturen; aber allg. Männerwahlrecht war relativ modern (SPD später stärkste Partei im Kaiserreich).
- Dt. Einigung war für B. Ergebnis des Opportunismus des Bürgertums; aber Nationalstaatsbewegung hatte alle Schichten erfasst (überall in Europa im „langen" 19. Jh.).
- Bebel urteilt aus innenpolit. Perspektive; nimmt nicht die intern. Folgen in den Blick: dt.-frz. Feindschaft; Störung des europ. Gleichgewichts durch den neuen Staat.
- Kritik der Leitgedanken: s. die parlamentarische Monarchie in Engl.; s. Verbesserung der Lage dt. Arbeiter durch Sozialgesetze und wirtschaftl. Aufschwung (ab 1890er).

■■■ Übungsklausur (Grundkurs): Erklärung der USA im Kontrollrat (Juli 1946)

Thema: **Deutschland und Europa nach dem Zweiten Weltkrieg (Schwerpunktthema 2: Das „kurze" 20. Jahrhundert)**

Aufgaben:

1 *Bestimmen Sie die Inhalte und die Ziele der Erklärung von McNarney.*

2 *Ordnen Sie die Quelle historisch ein. Berücksichtigen Sie dabei auch die deutschlandpolitischen Ziele der anderen Besatzungsmächte.*

3 *Setzen Sie sich mit der Erklärung vor dem Hintergrund der Entwicklung Deutschlands und Europas nach dem Zweiten Weltkrieg auseinander. Gehen Sie dabei auch auf die These des ehemaligen Bundespräsidenten, Richard von Weizsäcker ein, die deutsche Teilung beginne nicht erst 1949, auch nicht 1945 oder 1939, sondern 1933.*

Material: **Aus einer Erklärung des US-amerikanischen Militärgouverneurs Joseph T. McNarney im Alliierten Kontrollrat vom 20. Juli 1946**

Die Regierung der Vereinigten Staaten ist der Auffassung, dass keine Zone in Deutschland in der Lage ist, sich selbst zu erhalten. Die Behandlung von zwei oder mehr Zonen als wirtschaftliche Einheit würde die Lage in den jeweiligen Besatzungsgebieten verbessern.

Aus diesem Grunde hat die Regierung der Vereinigten Staaten ihren Vertreter bei dem Alliierten Kontrollrat ermächtigt, sich mit jeder anderen Besatzungsmacht oder mit mehreren Besatzungsmächten ins Benehmen zu setzen über Maßnahmen, die die Behandlung ihrer Zonen als wirtschaftliche Einheit bezwecken, bis zu einer Verständigung der vier Mächte, die die Anwendung des Potsdamer Beschlusses, ganz Deutschland als eine wirtschaftliche Einheit zu behandeln, ermöglicht, sodass ein Wirtschaftsausgleich in ganz Deutschland erzielt wird.

Obwohl die Vereinigten Staaten ein Viermächteabkommen zur Verwirklichung des Potsdamer Beschlusses, zentrale Verwaltungsbehörden für ganz Deutschland einzurichten, vorziehen würden, ist ihr Vertreter bereit, mit Vertretern einer oder aller anderen Besatzungsmächte in Deutschland zusammenzuarbeiten, um die Verwaltungsmaßnahmen zur Erreichung der wirtschaftlichen Einheit zu beschließen.

Die Delegation der Vereinigten Staaten schlägt vor, auf Verwaltungsmaßnahmen auf den Gebieten Finanz-, Transport- und Nachrichtenwesen, Industrie und Außenhandel einzugehen, die die wirtschaftliche Vereinigung der Zonen, die sich an solchen Abmachungen beteiligen, garantieren würden. Sie schlägt Einrichtungen vor, die sich mit der Unterstützung aller Besatzungsmächte zu zentralen, gemäß dem Potsdamer Beschluss von Staatssekretären geleiteten Verwaltungsbehörden entwickeln können.

Die Vereinigten Staaten beabsichtigen nicht, durch diesen Vorschlag Deutschland zu teilen. Es ist vielmehr ihr Ziel, die Behandlung Deutschlands als wirtschaftliche Einheit zu beschleunigen.

Alle Abmachungen, die die Vertreter der Vereinigten Staaten mit anderen Besatzungsmächten treffen, werden Vertretern aller anderen Besatzungsmächte unter gleichen Bedingungen zugänglich sein, wenn immer sie bereit sind, daran teilzunehmen. Die Regierung der Vereinigten Staaten schlägt dieses Verfahren vor in der Überzeugung, dass Deutschland nicht länger in vier luftdicht abgeschlossenen Teilen ohne freien Handelsverkehr verwaltet werden kann, wenn nicht eine wirtschaftliche Lähmung die Folge sein soll.

Die Regierung der Vereinigten Staaten ist nicht gewillt, die schleichende wirtschaftliche Paralyse[1] anwachsen zu lassen, wenn es möglich ist, eine wirtschaftliche Vereinigung zwischen ihrer Zone und irgendeiner anderen Zone in Deutschland als einen Vorteil zur wirtschaftlichen Einheit für ganz Deutschland zu erreichen. Der Vertreter der Vereinigten Staaten würde gern die Ansichten seiner Kollegen erhalten.

1 Paralyse: Lähmung

Zit. nach: Helmut Krause/Karlheinz Reif (Bearb.), Geschichte in Quellen: Die Welt seit 1945, München (bsv) 1980, S. 104 f. Die Rechtschreibung folgt der Fassung in der zitierten Quellensammlung von 1980.

Zum Autor: Joseph T. McNarney (1892–1972) war 1945–1947 Oberbefehlshaber der US-Streitkräfte in Europa, Militärgouverneur der amerikanischen Besatzungszone in Deutschland und Mitglied des Alliierten Kontrollrats.

■■■ Lösungshilfen zur Übungsklausur

■ *Zu Aufgabe 1: Bestimmen Sie die Inhalte und die Ziele der Erklärung von McNarney.*

Thema: Die Besatzungspolitik in Deutschland nach dem Zweiten Weltkrieg. Deutschland war seit der Kapitulation (Mai 1945) in vier Besatzungszonen aufgeteilt (amerik., brit., sowj., franz.); jede Besatzungsmacht besaß in ihrer Zone alleinige Entscheidungsgewalt (Berlin stand unter gemeinsamer Verwaltung). Die Potsdamer Konferenz der Alliierten (Juli/Aug. 1945) hatte die deutschlandpolitischen Ziele festgelegt: Entmilitarisierung, Entnazifizierung, Dezentralisierung, Demokratisierung; an der wirtschaftlichen Einheit Deutschlands sollte festgehalten werden.

Ort der Erklärung: der Alliierte Kontrollrat, das oberste Kontrollorgan der Besatzungsmächte. An seiner Spitze standen die vier Oberkommandierenden. Zuständigkeit des Kontrollrats: alle Angelegenheiten, die Deutschland als Ganzes betrafen. Problem: Kontrollratsbeschlüsse mussten einstimmig gefasst werden, d. h., es war eine Blockade der Entscheidungen durch Vetorecht möglich; in ihren Besatzungszonen hingegen konnten die Mächte Maßnahmen direkt umsetzen.

Der **Autor,** McNarney, ist der ranghöchste Vertreter der Besatzungsmacht USA („Militärgouverneur") und als solcher Mitglied im Kontrollrat. Die Quelle gibt also eine Position der USA wieder, und zwar aus der **Zeit** vom Sommer 1946 (20. Juli 1946), d. h. gut ein Jahr nach Kriegsende.

Textart: offizielles Dokument der US-Regierung („hat die Regierung der Vereinigten Staaten ihren Vertreter … ermächtigt"), jedoch für eine interne Kontrollratsbesprechung. Der **Sprachstil** ist argumentativ; er zeugt von Entschlossenheit („die Regierung … ist nicht gewillt"), der Text betont aber auch die Diskussionsbereitschaft („die Ansichten seiner Kollegen erhalten").

Adressaten der Erklärung: die drei anderen Oberkommandierenden; verhandelt wird auf höchster Ebene. (Im Hinblick auf die Ziele der Besatzungsmächte [vgl. Aufgabe 2] kann hier bereits der Hinweis erfolgen, dass die Hauptadressaten vermutlich Frankreich und vor allem die UdSSR waren; beide stellten sich gegen zentrale Verwaltungen und forderten hohe Reparationen; bei der UdSSR kam im Zuge des Ost-West-Konflikts der Systemgegensatz zu den Westmächten hinzu).

Anlass der Erklärung: Der Autor führt die schlechte Wirtschaftslage in den Zonen an, die 14 Monate nach Kriegsende weiterhin angespannt ist bzw. sich verschlechtert („keine Zone … in der Lage, sich selbst zu erhalten"; „Lähmung"; „schleichende wirtschaftliche Paralyse").
Daraus werden die **Hauptanliegen** der Erklärung und ihre **Kerninhalte** abgeleitet: Wiederaufbau der Wirtschaft in Deutschland („Lage … verbessern"). Das unkoordinierte Vorgehen in den einzelnen Zonen („vier luftdicht abgeschlossene Teile") ist für die USA die Hauptursache der schlechten Lage. Als Mittel wird das Vorantreiben der wirtschaftlichen Zusammenarbeit zwischen den Besatzungszonen befürwortet („Behandlung Deutschlands als wirtschaftliche Einheit zu beschleunigen"). Die USA machen ferner klar, dass sie zur Erlangung dieses Ziels auch mit nur einzelnen Besatzungsmächten zusammenarbeiten würden („sich mit jeder anderen Besatzungsmacht … ins Benehmen" setzen). Als Bereiche überzonaler Zusammenarbeit werden genannt: Finanzen, Transport, Nachrichten, Industrie, Außenhandel, d. h. alle Kernbereiche der Wirtschaft.
Eine mögliche Folge mit großer Tragweite für Deutschland wird in der Mitte dieser Erklärung – wenn auch in eine Negation gekleidet – erwähnt: die Teilung Deutschlands **(zentraler Begriff)**.

■ ***Zu Aufgabe 2: Ordnen Sie die Quelle historisch ein. Berücksichtigen Sie dabei auch die deutschlandpolitischen Ziele der anderen Besatzungmächte.***

Der Arbeitsauftrag erfordert, dass der Sachverhalt der Quelle durch zusätzliche historische Informationen in einen längeren Zusammenhang, hier: den Prozess der Teilung Deutschlands und die Ziele der Besatzungsmächte, eingebettet wird. Auf Folgendes sollte eingegangen werden:

Der zentrale Begriff der „Teilung" führt zu einer der Kernfragen der Quelle und der Geschichte Deutschlands und Europas nach 1945: Wie konnte es vier Jahre nach Ende des Krieges zur doppelten Staatsgründung kommen, die als Teilung zwischen den Machtblöcken die eine Hälfte der Geschichte Deutschlands, Europas und der Welt im „kurzen" 20. Jahrhundert geprägt hat?

Die Lage in Deutschland 1945/46: große ökonomische Probleme (Zusammenbruch des Transportsystems, Flüchtlingsströme, Wohnungsnot, zunehmende Erschöpfung der Produktions- und Ernährungsreserven); die Versorgungslage war teilweise schlechter als in den letzten Kriegsjahren (die diesbezüglichen Behauptungen des Autors entsprachen der Realität).

Die Lage der Besatzungsmächte 1945/46: Die Besatzungskosten: waren für alle vier Mächte hoch. Die eigenen Kriegsverluste: Großbritannien, Frankreich und die UdSSR hatten im Krieg selbst schwere Verluste erlitten, die USA waren von den Kriegshandlungen weniger betroffen gewesen; bei Kriegsende waren sie ökonomisch die mit Abstand stärkste Besatzungsmacht.

Die Ziele der Besatzungsmächte:
Frankreich war gegen eine einheitliche Behandlung Deutschlands, gegen die Wirtschaftseinheit, gegen deutsche Zentralverwaltungen. Es hatte Interesse an langfristigen Reparationsleistungen.
Sowjetunion. Ähnliche Ziele wie Frankreich, die Demontagepolitik war allerdings rigoros, die Entnahmen aus der Produktion sehr groß. Darüber hinaus bestand von vornherein das Ziel, die eigene Besatzungszone nach den eigenen Systemvorstellungen zu organisieren (zentral gelenkte Planwirtschaft mit Kollektivierungen und Verstaatlichungen; Ausschaltung sozialdemokratischer Elemente durch Zwangsvereinigung von SPD und KPD zur SED [April 1946], Umformung der SED zu einer zentral gelenkten Kaderpartei nach sowjetischem Vorbild).

Großbritannien. Die britische Besatzungspolitik kam der amerikanischen am nächsten.
USA. Ursprüngliche Ziele bei Kriegsende: industrielle Abrüstung Deutschlands und Reparationen (vgl. Potsdamer Abkommen, Morgenthauplan). Umschwung im Sommer 1946: Verhinderung eines totalen Zusammenbruchs der deutschen Wirtschaft und einer Hungerkatastrophe; Reduzierung der Besatzungskosten; Schaffung von Zentralbehörden und deutschen Verwaltungen.

Einordnung der Quelle: Die Quelle ist ein internes Zeugnis für die Wende der Besatzungspolitik der USA hin zu ökonomischer Rekonstruktion und politischer Stabilisierung. Ihre öffentliche Bestätigung erhielt die Wende mit der Rede von US-Außenminister Byrnes („Stuttgarter Rede"; Sept. 1946). Der Schritt wurde mit der Gründung der (brit.-amerik.) Bizone konkretisiert (Jan. 1947) und durch die Truman-Doktrin (März 1947) und den Marshall-Plan (Juni 1947) bekräftigt. Weitere wichtige Stationen auf dem Weg zur Teilung waren u. a. die Prozesse der Verfassunggebung in beiden deutschen Staaten seit 1947, die Währungsreformen 1948, die Trizonenbildung im Westen mit Frankreich (1948/49) und schließlich die Gründung der Bundesrepublik auf westlicher Seite (Mai 1949) und der Deutschen Demokratischen Republik auf östlicher Seite (Okt. 1949). Die volle Souveränität erlangten beide Staaten 1954 (DDR) bzw. 1955 (Bundesrepublik).

■ ***Zu Aufgabe 3: Setzen Sie sich mit der Erklärung vor dem Hintergrund der Entwicklung Deutschlands, Europas und der internationalen Politik nach dem Zweiten Weltkrieg auseinander. Gehen Sie dabei auch auf die These des ehemaligen Bundespräsidenten Richard von Weizsäcker ein, die deutsche Teilung hätte nicht erst 1949, auch nicht 1945 oder 1939, sondern 1933 begonnen.***

Die Auseinandersetzung könnte bei folgender Frage ansetzen: Kann, was in der Quelle von McNarney im historischen Rückblick als ein wichtiger Schritt hin zur Teilung Deutschlands erscheint, als von vornherein angelegter, zielgerichteter Plan zur Teilung bewertet werden, beschlossen von einer bzw. mehreren Mächten? Es sollte deutlich werden, dass die historische Entwicklung Deutschlands in dieser Zeit von mehr Faktoren als nur den Zielvorstellungen einer oder mehrerer Besatzungsmächte abhängig war, d. h. insgesamt von
– Einzelmaßnahmen der Besatzungsmächte in ihren Zonen,
– Faktoren der internationalen Politik, insbesondere im Zuge des beginnenden Kalten Krieges,
– Entwicklungen im Rahmen der europäischen Integration,
– der tatsächlichen wirtschaftlichen, sozialen und politischen Entwicklung in Deutschland,
– den Interessen deutscher Vertreter, soweit diese Handlungsspielräume besaßen.

Etappen und Weichenstellungen aus folgenden Zeiträumen können berücksichtigt werden:
a) aus der Zeit zwischen dem letzten Kriegsjahr und Sommer 1946,
b) aus der Zeit nach Sommer 1946 bis zu den Staatsgründungen 1949,
c) aus der Zeit zwischen den Staatsgründungen 1949 und der vollen Souveränität 1954/55.

Im Rahmen der Auseinandersetzung mit dem Zitat von Weizsäckers sollten die Daten knapp erläutert werden (1949: Gründung der beiden deutschen Staaten; 1945: Ende des Zweiten Weltkriegs, bedingungslose Kapitulation Deutschlands, Teilung in vier Besatzungszonen; 1939: Beginn des Zweiten Weltkriegs durch Deutschland; 1933: Machtübertragung an Hitler, Beginn der NS-Diktatur in Deutschland) sowie die These selbst (tieferer Grund der Teilung Deutschlands ist für von Weizsäcker nicht die Besatzungspolitik der Alliierten, nicht der Ausgang und nicht der Anfang des Zweiten Weltkriegs, sondern der Beginn der nationalsozialistischen Gewaltherrschaft).

■■■ Testklausur (Grundkurs)

Thema: **Technischer Fortschritt, sozioökonomischer Wandel, imperialistische Expansion (Schwerpunktthema 1: Das „lange" 19. Jahrhundert)**

Aufgaben:

1 *Analysieren Sie den Text von Werner von Siemens und ordnen Sie ihn im Kontext des „langen" 19. Jahrhunderts historisch ein.*

2 *Diskutieren Sie die Haltung des Autors zu den Umbrüchen seiner Zeit.*

Material: **Auszug aus den Lebenserinnerungen von Werner von Siemens (1892)**

Ein wirksames Schutzzollsystem, welches der Industrie den Konsum des eigenen Landes sichert, läßt sich überhaupt nur dann konsequent durchführen, wenn dieses Land, wie z.B. die Vereinigten Staaten von Nordamerika, alle Klimate umfaßt und alle Rohprodukte, deren seine Industrie bedarf, selbst erzeugt. Ein solches Land kann sich gegen jeden Import absperren vermindert dadurch aber gleichzeitig seine eigene Exportfähigkeit. Es muß als ein Glück für Europa betrachtet werden, daß Amerika durch sein prohibitives[1] Schutzzollsystem die gefahrdrohende, schnelle Entwicklung seiner Industrie gehemmt und seine Exportfähigkeit verringert hat. Das durch hohe Schutzzollbarrieren zerrissene Europa gewinnt dadurch Zeit, die Gefahr seiner Lage zu erkennen, die ihm den Wettbewerb mit einem zollfreien Amerika auf dem Weltmarkte unmöglich machen wird, wenn es ihm nicht rechtzeitig als merkantil[2] organisierter Weltteil gegenübertritt. Der Kampf der Alten mit der Neuen Welt auf allen Gebieten des Lebens wird allem Anscheine nach die große, alles beherrschende Frage des kommenden Jahrhunderts sein, und wenn Europa seine dominierende Stellung in der Welt behaupten oder doch wenigstens Amerika ebenbürtig bleiben will, so wird es sich beizeiten auf diesen Kampf vorbereiten müssen. Es kann dies nur durch möglichste Wegräumung aller innereuropäischen Zollschranken geschehen, die das Absatzgebiet einschränken, die Fabrikation verteuern und die Konkurrenzfähigkeit auf dem Weltmarkt verringern. Ferner muss das Gefühl der Solidarität Europas den anderen Weltteilen gegenüber entwickelt und es müssen dadurch die innereuropäischen Macht- und Interessenfragen auf größere Ziele hingelenkt werden. [...]

Der Vortrag „Über das naturwissenschaftliche Zeitalter", den ich in der Eröffnungssitzung der Gesellschaft der Naturforscher und Ärzte im Herbst des Jahres 1886 zu Berlin hielt, behandelt das Thema der Veränderung der sozialen Zustände durch die schnell wachsende Herrschaft des Menschen über die Naturkräfte. Ich setzte auseinander, daß die auf naturwissenschaftlicher Grundlage ruhende Technik dem Menschen die bisherige schwere körperliche Arbeit, die ihm zur Erhaltung seines Lebens von Natur auferlegt sei, mehr und mehr abnähme, daß die Lebensbedürfnisse und Genußmittel durch immer geringere körperliche Arbeitsleistung herzustellen seien, also billiger und damit allen Menschen zugänglicher würden, daß ferner durch die Kraftverteilung und das notwendige Herabgehen des Zinsfußes das Übergewicht der großen Fabriken über die Einzelarbeit mehr und mehr aufgehoben würde und mithin die praktischen Ziele der Sozialdemokratie ohne gewaltsamen Umsturz des Bestehenden allein durch die ungestörte Entwicklung des naturwissenschaftlichen Zeitalters erreicht werden würden. Auch suchte ich in meinem Vortrag den Nachweis zu führen, daß das Studium der Naturwissenschaften in seiner weiteren Ausbildung und Verallgemeinerung die Menschheit nicht verrohe und idealen Bestrebungen abwendig machen würde, sondern sie im Gegenteil zu demütiger Bewunderung der die ganze Schöpfung durchdringenden und unfaßbaren Weisheit führen, sie also veredeln und bessern müsse. Es erschien mir nützlich, für diese meine Überzeugung gerade an jener Stelle öffentlich einzutreten, da der unerschütterliche Glaube an die segensreichen Folgen der ungestörten Entwicklung des naturwissenschaftlichen Zeitalters allein imstande ist, die alle menschliche Kultur bedrohenden fanatischen Angriffe von rechts und links erfolgreich zu bekämpfen.

1 prohibitiv: vorbeugend, in der Wirkung einem Einfuhrverbot gleich
2 merkantil: wirtschaftlich

Literaturangabe: Werner von Siemens, Lebenserinnerungen (Erstveröffentlichung 1892), 16. Aufl., München (Prestel) 1956, S. 183 f. und 266 f.

Autor: Werner von Siemens, deutscher Elektrotechniker und Industrieller (1816–1892), gründete 1847 zusammen mit dem Mechaniker J. G. Halske in Berlin eine Telegrafenbauanstalt. Siemens begründete durch die Erfindung der Dynamomaschine (1866) die Starkstromtechnik und baute 1879 die erste elektrische Eisenbahn der Welt. 1862–1866 war er Abgeordneter der Deutschen Fortschrittspartei im Preußischen Landtag.

Die Rechtschreibung folgt der zitierten 16. Auflage von 1956.

Register

Bildquellen

dpa: U1 o., akg-images: U1 M., Bildarchiv Preußischer Kulturbesitz: U1 u.; akg-images: S. 18; picture-alliance/akg-images: S. 21; picture-alliance/dpa/© dpa-Fotoreport: S. 23; Rita Süssmuth, Das deutsche Parlament, Kohlhammer, Stuttgart 1991: S. 25; Bildarchiv Preußischer Kulturbesitz: S. 37; © Bettmann/CORBIS: S. 41; The New York Public Library: S. 42; Deutsches Historisches Museum, Berlin: S. 46; ullstein bild: S. 50, dpa: S. 68; Associated Press: S. 69; Foto und © Visum/Götz Linzenmeier: S. 70; dpa: S. 71; Luff/CCC,www.c5.net: S. 75; Privatsammlung, Paris/© VG Bild-Kunst, Bonn 2005: S. 79; dpa: S. 83; akg-images: S. 86; Jürgens Ost- und Europa-Photo: S. 89; Jeremy Isaacs/Taylor Downing, Der Kalte Krieg, Heyne, München 2001: 91

Nicht in allen Fällen war es uns möglich, den Rechteinhaber der Abbildungen ausfindig zu machen. Berechtigte Ansprüche werden selbstverständlich im Rahmen der üblichen Vereinbarungen abgegolten.